은유가
바꾸는 세상

니체와 아인슈타인이 사랑한 생각도구

은유가
바꾸는 세상

김용규·김유림 지음

천년의상상

무엇보다도 위대한 것은
은유의 주인이 되는 것이다.

— 아리스토텔레스

차례

은유가 세상을 바꾼다

> 은유는 일상 언어에서 드러나는 것과는
> 다른 현실의 장을 발견하고 열어 밝혀주는 데 기여한다.
>
> —폴 리쾨르

은유가 세상을 바꾼다는 말은 얼핏 들으면 생소하고 허황하다. 그래서 이 책을 시작하며 당신에게 소개하고 싶은 시가 하나 있다. 정일근 시인이 쓴 〈신문지 밥상〉이다.

더러 신문지 깔고 밥 먹을 때가 있는데요
어머니, 우리 어머니 꼭 밥상 펴라 말씀하시는데요
저는 신문지가 무슨 밥상이냐며 궁시렁궁시렁하는데요
신문질 신문지로 깔면 신문지 깔고 밥 먹고요

신문질 밥상으로 펴면 밥상 차려 밥 먹는다고요
따뜻한 말은 사람을 따뜻하게 하고요
따뜻한 마음은 세상까지 따뜻하게 한다고요
어머니 또 한 말씀 가르쳐주시는데요

해방 후 소학교 2학년이 최종학력이신
어머니, 우리 어머니의 말씀 철학

— 정일근, 〈신문지 밥상〉

이 시를 보면 "해방 후 소학교 2학년이 최종학력이신" 시인의
어머니는 세상을 바꾸는 일이 어디서 어떻게 시작하는지를 이
미 통달한 "말씀 철학"을 갖고 계신 분이다. "신문지를 신문지로
깔면 신문지 깔고 밥 먹고, 신문지를 밥상으로 펴면 밥상 차려
밥 먹는다고, 따뜻한 말이 사람을 따뜻하게 하고, 따뜻한 마음이
세상까지 따뜻하게 한다고 한 말씀 가르쳐"주시지 않는가. 그렇
다! 세상을 바꾸는 것은 혁명이 아니다. 따뜻한 말이고 따뜻한
마음이다. 우리 저자들은 은유가 어떻게 세상을 바꿀 수 있는지
를 이처럼 쉽고 간단하게 설명해주는 말씀 철학을 들어본 적이
없다.

1

세상을 바꾸는 방법으로 인류가 오래전부터 실험해온 것이 혁명이다. 사람들은 그것을 근대 이후, 특히 20세기에 동유럽을 중심으로 집중적으로 시도해보았다. 그리고 실패했다. 구소련과 베를린 장벽이 허무하게 붕괴되자 알랭 바디우, 조르조 아감벤, 슬라보예 지젝, 데이비드 그레이버, 악셀 호네트 등 다수의 정치철학자가 나름의 방법으로 새로운 혁명 전통의 창안을 모색하기 시작했다. 그러나 아직 이렇다 할 성과 있는 대안은 나오지 않았다.

은유가 세상을 바꿀 수 있을까? 우리 저자들은 그렇다고 믿는다. 우리는 신이 만든 세상에 태어나지만, 언어가 만든 세상에서 살기 때문이다. 언어가 사람들 사이에 의사소통을 이끌고, 학문을 낳고, 사회를 구성하고, 정치를 수행한다. 그런데 '북클럽 은유' 시리즈 1권 《은유란 무엇인가》에서 수차례 확인했듯 은유가 언어의 본질이다.

이 말은 은유가 학문을 낳고, 사회를 구성하고, 정치를 수행하여 세상을 만들어간다는 뜻이다. 따라서 우리가 차가운 마음으로 차가운 말, 차가운 은유를 사용하면 세상도 차갑게 바뀌고,

따뜻한 마음으로 따뜻한 말, 따뜻한 은유를 사용하면 세상도 따뜻하게 바뀐다. 그것을 증명하기 위해 그리고 우리가 제3의 사유 패턴으로 규정한 은유를 당신이 더 쉽고 흥미롭게 익힐 수 있도록 하려고, 이 책을 썼다.

1부에서는 인문학, 2부에서는 사회과학, 3부에서는 자연과학, 각 분야에 속하는 대표적 학자들의 이론 안에 들어 있는 은유적 사고와 표현들—이들 대부분은 인류문명을 크게 바꾸어 한 걸음 앞으로 나아가게 했다—을 찾아 은유 도식에 맞춰 함께 분석해볼 것이다. 그러기 위해 각 분야에서 선택한 이론을 간략하나마 소개할 수밖에 없겠지만, 이는 아마도 말을 달리며 산을 구경하는 것走馬看山에 불과할 것이다. 우리가 주목하고자 하는 것은 이론들의 내용이 아니라 그 안에서 설득과 창의를 이끌어내는 은유적 사고와 표현이기 때문이다.

이어 4부에서는 보기에 따라 세상을 만들고 바꾸는 일에 가장 적극적이고 직접적인 영향을 끼치는 정치적 은유에 대해서도 같은 방법으로 살펴볼 것이다. 그럼으로써 은유가 세상을 어떻게 구성하며, 또 어떻게 바꿀 수 있는가를 조명하고자 한다.

그 과정에서 당신은 각 분야의 학문에서 천재라 불리는 인물들의 비밀을 알아차릴 수 있을 것이다. 곧 그들 대부분이 자신의 연구에 동일률과 모순율뿐 아니라 이 책에서 '제3의 사유 패턴'으로 규정한 은유를 사용함으로써 세상을 바꾸었고 역사에 남는 인물이 되었다는 사실을 간파하게 될 것이다. 우리 저자들은 이 책을 통해 당신이 은유적 사고를 익히고 훈련함으로써, 우선 자신의 분야에서 창의적 작업을 수행하고 자신의 주장과 이론을 설득력 있게 표현하는 인재가 되게 하려고 한다. 그리고 그것을 통해 우리가 사는 세상을 따뜻하게—달리 말하자면, 우리가 지향하는 가치에 합당하게—바꾸어나가게끔 돕고자 한다.

2

차제에 한 가지 밝혀두고 싶은 것이 있다. 챗GPT 같은 생성형 AI 논란에 관해서다. 지금 세간 한편에서는 그동안 소문만 요란했던 4차 산업혁명이 마침내 시작되었다 평가한다. 놀라운 생산성과 업무효율에 힘입어 인류가 증기기관 발명 이래 새로운 문명의 단계로 진입하리라는 기대 때문이다. 하지만 다른 한편에서는 결코 열지 말아야 할 판도라의 상자를 연 것이라 경고한다. 미국 비영리단체 미래생명연구소FLI는 GPT-4 기능을 넘어서는

AI 개발을 6개월간 잠정 중단하자는 공개서한을 발표했다.

공개서한에 서명한 인사 중 하나인 《사피엔스》의 저자 유발 하라리는 인류문명을 되돌아보면 신화와 법, 기업과 국가, 예술과 과학, 돈과 컴퓨터 코드, 다시 말해 지금 우리가 누리고 있는 문명 전체가 언어에서 나왔다 한다. 따라서 인공지능의 언어 숙달은 기계가 문명의 운영체제를 해킹하고 조작하도록 만들 수 있다고 우려한다. 이 말을 가볍게 생각하지 말자. 그것은 우리가 지금 당장 이에 대해 적절한 대처를 하지 않거나 못하면, 문명의 주도권이 인공지능에 의해 크게 위협받거나 심지어는 그에게 넘어갈 수도 있음을 뜻한다.

그렇다! 우리 시리즈 1권과 2권에서 이미 제시했고 이 책의 본문에서 여실히 보여주겠지만, 언어와 그것의 기저이자 본질인 은유적 사고가 지금 우리가 사는 세상을 만들어왔다. 그리고 이 점은 앞으로도 크게 달라지지 않을 것이다. 달라진 것은 이제 인공지능이 우리가 사용하는 언어를 능숙하게, 그러나 아무런 의식도, 책임감도, 도덕성도 없이 사용하기 시작했다는 사실이다. 그리고 그것이 우리의 의사결정에 알게 모르게 영향을 미치기 시작했다는 엄중한 현실이다.

혹시 누군가는 옛날에 어떤 이가 하늘이 무너질까 걱정했다

는 열자列子의 고사[杞憂]를 떠올릴지도 모른다. 하지만 어쩌면 생
성형 AI가 인간의 개인적·사회적·정치적 관계를 왜곡하거나
훼손하여 되돌릴 수 없는 불행한 사태를 초래할 수도 있다. 따라
서 언어—무엇보다도 설득과 창의의 도구인 은유적 표현—의
사용이 지닌 중요성과 함께, 관련 위험성 또한 그 어느 때보다도
커졌다. 근래에 세간을 밤안개처럼 떠도는 우려는 대강 다음과
같은 내용이다.

AI가 생성하는 오류, 무엇보다도 정치·사회적으로 영향을 끼
칠 위험한 오류를 어떻게 제어하고 차단할 것인가? 마이크로소
프트가 개발한 '빙Bing'이 보여주었듯 AI가 일정 부분 스스로 일
으키는—그래서 개발자들조차 예측하거나 통제하지 못하는—
'자생적 진화'를 멈추게 할 방법은 있는가? 경제성을 최우선으
로 하는 자본주의 체제에서 AI를 개발하는 기업들을 행정적 또
는 법적으로 규제할 수단이 있는가? 생성형 AI가 학습하는 데이
터를 제공하는 세계 시민들의 인터넷 활동을 인류 보편적 가치
에 적합하게 조정할 방법이 있는가 등이다.

이 책은 처음부터 끝까지, 고대에서 현재에 이르기까지 언어,
무엇보다도 은유적 사고와 표현이 어떻게 세상을 바꾸어왔는가
를 상세히 밝힐 것이다. 멀리 가지 않고 현대에서만 그 예를 찾

아봐도 제2차 세계대전 때 처칠과 히틀러가 사용한 정치적 은유가 어떤 막중한 역할을 했는지(8장), 그 때문에 정치적 은유를 어떻게 만들어야 하는지(9장), 한발 더 나아가 '인간을 비인간화하는 은유들'이 얼마나 끔찍한 일들을 저질러왔는지와 지금 우리가 일상에서 무심히 사용하는 '인간을 상품화하는 은유'가 얼마나 위험한지(10장)를 낱낱이 추적해 제시했다.

그럼으로써 이 책은 인공지능이 인간의 언어를 구사하게 된 작금에 우리가 이에 어떻게 대처해야 하는가에 관해서도 섬뜩한 경고와 함께 의미 있는 가이드라인을 던져줄 것이다. 10장의 '은유 혁명이 정치 혁명이다'에서 보겠지만, 그 내용인즉 인류가 추구해온 보편적 가치에 합당한 은유적 사고와 표현을 통한 혁명을 일으켜야 한다는 것이다.

3

이 책은 2014년 《생각의 시대》를 출간한 직후부터 여러 기업체와 시·도교육청 그리고 대학교—특히 매 학기 계속해온 KAIST의 컨버전스 최고경영자AMP과정—에서 진행한 강의 중 은유에 관한 내용을 뽑아 다양한 실용적 사례들을 더해 정리한 것임을 밝혀둔다. 강의에 초청해주시고, 또 참석해준 많은 분의 호응과 요청이 없었으면 은유가 지닌 놀라운 설득력과 창의력에 대한 탐색을 더 넓고 깊게 밀고 나가지 못했을 것이다.

그런 만큼 감사해야 할 분들이 이루 셀 수 없이 많다. 그중에서도 특히 인공지능연구원AIRI의 김영환 원장, KAIST의 최호진 교수, 고려대학교 의과대학 임춘학 교수, 연세대학교 의과대학 김어수 교수, 한국외국어대학교의 김원명 교수, 삼성물산 김봉영 전前 사장, SK아카데미 우만석 전 센터장, 대교의 박수완 전 대표, 대구광역시교육연수원 박윤자 전 연수부장, 꿈꾸는 교육공동체 고형욱 목사, 이성원 교장에게 이 자리를 빌려 고마움을 전하고 싶다. 출간을 결정해준 천년의상상 선완규 대표와 책이 세상에 나가는 데에 힘을 써준 김창한 편집장, 남미은 편집장, 그리고 신해원 마케터에게도 고맙다.

4차 산업혁명과 함께 한 시대가 저물고 있다. 보이는 것은 석양이고, 서 있는 곳이 벼랑이다. 하지만 달리 보면 새로운 시대가 시작하고 있다. 보이는 것은 여명이고, 서 있는 곳이 대지다. 미래를 향해 걷자! 미래라는 광활한 대지 앞에서는 누구든 서면 벼랑이지만 걸으면 길이다. 은유를 통해 우리가 세상을 바꿀 수 있다는 사실을 잊지 말자. 이 책이 당신과 당신 아이의 설득력과 창의력을 기르는 훈련소이자 자유·평등·박애가 강물처럼 흐르는 세상으로 안내하는 이정표가 되어주기를 바란다.

2023년, 청파동에서

김용규, 김유림

I

인문학과
은유

은유가 학문에서도 중요한 역할을 한다는 말이 어쩌면 누군가에게는 어색하거나 생소할지도 모른다. 은유는 수사법 가운데 하나라는 생각이 아직도 대다수 사람을 강하게 붙잡고 있기 때문이다. 만일 당신도 그렇다면 1권《은유란 무엇인가》의 서두에서 소개한 조지 레이코프George Lakoff와 마크 존슨Mark Johnson과 같은 현대 인지언어학자들의 은유에 대한 새로운 정의를 다시 떠올리기를 바란다.

'개념적 은유 이론conceptual metaphor theory'이라 불리는 이 이론에서는 은유를 "어떤 하나의 정신적 영역을 다른 정신적 영역에 의해 개념화하는 방식"[1]으로 규정된다. 그럼으로써 은유는 '언어의 문제'가 아니라 '사고의 문제'로, '표현 방식'이 아니라 '개념화 방식'으로, '수사법의 한 형식'이 아니라 '정신의 보편적 형식'으로 자리 잡았다. 이 말은 은유가 인간 정신의 본성 가운데 하나로서 우리의 정신이 활동하는 모든 부분에서 작동한다는 것을 뜻한다.

그래서 이 시리즈 1권 《은유란 무엇인가》에서 은유(A=B, 예: 내 마음은 호수다)를 인간 정신의 원초적이고 근본적인 사고 패턴 가운데 중요한 하나로 규정하고, 동일률(A=A, 예: 내 마음은 내 마음이다)과 모순율(A≠~A, 예: 내 마음은 내 마음이 아닌 것이 아니다)에 이은 세 번째 사유 패턴이라는 뜻으로 '제3의 사유 패턴'이라고 이름 지었다. 그리고 그 적용 범위를 다음과 같은 이미지로 표현했다.

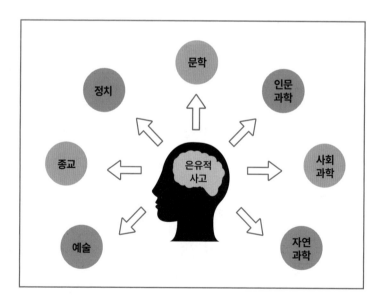

그렇다. 은유는 '북클럽 은유' 시리즈 2권 《은유가 만드는 삶》에서 이미 살펴본 시, 동시, 동요, 노랫말, 광고 그리고 각종 예술뿐 아니라, 이 책에서 앞으로 살펴볼 인문학, 사회과학, 자연과학 같은 제반 학문과 종교, 정치 그리고 생활 전반, 요컨대 인간의 정신이 활동하는 모든 분야에서 작동한다. 그리고 그것이 하는 일은 우리의 상상을 초월한다. 레이코프가 존슨과 함께 쓴 《삶으로서의 은유》, 《몸의 철학》에서 "인간 사고의 대부분은 은유적metaphorical"이라는 전제를 바탕으로 철학을 비롯해 정치학, 법학, 사회학, 심리학, 수학, 인지언어학 등 제반 학문을 기초부터 새롭게 정립하려는 시도를 한 것도 그래서다.

은유가 학문에서 하는 역할을 크게 구분하면 두 가지다.

1) 선명한 이미지로 형상화된 보조관념을 통해 복잡하고 어려운 학술적 내용이나 이론을 빠르고 쉽게 이해하게 한다.
2) 원관념에서는 나올 수 없는 새로운 생각을 보조관념에서 이끌어내 학문적 도약 또는 발전을 이뤄낸다.

이것은 우리가 1권 《은유란 무엇인가》의 서두에서 은유를 '설득의 아버지'이자 '창의의 어머니'로 정의한 것과도 일치한다.

인문학에서도 은유가 하는 일은 조금도 다르지 않다. 은유는 여러 인문학 분야에서 학자들이 새로운 이론을 이끌어내게 하고, 그것을 설득력 있게 설명하게 한다. 그럼으로써 세상을 만들고, 또 바꾸어간다. 그래서 우리는 이제부터 인문학에서 은유적 사고와 표현이 어떻게 만들어지며, 또 그것이 어떻게 세상을 바꾸는가를 몇몇 대표적 사례로 살펴보고자 한다.

먼저 인문학이란 무엇인지, 그것부터 알아보자. 인문학은 어느 특정 학문을 일컫는 용어가 아니다. 그것은 인간과 관련된 문제를 다루는 학문 모두를 가리킨다. 이 점에서 인문학은 사회현상을 다루는 사회과학과 일단 구분되고, 자연현상을 탐구하는 자연과학과도 뚜렷이 구별된다. 하지만 그 영역을 확정하기는 쉽지 않다. 우리나라에서는 보통 문학·역사·철학을 인문학이라 하지만, 미국 국회법은 "언어·언어학·문학·역사·법률·철학·고고학·예술사·비평·예술의 이론과 실기, 그리고 인간을 내용으로 하는 학문을 포함하는 것"으로 세분해 좀 더 구체적으로 규정하고 있다.

그래서 우리는 이제부터 일반적으로 인문학으로 분류되는 분과에서 은유적 사고가 이뤄낸 성과 가운데 모범적이고 대표적인 사례를 몇 골라 분석해보려 한다. 방법은 각 사례에 들어 있는 은유적 사고를 1권 《은유란 무엇인가》에서 소개한 (원관념)→(본질)→(보조관념)→(창의)로 이어지는 은유 패턴 도식에 맞춰 도식화하는 것이다. 이를 위해 시리즈 2권 《은유가 만드는 삶》에서도 그랬듯이 주어진 사례를 분석해 은유적 사고를 구성하는 네 가지 요소인 원관념, 원관념의 본질, 보조관념, 창의에 해당하는 개념을 찾아 은유 패턴 도식의 빈칸들을 차례로 메워가는 '빈칸-채우기'를 훈련할 것이다.

빈칸-채우기는 '원관념→본질→보조관념→창의'로 진행되는 은유적 사고에서, 은닉 또는 누락된 요소, 그래서 겉으로 드러나 있지 않은 요소를 빈칸으로 놓고 그것을 차례로 찾아 채우는 훈련이다. 이때 그것에는 어느 것이 빈칸이냐에 따라 다양한 유형이 있을 수 있는데, 〈도식 1〉은 우리가 1권에서 소개하고 2권과 3권에서도 자주 만난 네 가지 은유 도식 유형이다.

(a)는 원관념과 보조관념이 드러나 있는 유형이고, (b)는 원관념과 원관념의 본질만, (c)는 원관념만, (d)는 보조관념만 드러나 있는 유형이다. 이 네 가지 유형의 빈칸-채우기가 은닉된 은유적 사고를 추적하는 데에 도움이 된다. 따라서 우리는 앞으로 다양한 유형의 빈칸-채우기를 통해 인문학 텍스트 안에 들어 있는 은유적 사고를 추적해 분석하는 훈련을 할 것이다.

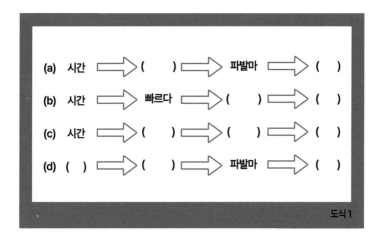

(a) 시간 ⟹ ( ) ⟹ 파발마 ⟹ ( )

(b) 시간 ⟹ 빠르다 ⟹ ( ) ⟹ ( )

(c) 시간 ⟹ ( ) ⟹ ( ) ⟹ ( )

(d) ( ) ⟹ ( ) ⟹ 파발마 ⟹ ( )

도식 1

이를 통해 당신의 은유적 사고력을 함양하여, 당신이 종사하거나 관심을 가진 인문학 분야의 내용과 이론을 쉽게 이해하고, 그것을 다른 사람에게 설득력 있게 설명하는 일이 가능하도록 하려고 한다. 또 새로운 생각을 이끌어내는 창의적 인재가 되게 하고자 한다. 이어서 은유가 인문학에서 어떤 역할을 어떻게 하는지도 살펴볼 것이다. 그럼으로써 인문학에서 은유의 사용이 얼마나 중요하고 또 한편 조심스러운 일인가도 밝힐 것이다. 자, 그럼 시작하자.

01. 은유로 인문학 분석-하기

현대 인지언어학자들보다 100년쯤 전에, 모든 언어가 은유적이며 은유적 사고가 먼저이고 언어는 그것의 산물이라는 생각을 한 사람이 있었다. 독일의 철학자 프리드리히 니체Friedrich Nietzsche, 1844~1900이다. 잘 알려지지 않았지만, 니체는 오늘날 학자들이 '개념적 은유 이론'이라고 부르는 새로운 은유 이론의 선구자라고 할 수 있다. 그의 주장을 잠시 살펴보면 다음과 같다.

이마누엘 칸트가 《순수이성비판》에서 천명했듯 '사물 자체Ding an sich'는 우리에게 알려지지 않는다. 이 때문에 니체에 의하면, 우리가 '어떤 사물'을 그것이 '무엇'이라고 언어적으로 표현하는 일은 사실인즉 '동일하지 않은 것을 동일한 것으로' 만드는 자의적이고 작위적인 행위이다. 다시 말해 우리의 모든 언어적 표현은 A를 A라고 칭하는 것이 아니라, A를 B라고 표현하는 작업에 불과하다. 그렇기 때문에 우리의 언어는 애초부터 동일률(A=A)과 모순율(A≠~A)이 이끌어가는 논리적 사고의 결과가 아니라, 은유적 사고(A=B)의 산물이라는 것이다.

어떤가? 니체의 생각이 오늘날 인지언어학자들의 주장과 크게 다른가? 스물네 살의 나이로 스위스 바젤대학교의 문헌학 교수로 부임한 이 천재가 1875년, 그의 나이 서른한 살일 때 쓴 글에는 오늘날 뇌신경과학자나 인지언어학자가 들어도 수긍할 만한 다음과 같은 문구가 들어 있다.

신경 자극을 우선 하나의 영상映像으로 옮기는 것! 첫 번째 메타포. 영상을 다시 하나의 음성音聲으로 만드는 것! 두 번째 메타포. 그리고 그때마다 영역을 완전히 건너뛰어 전혀 다른 세계로 들어간다.[2]

이러한 이유에서 니체에게 진리란—일찍이 아리스토텔레스가 규정한 것처럼—사물 자체를 언어로 표현한 것이 아니다.* 그것은 인간이 생존하기 위해 만들어낸 은유에 지나지 않는다. 그는 이 말을 다음과 같이 했다.

그렇다면 진리란 무엇인가? 유동적인 한 무리의 은유, 환유, 의인화 들이다. 요컨대 시적·수사학적으로 고양되고 전용되며 장식되어 그것을 오랫동안 사용한 민족에게는 확고하고 교의적이며 구속력 있는 것으로 여겨지는 인간적 관계들의 총합이다. 진리는 환상이다. 사람들이 그것에 대해 그것이 무엇인지를 망각한 환상이다. 진리는 낡아빠진 그리고 감각적인 힘을 상실한 은유들이다.[3]

그렇다! 니체에게 진리는 낡아빠진 은유, 이른바 죽은 은유다. 아니, 은유가 언어 이전의 언어이자 진리 이전의 진리, 달리 말해 살아 있는 언어이자 살아 있는 진리이다. 그래서 니체는 자신의 사상을 은유적 표현에 담았고, 자신의 텍스트를 "수수께끼", "대담무쌍한 인식의 미로"라고도 불렀다. 뒤에서 확인하겠지만 예컨대 《차라투스트라는 이렇게 말했다》와 같은 니체의 텍스트는 현대 철학이 낳은 가장 탁월한 은유적 스토리텔링이다.

---

* 아리스토텔레스는 진리를 "있는 것to on을 있지 않다고 하거나 있지 않은 것to me on을 있다고 하는 것이 거짓이요, 있는 것을 있다고 하거나 있지 않은 것을 있지 않다고 하는 것이 참이다"(《형이상학》, IV,7,1011b 26f.)라고 규정했다. 아리스토텔레스가 규정한 진리론을 오늘날 학자들은 진리 대응설correspondence theory of truth이라 부른다. 사실과 명제가 대응한다는 뜻인데, 알프레드 타르스키Alfred Tarski, 1902~1983의 의미론적 진리론semantic theory of truth를 비롯한 대부분의 현대 진리론도 이 대응설을 토대로 하고 있다.

니체의 무덤에서 살아난 은유

니체의 〈서간집〉에는 "내가 누구인지 알아차리기는 어려우리라. 100년만 기다려보라. 아마도 그때까지는 인간을 탁월하게 이해하는 천재가 나타나서 니체라는 이를 무덤에서 발굴할 것이다"라는 글이 들어 있다. 그런데 그의 예견이 맞아떨어지는 데에는 그리 오랜 세월이 걸리지 않았다. 그는 1900년에 세상을 떠났는데, 채 반세기도 지나기 전에 철학뿐 아니라 문학·음악·미술·무용·건축·정치학·사회학·신학·심리학 등 각 분야의 천재들이 무덤을 파헤쳐 그를 살려냈고, 그 영향력은 20세기 후반 서양 정신문명 대부분을 뒤흔들었다.

그러나 은유에 관한 니체의 주장은 비교적 늦게, 그러나 100년을 크게 넘기지는 않아 무덤에서 부활했다. 그리고 그 모습은 일찍이 아리스토텔레스가 규정한 것과는 사뭇 달랐다. 1980년에 레이코프와 존슨이 《삶으로서의 은유》에서 뇌신경과학과 인지과학의 힘을 빌려 "우리는 은유가 우리의 일상적 삶—단지 언어뿐 아니라 사고와 행위—에 널리 퍼져 있다는 사실을 알게 되었다"라고 말하며 오랫동안 묻혀 있던 니체의 주장을 되살려내 '개념적 은유 이론'이라 이름 붙였기 때문이다. 그리고 책의 후기에서 은유가 학문 전반의 토대를 이룬다는 사실을 예시했다.

그 후 19년이 지나 레이코프와 존슨 두 사람은 《몸의 철학》에서 다시 만나 "일상적 형이상학의 많은 부분은 은유에서 유래한다"라는 슬로건을 내걸고 2,500년도 넘게 전해 내려온 철학의 이론들을 은유라는 관점에서 낱낱이 재정립하려는 시도를 감행했다. 전통적 입장에서 보면, 철학은 동일률과 모순율을 기반으로 하는 이성적 사고의 산물이다. 그렇다면 은유를 기반으로 철학을 정립한다는 것이 과연 가능할까 싶은데, 니체의 후계자라 볼 수 있는 두 저자는 자신들이 이 작업을 시도한 이유를 다음과 같이 밝혔다.

시간, 사건, 인과관계, 마음, 자아, 그리고 도덕성과 같은 우리의 가장 근본적인 개념들은 다중적으로 은유적이다. 이 개념들의 존재론과 추론 구조의 너무나 많은 부분이 은유적이기 때문에 만약 사람들이 어쨌든 은유적 사고를 용케도 제거한다면 남아 있는 골격 개념들은 너무도 빈약해서 누구도 실질적인 일상의 사유작용을 할 수 없을 것이다.[4]

레이코프와 존슨은 이어서 "은유를 제거하는 것은 철학을 제거하는 것이다. 매우 넓은 범위의 개념적 은유들이 없다면 철학은 시작될 수 없을 것이다"라고 주장했다. 그리고 멀리는 소크라테스 이전 철학자의 주장부터 가까이는 촘스키의 언어철학에 이르기까지, 철학사 전체를 훑으며 은유적 표현과 사고가 철학의 기반이자 골격을 이룬다는 것을 설파한다. 무척 새롭고 흥미롭다. 하지만 야심만만한 기획인지라 내용이 방대하다. 그래서 우리는 그것을 당신에게 소개하는 어렵고 먼 길 대신 쉽고 가까운 다른 길을 가고자 한다.

이제부터 우리는 서양 문명에 또렷이 각인되어 수백 년 또는 천년이 넘도록 강한 영향력을 끼쳐 서양 문명을 읽는 코드가 된 은유적 표현을 시대별로 하나씩만 골라 살펴보려고 한다. 앞서 '들어가는 말'에서 밝혔듯이, 이를 위해서는 시대별로 우리가 선택한 그 이론들을 간략히나마 소개하는 것이 불가피하지만, 그것은 필요한 부분만 극도로 축약한 데 불과할 것이다. 우리가 주목하고자 하는 것은 이론들의 내용이 아니라 그 안에서 설득과 창의를 이끌어내는 은유적 사고다.

고대에서는 플라톤의 《국가》에 등장한 '태양의 비유'를, 중세에서는 토마스 아퀴나스와 같은 신학자들이 즐겨 사용한 '자연의 사다리'라는 은유적 표현을 선택했다. 근대에서는 갈릴레이,

케플러, 뉴턴 같은 천문학자는 물론이거니와 로버트 보일 같은 과학철학자 그리고 페일리 같은 신학자와 당시 대부분의 철학자가 자연을 설명하고자 할 때마다 즐겨 사용한 '시계時計'를, 현대에서는 니체가 말한 '신의 죽음'을 골랐다. 우리가 보기에는 이 네 가지 은유적 표현이 각각 당대의 정신과 학문과 문명을 구성하고 통합하며 세상을 바꾸어왔기 때문이다.

플라톤의 '태양의 비유'

플라톤Platon, 기원전 427~기원전 347은 아테네의 정치 명문가에서 태어나 자라, 당시의 풍습으로는 정치가가 되는 것이 당연했다. 그런데 그는 소크라테스를 만나 철학자의 길을 가기 전까지는 극작가가 되려 한 문학청년이었다. 그가 남긴 대화편들이 마치 희곡처럼 등장인물 간의 대화로 이뤄져 있는 것이 그래서다. 우리가 아는 한, 철학사에 기록된 저명한 저술 가운데 대화 형식으로 이루어진 것은 플라톤의 저작이 유일하다.

그는 대화편 곳곳에서 탁월한 은유적 표현과 사고로 이뤄진 비유를 사용해 자신의 주장을 펼쳤는데, 이는 그의 문학적 감수

성과 무관치 않다고 보아야 한다. 그 가운데 가장 널리 알려진 사례가 《국가》에 등장하는 '태양의 비유'(《국가》, 506e~509c), '선분의 비유'(《국가》, 509b~511e), '동굴의 비유'(《국가》, 514a~521b) 다. 셋 모두 탁월하지만, 우리는 그중 '태양의 비유'를 골라 간략히 살펴보고자 한다.

플라톤에 의하면, 이데아는 만물에게 '존재einai'와 '본질ousia' 그리고 '이름epōnymia'을 부여하는 실체다(《파이돈》, 102b, 103b). 예컨대 우리가 보고 만지고 먹기도 하는 사과라는 사물에는 사과의 이데아가 들어 있기 때문에 그 사물이 사과로서 존재하고, 사과의 본성(예컨대 둥글고 주먹만 하고 달고 시다……)을 지니며, 사과라고 불린다. 그런데 이데아에도 위계질서가 있다. 사과의 이데아와 같은 사물의 이데아가 있는 반면 수, 점, 선 같은 개념적 이데아가 있는가 하면, 이런 이데아들을 모두 초월한 이데아가 있는데, 그것이 바로 '선善의 이데아he tou agathou idea'다.

선의 이데아는 세상의 모든 사물뿐 아니라 그 근원인 이데아까지 모두 그것으로부터 나오는 '이데아의 이데아'이자 모든 존재의 궁극적 실체다. 다시 말해 선의 이데아에서 모든 이데아가 생성되고, 이 이데아들에서 우주 만물이 생성되어 존재한다. 그러나 선의 이데아 자신은 그 무엇으로부터 생성되지 않기 때문에 그것이 모든 존재의 궁극적 근원arche이라는 것이 플라톤의 주장이다.

그 결과 플라톤이 구상한 세계는 선의 이데아→이데아→사물과 같은 계층구조를 구성하는 세 개의 세계가 존재한다. 이 같은 사실은 그의 훌륭한 제자 아리스토텔레스가 확인해 준다. 아리스토텔레스는 《형이상학》에서, 플라톤 이론에는 현상계와 이데아계만 있는 것이 아니라 현상계와 이데아계 그리고 일자一者, to hen, 이 세 단계로 이뤄졌다고 밝히면서, 이 가운데 "일자가 선 자체다"라고 명시했다.[5]

그뿐 아니다. 선의 이데아는 세상의 모든 사물뿐 아니라 그 근원인 이데아들까지 모두 그것에 의해 알려지게 하는 인식론적 실체이기도 하다. 다시 말해 선의 이데아에 의해 모든 이데아가 인식되고, 이데아에 의해 모든 사물이 인식된다. 그러나 선의 이데아 자신은 그 무엇에 의해 인식되지 않기 때문에 그것이 모든 인식의 궁극적 원인arche이라는 것이 역시 플라톤의 주장이다. 이런 존재론적 그리고 인식론적 의미에서 플라톤은 선의 이데아를 신神이라고도 불렀다.

여기서 잠시 생각해보자! 누가 플라톤의 이런 주장—보통 형이상학적 사변이라 한다—을 이해하고 또 믿을 수 있을까? 만일 어떤 사람이 당신에게 이런 이야기를 한다면 당신은 그것을 이해하고 또 믿겠는가. 아마 아닐 것이다. 심지어 그의 가장 훌륭한 제자 아리스토텔레스조차 그것을 믿지 못하고 결국 부인했다. 그런데 한때 문학청년이었던 플라톤은 은유가 지닌 놀라운 설득력과 창의력을 알고 있었다. 그래서 그는 그 마법적인 힘을 빌리기로 했다. 그렇게 고안해낸 것이 태양의 비유다.

플라톤은 우선 선의 이데아를 태양에 비유했다. 그리고 태양이 세상 만물을 보이게 하고 그것들이 생육하고 성장하게 해주듯이, 선의 이데아가 모든 사물과 그것의 근원인 이데아를 인식되게 하고, 그것들이 존재하게 한다고 설명했다. 또한 태양이 어떤 것에 의해 생성되어 인식되는 것이 아니듯이,* 선의 이데아 역시 어떤 것에 의해 생성되지도 인식되지도 않는다고 했다. 어떤가? 이제 이해하기 쉽고 또 믿을 만하지 않은가? 플라톤은 이 말을 《국가》에서 다음과 같이 했다.

태양은 보이는 것들이 '보이게' 할 뿐만 아니라, 또한 그것들에 생성

---

* 태양에 대한 플라톤의 견해는 당시 사람들의 통념을 따른 것으로 오늘날의 천체과학과는 맞지 않는다.

과 성장 그리고 영양을 제공해준다고 자네가 말할 것으로 나는 생각하네. 그것 자체는 생성되는 것genesis이 아니면서 말일세. (……) 그러므로 그것들이 인식되는 것이 선의 이데아에 의해서이고, 그것들이 '존재하고einai' 그 '본질ousia'을 갖게 되는 것도 그것에 의해서이니, '선의 이데아'는 (단순한) '존재'가 아니라, 지위와 힘에 있어서 '존재'를 초월하여 있는 것이라고 말하게나.

—《국가》, 509b

은유의 힘을 빌린 플라톤의 태양의 비유를 통해, 선의 이데아는 인간 사고의 영역을 벗어나며, 언어로는 "묘사할 수 없는" 대상으로서 우주 만물과 모든 이데아들을 초월한다.[6] 그럼으로써 생성되고 인식되고 묘사할 수 있는 세상 모든 사물과 이데아의 궁극적 원인이 되었다. 바로 이것이 태양의 비유가 만들어진 과정이다.

태양의 비유를 (원관념)→(본질)→(보조관념)→(창의)로 이어지는 은유 도식에 맞춰 분석해보자. 플라톤은 우선 사고할 수도 언급할 수도 없는 선의 이데아라는 원관념을 태양이라는 보조관념을 통해 선명한 이미지로 형상화했다. 이때 원관념인 선의 이데아와 보조관념인 태양 사이의 유사성, 곧 원관념의 본질은 '만물을 존재하게 하고 인식되게 한다'라는 것이다. 그리고 보조관념인 태양에서 이끌어낸 창의가 마치 태양이 그러하듯 선의 이데아가 존재하고 인식되는 우주 만물의 궁극적 원인이라는 것이다. 알아보기 쉽게 도식화하면 다음과 같다.

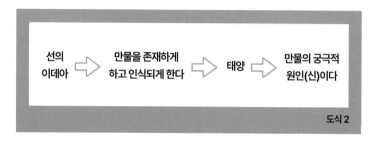

도식 2

400년쯤 지나 플라톤의 천재적 비유에 감탄한 초기 기독교 신학자들이 자신들이 믿는 신 야훼YHWH를 설명하는 데에 그것을 그대로 차용했다. 기독교에서 말하는 신 역시 우주 만물이 모두 그로부터 창조되지만 그 자신은 어떤 것에 의해 창조되지 않고 스스로 존재하며, 모든 진리와 선함과 아름다움이 그로부터 나오지만 그 자신은 인식되지도 않고 이름 붙일 수도 없는 존재이기 때문이다.*

선의 이데아는 사기다

여기에서 우리가 짚고 넘어가야 할 것이 하나 있다. 선의 이데아라는 플라톤의 천재적 창작물이 사실인즉 일종의 '학문적 사기詐欺'라는 사실이다. 그렇다! 플라톤은 2,400년 동안이나 사람들을 속여왔다. 당신은 "그게 무슨 소리냐. 그럴 리가 있느냐"라고 볼멘소리를 하겠지만, 사실이다. 왜냐하면 선의 이데아가 만물의 궁극적 근원이라면 그것에는 '선의 이데아'라는 이름을 붙일 수 없기 때문이다. 이것이 논리적 귀결이다.

예를 들어 우리가 '어떤 것'을 '사과'(A)로 규정하고, 그래서 사과라고 이름 붙이면 그 순간 우리는 동시에 '사과가 아닌 것'(~A)을 이미 전제한 것이다. 만일 당신의 고개가 갸웃하다면, 벤다이어그램을 떠올려보라. 다음 벤다이어그램에서 보듯 가령 당신

---

* 기독교에서 섬기는 신에게는 원래 이름이 없다. 그가 만물의 궁극적 근원이기 때문이다. 구약성서에 보면 야곱이 신의 이름을 물었을 때, "어찌하여 내 이름을 묻느냐?"(창세기 32:29)라고 되물을 뿐 대답은 하지 않은 것이 그래서이고, 신의 이름을 부르지 않는 유대교의 전통도 거기서 나왔다. 혹자는 우리말 성경에서 '여호와Jehovah'로 표기되는 '야훼YHWH'가 신의 이름이 아닌가 하고 반박하겠지만, 구약학자들에 의하면 구약성서에 6,823회나 쓰인 '야훼'에 대한 가장 일반적이고도 자연스러운 해석은 '그는 있다He is', '그는 존재한다He exists' 또는 '그는 현존한다He is present'이다. 신은 '무엇'으로 존재하는 것이 아니라 존재 자체라는 뜻이다. 그러니 엄밀히 말해 우리가 사용하는 의미에서의 이름은 아니다.

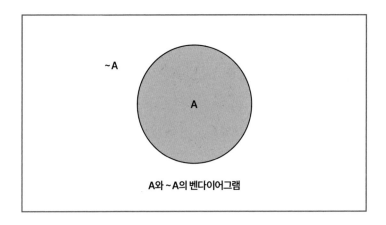

A와 ~A의 벤다이어그램

이 백지 위에 동그라미 하나를 그리고 그것에 A라고 이름을 붙인다면 바로 그 순간 그 동그라미 밖의 ~A가 드러난다.

우리의 정신이 가진 이러한 독특한 논리적 구조 때문에, 설사 어떤 것이 우주처럼 크다고 해도 그것을 '무엇'(A)이라고 규정하고 그렇게 이름 붙이면, 그것은 동시에 '그것 아닌 것'(~A)과 나뉘어 최소한 둘 가운데 하나일 뿐 만물의 궁극적 근원은 될 수 없다. 알고 보면 이것이 우주와 신의 차이점이기도 하다.

이러한 이유에서 플라톤이 말하는 선의 이데아는 궁극적 원인이 아니거나 아예 이름을 붙일 수 없거나, 둘 중 하나여야 한다. 그럼에도 플라톤은 선의 이데아가 만물의 궁극적 원인이라고 주장했다. 그래서 우리가 앞에서 그를 '학문적 사기꾼'으로 몰아붙였지만, 여기서 잠깐 생각해보자.

플라톤은 왜 그런 오류를 저질렀을까? 두 가지 가능성이 있다. 그가 그것이 오류라는 사실을 몰랐거나 아니면 일부러 그런 것이다. 당신의 생각은 어떤가?

만일 플라톤이 그것이 오류라는 사실을 몰랐다면, 그는 우리가 아는 플라톤이 아니다. 그럼 남은 가능성은 그가 그것이 오류라는 사실을 알면서도 일부러 태양의 비유를 만들어서까지 '선의 이데아가 만물의 궁극적 근원'이라고 선포했다는 것인데, 그렇다면 그는 왜 그랬을까? 단순히 자기주장에 대한 이해력과 설득력을 높이기 위해서였을까? 만일 플라톤이 철학자가 아니고 극작가였다면 충분히 그럴 법한 이야기다.

그러나 그에게는 사실 다른 이유가 있었다. 그 이유는 플라톤이 태양의 비유를 통해 '선의 이데아가 만물의 궁극적 근원'이라고 선포한 일이 훗날 서양 문명에 어떤 영향을 끼쳤는지 살펴보면 알 수 있다. 그리고 그것은 은유가 인문학에서 어떤 일을 어떻게 하는가를 알아보는 지름길이기도 하다.

인문학에서 은유가 하는 일

플라톤이 만물의 궁극적 근원을 '선의 이데아' 또는 '선 자체auto to agathon'로 규정한 일은 서양 문명사에서 위대한 사건이었다. 왜냐고? 그것은 당시 사람들이 놓여 있던 종교적 상황을 알아야 이해할 수 있다.

고대 서유럽과 근동 사람들은 만물이 존재하고 생육하게 하는 신을 선과 악, 빛과 어둠, 온기와 냉기, 행운과 불운 같은 이원적 힘의 근거로 인식했다. 예컨대 조로아스터교의 가르침이 그렇다.* 그들은 신의 선함과 악함 또는 선한 신과 악한 신이 실제로 존재한다고 믿었기 때문에 자기에게 다가오는 불운, 재앙, 질병, 죽음 등을 도저히 항거할 수 없는 신적인 것으로 생각하고 항상 두려워했다.

이때 플라톤이 나선 것이다. 플라톤은 누구나 쉽게 납득할 수

---

* 창시자의 이름을 따라 조로아스터교Zoroastrianism라고 불리는 이 종교는 불을 숭배하는 의례를 따라 배화교拜火教, 주신主神의 이름을 따라 마즈다교라고도 하는데, 중국에서는 현교라고 불렸다. 성전 《아베스타Avesta》에 의하면, '아후라 마즈다Ahura Mazda'는 빛과 선의 신이고, 이에 대항하는 '앙그라 마이뉴Angra Mainyu'는 어둠과 악의 신이다. 따라서 인간은 선한 신에게 충실하고 악한 신과 싸워야 하는데, 최후의 심판 때에 이에 상응하는 상벌을 받는다.

있는 태양의 비유를 통해 만물의 궁극적 근거가 선의 이데아라고 주장했는데, 그는 이 말을 "세계는 선의 이데아에 의해 선하고 아름다운 성과물로 창조되었다"(《티마이오스》, 28e~30b)라고 표현하기도 했다. 그럼으로써 "하나님께서 지으신 모든 것이 선하[다]"(디모데전서 4:4)라고 가르친 기독교가 생기기 400여 년 전인 고대사회에서 '세상 만물과 인간의 생사화복을 주관하는 신은 선하다'라는 생각이 이론적으로, 그리고 공적公的으로 가능하게 만들어주었다.

요컨대 플라톤은 태양의 비유를 통해 불운, 재앙, 질병, 죽음 등 모든 불가항력적 악한 세력에 대한 불안에 속절없이 노출되어 있던 당시 고대인들에게 더없는 위로와 용기 그리고 희망을 던져주었던 것이다.

그뿐이 아니다. 플라톤 철학이 지닌 이 같은 구세적救世的 성격은 나중에 초기 기독교 신학자들에 의해 예수가 "참새 두 마리가 한 앗사리온에 팔리지 않느냐. 그러나 너희 아버지께서 허락하지 아니하시면 그 하나도 땅에 떨어지지 아니하리라"(마태복음 10:29)라고 가르친 기독교의 '섭리 사상'과 연결되어 적어도 19세기까지 서양 문명을 이끌었다.* 플라톤의 철학이 '영원의 철학 philosophia perennis'이라고 불리는 까닭이 바로 여기에 있다.

우리는 플라톤 이후 2,000년이 지나서까지 서양인들의 의식 안에 여전히 남아 있는 장구하고 도도한 영향력을 케임브리지 대학 플라톤 학파의 수장이었던 헨리 모어Henry More, 1614~1687가 쓴 시 〈영혼 불멸〉에서도 확인할 수 있다.

만일 신이 선이기 때문이 아니라

자신이 욕구한다고 해서 모든 것을 단지 마음 내키는 대로 하고

그의 행위에 일정한 척도가 없다면

무엇을 그가 의도하는가를

이해할 도리가 있을까?

(……)

우리의 가엾은 혼이 이 세상에서 떠나갈 때

그 복리나 그 생존에 관해서 누구도 확신할 수 없으리라.

만일 우리가 신의 법칙을 이같이 왜곡하고

---

* 플라톤 철학의 구세적 성격을 일찍부터 간파한 초기 기독교 사상가들은 이를 적극적으로 받아들였고, 그에 합당한 찬사도 아끼지 않았다. 예컨대 알렉산드리아의 클레멘스Clemens Alexandrinus는 《학설집》에서 "그리스인들에게 철학을 준 것은 히브리인들에게 율법을 수여한 것과 같은 목적"이라며 "플라톤은 그리스어로 저술한 모세"라고 드높였다. 《교회사》의 저자이기도 한 가이사랴 감독 유세비우스Eusebius, 263~339도 열다섯 권으로 된 《복음의 예비》 가운데 세 권(11~13)을 플라톤 사상에 할애하면서 "플라톤과 모세는 일치하니 플라톤을 구원 섭리의 예언자 중 하나라고 불러도 좋다"라고 칭송했다.

악한 의지가 신을 지배하거나 선은 신의 의지와 무관하다고
경솔하게 주장하는 기묘한 사상에 자유를 부여한다면.

―헨리 모어, 〈영혼 불멸〉 부분

내용인즉 신이 선하기 때문에 우리가 세상을 마음 놓고 살다
가 편히 죽을 수 있다는 뜻이다. 바로 이것이 태양의 비유를 통해
플라톤이 서양 사람들에게 준 위대한 선물이자, 은유가 인문학에
서 무슨 일을 할 수 있는지를 보여주는 또렷한 발자국 가운데 하
나다. 그렇다. 인문학에서 사용되는 은유는―그 사용이 올바른
경우―우리의 삶과 세상을 보다 '인간답게' 만드는 일을 한다.

아퀴나스의 '자연의 사다리'

우리는 앞에서 살펴본 태양의 비유를 통해 플라톤이 설명한 형
이상학적 세계에는 감각에 의해 인식되는 현상계, 지성에 의해
인식되는 이데아계, 그리고 감각으로도 지성으로도 인식되지
않고 오직 직관에 의해 파악되는 선의 이데아(신)가 계층구조를
이루고 있다는 것을 알았다. 그런데 플라톤은 여기에서 멈추지

않고 '태양의 비유'에 이어지는 '선분의 비유'에서는 '이미지→사물→이데아→선의 이데아'로 이어져 올라가는 존재의 계층구조를 '사다리skala'라고 불렀다.* 그럼으로써 우리의 영혼이 현상계로부터 이데아의 세계를 거쳐 선의 이데아, 곧 신에게까지 올라갈 수 있는 길을 만들었다.

오늘날 우리는 이 사다리를 '에로스의 사다리'라고 부르는데, 플라톤이 《향연》에서 만티네이아에서 온 여사제 디오티마**의 입을 빌려 에로스의 탄생과 본질에 대해 설명하는 가운데 이 사다리에 대해 다음과 같이 설명했기 때문이다.

이 지상의 아름다운 것들로부터 끊임없이 저 천상의 아름다움을 향해 올라가는 것 말입니다. 마치 사다리를 사용하듯이,7

디오티마는 에로스의 사다리를 타고 오르는 길의 마지막에는

---

* 그리스어 'skala' 또는 라틴어 'scala'는 '층계' 또는 '계단'을 뜻하기도 하지만, 통상 '사다리'라고 번역한다. 플라톤은 '동굴의 비유'에서는 이 사다리를 "험하고 가파른 오르막길"(《국가》, 515e)이라고도 표현했다.(플라톤, 《국가》, 509d~511e 참조.)
** 《향연》에 보면, 만티네이아의 디오티마Diotima of Mantineia로 불리는 이 여인을 소크라테스는 "선생님", "오, 비길 데 없이 현명한 디오티마여!"라는 칭호로 부른다. 그는 소크라테스에게 에로스의 탄생과 본질에 대해 알려준다.(《향연》 201d~212a.)

'아름다움 자체auto ho esti kalon'가 있다고 했다. 그것이 플라톤이 《국가》에서 '선의 이데아'라고 일컫고 나중에 중세 신학자들이 '진리 자체', '선 자체', '아름다움 자체'라고 불렀던 신이다.

에로스의 사다리, 이 얼마나 선명하고 아름다운 은유적 사고이고 표현인가! 그래서인지 자연을 관찰하는 데에 열중했던 플라톤의 제자 아리스토텔레스는 《영혼론》에서 스승이 현상계라고 언급한 자연도 똑같은 계층구조로 구성되어 있다고 주장했다.* 그는 영혼의 유무와 완전성의 정도에 따라 광물→식물→동물→인간으로 이어지는 '자연의 계층구조'를 구축하고** 플라톤의 '사다리' 개념을 빌려다 '자연의 사다리scala naturae'라고 이름 붙

---

* 아리스토텔레스는 플라톤의 아카데메이아를 떠난 이후, 아수스Assus와 레스보스Lesbos섬에서 살았던 몇 년 동안 약 520종에 달하는 동물들을 대상으로 오늘날 동물학과 해양생물학 분야에 속하는 광범위한 연구를 수행했다. 작업의 대부분은 동물을 속屬과 종種으로 분류하는 것이었는데, 그 결과 〈동물의 역사〉, 〈동물의 일부〉, 〈동물의 이동〉, 〈동물의 발달〉, 〈동물의 세대〉 등 많은 관찰기록을 남겼다.

** 아리스토텔레스가 구상한 자연의 사다리를 간략히 설명하자면 이렇다. 인간은 '합리적으로 생각할 수 있는 영혼rational soul'을 갖고 있기 때문에 다른 모든 존재물의 정상에 자리한다. 동물은 그것이 없기 때문에 그 아래 자리하고, 인간과 동물은 모두 '감각적이고 움직일 수 있는 영혼sensitive soul'을 갖고 있지만, 식물은 그것이 없기 때문에 동물 아래 자리하며, 인간과 동물 및 식물은 모두 '성장하고 번식할 수 있는 영혼vegetative soul'을 갖고 있지만, 광물은 그렇지 않기 때문에 맨 아래 자리한다. 따라서 자연의 사다리는 자연스레 밑에서 위로 올라갈수록 영혼의 질은 높아지지만 양은 줄어드는 계층구조를 이룬다.(아리스토텔레스, 《영혼론》, 414a〜415a 참조.)

였다.

요컨대 아리스토텔레스의 자연의 사다리는 플라톤이 디오티마의 입을 통해 예시한 사다리라는 착상을 기반으로 구성한 자연의 계층구조이자 영혼이 상승하는 길이다. 그런데 아리스토텔레스의 충실한 추종자였던 토마스 아퀴나스Thomas Aquinas, 1225~1274를 비롯한 중세 신학자들이 이 사다리에 매혹되어 그것을 가톨릭 신학에 끌어들였다. 물론 그들이 구상한 '자연의 사다리'가 아리스토텔레스가 말한 그것과 똑같은 개념은 아니다. 왜냐하면 그것은 인간이라는 정점으로 그치지 않고 신에게까지 확장되기 때문이다.

아리스토텔레스도 자연의 사다리는 "아마도 인간보다 더 우월한 또 다른 종류"[8]까지 이어질 것이라고 모호하게 언급했지만, 그것을 신에게까지 밀고 올라가진 않았다. 그렇기에 플라톤이 디오티마의 입을 빌려 설파한 에로스의 사다리가 감각으로 파악되는 지상의 세계뿐 아니라 지성으로 파악되는 이데아의 세계 그리고 선의 이데아까지 이어진 것을 감안하면, 절반 이상이 잘려 나간 셈이다. 그런데 약 600년 후 "꿈속에서도 플라톤의 공리를 해석하곤 했다"라는 신플라톤주의자 플로티노스Plotinos, 205~270가 그 잘려 나간 영역을 복원해 연결시켰다.

플로티노스는 《엔네아데스》에서, 플라톤이 선의 이데아라고 이름 붙인 일자로부터 정신이 나오고, 정신精神, nous으로부터 영혼이, 영혼靈魂, psyche으로부터 물질세계가 유출되어 나온다고 했다.* 따라서 플로티노스의 세계를 생성의 순서에 따라 정리하면, 일자→정신→영혼→물질세계로 이어지는 계층구조가 형성된다. 여기서 물질세계에 아리스토텔레스가 고안한 자연의 사다리 개념을 가져다 붙이면, 플로티노스의 세계는 일자→정신→영혼→인간→동물→식물→무생물(광물)로 내려가면서 질적으로는 점점 낮아지고 불완전하지만 양적으로는 차츰 많아지고 종류도 다양해지는 피라미드형 구조**를 이룬다.

이렇게 해서 마침내 완성된 것이 중세 이후 '존재의 대연쇄the great chain of being' 내지 '존재의 사다리'라는 이름으로도 불리는 자연의 사다리다. 따라서 그것은 플라톤의 에로스의 사다리에서 시

---

* 플로티노스가 말하는 '유출'은 마치 빛이 발광체 주위로 번지듯이, 뜨거운 물체가 주변으로 열을 퍼뜨리듯이, 향기가 그 주변으로 퍼져나가듯이 매우 신비롭게 일어나는 현상이다. 그래서 마치 태양이 빛을 발하지만 스스로는 어두워지지 않고 샘泉이 시냇물을 흘려보내지만 스스로는 마르지 않는 것처럼 일자의 유출은 일자 자신에게는 어떤 변화도 일으키지 않는다.(《엔네아데스》, 5.2.1.)
** 피라미드식 계층구조를 뜻하는 '히에라르키아hierarchia'는 중세 이후 교회에서는 평신도→사제→주교→교황이라는 교회제도를 확립하는 데, 사회에서는 농노→기사→영주→왕이라는 봉건제도를 구축하는 데 사용되었다.

I.

라몬 유이, 〈자연의 사다리〉, 1304   그림 1

작되어 아리스토텔레스의 자연의 사다리를 거쳐 플로티노스의
일자 형이상학이 완성한 '관념적 은유'라고 할 수 있다. 그럼에도
토마스 아퀴나스와 중세 신학자들은 그것을 여전히 아리스토텔
레스의 명칭인 '자연의 사다리'라고 불렀다. 그들이 아리스토텔
레스를 그만큼 숭배했기 때문이다.

　토마스 아퀴나스와 거의 같은 시대를 살았던 14세기 스페인
의 수학자이자 철학자이고 또 순교자였던 라몬 유이Ramon Llull,
1232~1316의 〈자연의 사다리〉를 보면 당시 사람들의 생각이 어떠

했는지가 한눈에 드러난다.

〈그림 1〉을 자세히 들여다보면 놀랍기 그지없다. 그림은 우선 아래에서부터 광물→불꽃→식물→동물→인간→하늘→천사→신으로 이어져 올라가는 층계 길로 이미지화되어 있다. 게다가 각 단마다 라틴 문자로 그 내용을 표시해놓았으며, 그것들을 각각 이미지화한 오른쪽 그림들과 선으로 연결해놓았다. 〈그림 1〉은 말하자면 13세기에 그려진 인포그래픽infographic인데, 여기에서 보듯이 토마스 아퀴나스, 라몬 유이와 같은 당시 신학자들이 구상한 자연의 사다리는 인간에서 그치지 않고 신이 사는 하늘나라까지 이어져 올라간다.

자연의 사다리와 야곱의 사다리

흥미로운 사실은 중세 신학자들이 '자연의 사다리'를 구약성서에 나오는 '야곱의 사다리scala di Jacob'와 동일한 것으로 이해했다는 것이다. 아마 당신은 '갑자기 웬 야곱의 사다리냐?' 하며 의아해할지도 모른다. 그러니 잠시 설명하고 넘어가자.

구약성서 〈창세기〉 28장을 보면, 브엘세바에서 하란으로 가던 야곱이 들에서 돌베개를 베고 노숙을 한다. 그 후 야곱이 "꿈에 본즉 사닥다리가 땅 위에 서 있는데 그 꼭대기가 하늘에 닿았고 또 본즉 하나님의 사자들이 그 위에서 오르락내리락하고"(창세기 28:12) 있더라면서 자신의 꿈 이야기를 하는 장면이 나온다. '야곱의 사다리'라는 말은 바로 여기서 나왔다.

그러니 엄밀히 말하자면 야곱의 사다리는 그리스 철학의 산물인 '자연의 사다리'와는 무관한 히브리 종교적 개념이다. 그러나 중세 신학자들은 자연의 사다리와 야곱의 사다리가 모두 지상에서 천상으로 연결되어 있고 또한 그것을 따라 올라가면 신에게 도달할 수 있다는 점에서 그 둘을 동일하게 생각했다. 이로써 구약성서에서 나온 '야곱의 사다리' 개념이 그리스 존재론적 해석을 가질 수 있게 되었다. 그리고 늦어도 토마스 아퀴나스로부터 19세기까지 수백 년 동안 '자연의 사다리'와 '야곱의 사다리'가 사실상 같은 의미로 사용되어 내려왔다. 그렇게 '자연의 사다리'는 서양 문명 안에서 매우 소중히 간직되어온 관념적 은유이자 문화적 코드 가운데 하나가 되었다.

그 때문에 야곱의 사다리는 중세 이후 많은 수도사와 화가, 그것도 윌리엄 블레이크와 마르크 샤갈 같은 유명 화가들에 의해 그려졌다. 〈그림 2〉는 그 가운데 12세기에 이탈리아 팔레르모 성당에 그려진 〈야곱의 사다리〉다.

〈야곱의 사다리〉, 팔레르모 성당, 1140   그림 2

어디 그뿐인가? 르네상스 시대 영국의 최대 걸작으로 꼽히는
존 밀턴John Milton, 1608~1674의 《실낙원》에는 대천사 라파엘이 아담
에게 신이 창조한 '자연의 사다리'를 통해 인간도 신에게 다가갈
수 있다고 알리는 장면이 나온다. 이 말을 들은 아담이 라파엘
대천사에게 다음과 같이 화답한다.

아, 은혜로운 천사, 친절한 손님이여,
당신은 우리의 지식이 나아가야 할 방향을 훌륭히

가르쳐주셨고, 또 중심에서 주위로

자연의 사다리를 놓으셨으니, 이로써

[우리는] 창조된 사물들을 관조하면서

한 단 한 단 신에게로 올라갈 수 있겠나이다.

—《실낙원》, 5, 505~510

　　내용인즉, 신이 계층적 질서를 통해 자연의 사다리를 만들어
놓고 그것에 맞춰 우리의 지식이 나아가야 할 방향도 단계적으
로 설정했으니, 그 지식을 따르면 신에게 다가갈 수 있다는 것이
다. "한 단 한 단 신에게로 올라갈 수 있겠나이다"라는 밀턴의 말
은 사실상 플라톤이 '에로스의 사다리'를 통해, 그리고 플로티노
스가 '존재의 사다리'를 통해 하고 싶었던 말이다. 또한 중세 그
리스도교 신학자들이 '야곱의 사다리' 그리고 무엇보다도 '자연
의 사다리'를 통해 진정으로 전하고 싶어한 말이기도 하다.

　　이처럼 자연의 사다리는 2,000년 넘게 서구 문명 안에 내려오
는 은유적 표현인데, 여기에 담긴 은유적 사고를 은유 패턴에 맞
춰 도식화하면 다음과 같다.

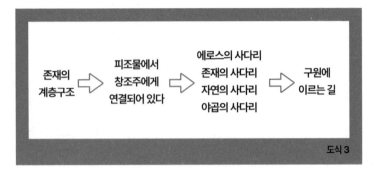

은유로 인문학을 분석하고자 하는 우리의 이야기와 연관해, 여기서 우리가 놓치지 말아야 할 것이 있다. 토마스 아퀴나스를 비롯한 중세 신학자들이 왜 그리스 형이상학이 낳은 관념적 은 유인 '자연의 사다리' 개념을 히브리 종교의 구원의 길인 '야곱의 사다리'와 동일한 것으로 규정했는가 하는 것이다. 단지 그 둘이 지닌 유사성, 곧 지상에서 천상으로 연결된 사다리라는 점 때문 이었을까?

아니다! 중세 가톨릭 신학자들에게는 다른 간절한 염원이 있 었다. 그것은 그들이 오직 신의 은총에 의해 하늘에서 땅으로 내 려오는 구원의 길(야곱의 사다리) 외에 인간의 지성에 의해 땅에 서 하늘에 이르는 구원의 길(자연의 사다리)을 새로이 모색하고 자 하는 것이었다. 수동적인 구원의 길 외에 능동적인 구원의 길을 찾았던 것이다. 이 점에서 보면, 자연의 사다리는 인간의 이성과 노력으로도 구원에 이르고자 염원했던 중세 사람들이 만들어낸 인문적 은유다.

물론 자연신학natural theology이라 불리는 이 같은 생각은 구원이 오직 신의 은총으로만 이뤄진다는 정통 기독교 신학과 정면으로 대립한다. 그렇기 때문에 가톨릭 신학뿐 아니라 개신교 신학 안에서도 오늘날까지 여전히 논란의 대상이다. 그럼에도 불구하고 자연의 사다리는 적어도 플로티노스 이후 1,500년 이상 서구 문명을 지배하는 아름다운 관념적 은유였고, 그 영향이 지대했다.

《레미제라블》의 작가 빅토르 위고Victor Hugo, 1802~1885가 1856년에 출간한 《정관시집》에 실린 다음과 같은 시구가 그것을 증명한다.

놀라운 산의 비탈 위에 올라
착잡한 소리를 내는 대혼전과 같이
그대는 그늘의 밑바닥으로부터
어두운 창조물들이 그대에게로 다가 올라옴을 본다.
바위는 더 멀리 있고 짐승들은 더 가까이 있으니

그대는 우뚝 솟아 살아 있는 용마루 같다.

그러니 말해보라. 비논리적 존재들이 우리를 속인다고 믿는가?

그대가 보는 사다리가 무너졌다고 믿는가?

감각이 저 높은 곳으로부터 조명되고 있는 그대여!

빛을 향해 서서히 한 계단씩 올라가는

피조물들의 사다리가 인간에게서 멈추었다고 생각하는가?[9]

이렇듯 자연의 사다리는 철학과 신학 저술 그리고 문학작품에 숱하게 등장했고, 부단히 회화로도 그려졌다. 어디 그뿐인가. 우리는 이미 이 시리즈 2권 《은유가 만드는 삶》 5부에서 하늘을 향해 치솟아 오르는 듯한 고딕 양식의 대성당 첨탑은 중세 사람들이 자연의 사다리를 돌과 유리로 형상화한 은유적 표현물이라는 것도 확인했다. 앞에서 살펴본 플라톤의 '태양의 비유'와 마찬가지로 '자연의 사다리'도 인문학에서 사용되는 은유가 무슨 일을 어떻게 할 수 있는가를 보여주는 또 하나의 이정표라 할 수 있다.

보일의 '진기한 시계'

동서양을 막론하고 고대와 중세를 살았던 사람들은 대부분 우주를 일종의 생명체로 보는 '유기체적 세계관'을 갖고 있었다. 그들은 세계 안에는 신과 천사 또는 요정들이 산, 바다, 숲, 강 그리고 나무에 그 변화와 움직임 그리고 생명의 근원으로서 살고 있다고 믿었다. 19세기 영국의 문예비평가 존 러스킨John Ruskin, 1819~1900이 상징적으로, 그러나 단호하게 잘라 표현했듯이 "중세인은 그 안에 천사를 그려 넣을 목적 없이는 절대 구름을 그리지 않았다. 그리고 고대 그리스인은 그 안에서 신을 만나기를 기대하지 않고는 결코 숲에 들어가지 않았다."

한마디로 전근대인들은 우주 만물의 모든 변화와 움직임에 인간으로서는 알 수 없는 신적인 힘과 목적이 항상 함께하고 있다고 생각했다. 중세 서양을 지배했던 기독교적 세계관 역시 여기에서 크게 벗어나지 않는다. 이 같은 세계관에 들어 있는 은유적 사고는 〈도식 4〉와 같이 나타낼 수 있다.

그러나 근대가 시작되고 16세기에 과학혁명이 일어나면서 세계관이 크게 변화한다. 갈릴레오 갈릴레이Galileo Galilei, 1564~1642의 다음과 같은 선언과 함께, 우주가 수학적으로 운동하는 차갑고

자연 ⇒ 살아 있다 / 연결되어 있다 ⇒ 생명체 / 유기체 ⇒ 신, 요정과 / 함께 사는 세계

도식 4

기계적인 물체들의 세계로 변했다.

"자연이라는 거대한 책은 수학의 언어로 저술되었고, 그 알파벳은 삼각형, 원 등등 여타의 기하학적 수식으로서, 그것들 없이는 우주의 단 하나의 단어도 인간에게 이해될 수 없다"[10]

알려진 바에 의하면, 자연을 '책'이라는 은유로 처음 설명한 사람은 갈릴레이가 아니라, 12세기에 파리 생빅토르 수도원의 위그Hugh, 1096~1141라는 이름의 교부다. 그는 저서 《디다스칼리콘 Didascalicon》에 "마치 신의 손에 의해 쓰인 것처럼 (……) 감각으로 인식 가능한 모든 세상은 신의 불가시적 지혜를 드러내는 책과 같다"라고 썼다. 하지만 그가 말하는 책은 신의 언어로 기록되어 예컨대 연금술사와 같이 영적 부름을 받은 탐구자의 해제에 의

해서만 드러나는 상징적이고 우화적인 것이며, 깊고 신비롭기까지 한 비밀을 간직한 것이었다.

그런데 500년 후 피사대학교에서 수학을 가르치던 갈릴레이가 사용한 '자연이라는 거대한 책'이라는 은유는 전혀 다른 의미였다. 그는 이 책이 신의 언어가 아니라 삼각형과 원 등등 여타의 수학적 언어로 쓰였다고 했다. 그것이 당시 사람들에게는 매우 충격적이었는데, 그 안에 담긴 은유적 사고를 도식화하면 다음과 같다.

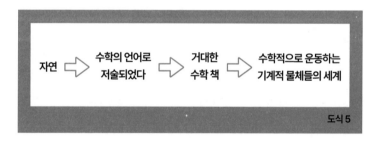

도식 5

1605년 독일의 천문학자 요하네스 케플러Johannes Kepler, 1571~1630가 어느 지인에게 보낸 편지에 "내 목적은 천체라는 기계가 신이나 생물체 같은 것이 아니라 일종의 태엽 장치라는 점을 보이는데 있다"라고 쓴 것도 같은 생각에서였다.[11] 영국의 과학자이자 철학자인 로버트 보일Robert Boyle, 1627~1691의 다음과 같은 말도 당시 사람들에게는 매우 인상적이어서 강한 설득력이 있었다.

"(우주는) 스트라스부르에 있는 것과 같은 진기한 시계時計와도 같다. 거기에서는 모든 것이 아주 교묘하게 설계되어 기계가 일단 작동하면 모든 것이 제작자의 계획에 따라 진행된다."*

그러자 자연을 바라보는 사람들의 눈이 점차 달라졌다. 자연이—향후 적어도 300년 동안 서양인들의 상상력을 붙잡아놓았던—'시계'처럼 보이기 시작한 것이다. 오늘날 우리는 자연에 대한 이 같은 생각을 '기계론적 세계관'이라 한다.

과학혁명이 당시 서양인들의 세계관을 유기체적 세계관에서 기계론적 세계관으로 바꿔놓은 것이다. 과학혁명이라는 용어를 처음 사용한 영국의 역사가 허버트 버터필드Herbert Butterfield, 1900~1979는 이 같은 세계관의 변화가 르네상스나 종교개혁보다

---

* 프랭클린 보머, 조호연 옮김, 《유럽 근현대 지성사》, 현대지성사, 1999, 75~76쪽에서 재인용.(보일이 언급한 스트라스부르의 '진기한 시계'는 1574년 스트라스부르의 수학자 이삭 하브레히트Issac Habrecht, 1544~1620에 의해 설계·제작되었고, 19세기에 만들어진 복제품이 지금도 이 성당에서 관광객을 맞고 있다.)

더 또렷이 중세와 근대를 구분하도록 해주고, 그 영향력 역시 더 크다고 주장했다. 보는 관점에 따라 다르겠지만, 근거가 전혀 없는 말은 아니다. 특히 인간이 자연을 대하는 태도의 변화를 보면 더욱 그렇다.

근대철학의 문을 연 영국의 철학자 프랜시스 베이컨Francis Bacon, 1561~1626의 말을 들어보면 그 전모를 어렵지 않게 파악할 수 있다. 그는 자신의 저서 《고대인의 지혜》에 실은 〈프로메테우스 Prometheus〉라는 글에서, 그리스 신화에서 인간을 창조하고 불과 지식을 가져다준 프로메테우스를 기독교에서 말하는 신으로 규정했다.[12] 그리고 프로메테우스에게서 전해 받은 지식과 과학기술을 더욱 발전시켜 자연을 개발하고 통제하는 새로운 인간—우리는 그런 인간을 보통 '근대인' 내지 '프로메테우스적 인간'이라고 부른다—이 자연을 대해야 하는 자세를 이렇게 밝혔다.

"자연은 그녀를 그대로 내버려둘 때보다 (기계적 장치) 기술의 괴롭힘과 고문하에서 더 명확하게 그녀 자신을 드러낸다."[13]

우리는 여기서 베이컨이 자연을 일컬을 때 사용한 "그녀"라는 명칭과 "괴롭힘과 고문"이라는 표현에 주목해야 한다. 왜냐하면 이처럼 성차별적이고 가학적인 관념이 근대인들이 자연에 대해 지녔던 세계관이기 때문이다.

여기서 우리는 근대인들이 자연을 하나의 거대한 '시계'로 간주하고, 필요에 따라 그것을 제작, 분해, 수리가 가능한 물적 대상으로 파악하기 시작했다는 것, 그 결과 자연과학이 발전하는 긍정적 효과도 나타났지만, 자연을 아무 거리낌 없이 정복하고 괴롭히고 고문하며 파괴하는 부정적 결과도 가져왔다는 것을 알 수 있다. 그런 측면에서 지난 400년 동안 인류의 삶과 사회에 이보다 더 큰 영향력을 끼친 은유적 표현은 없었다. 근대라는 시대의 성격을 규정한 이 유명한 표현에 담긴 은유적 사고를 도식화하면 다음과 같다.

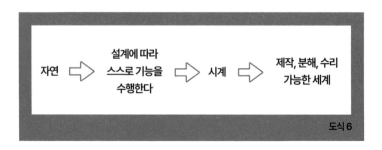

도식 6

당신도 알다시피 바로 이 같은 은유적 사고가 대변하는 기계론적 세계관에 의해 자연과 환경의 파괴가 거침없이 진행되었고, 400여 년이 지난 지금 어쩌면 인류를 종말로 몰아갈지도 모르는 팬데믹과 기후변화라는 재앙이 잉태되고 있는 것이다.

그러니 '자연은 시계'라는 보일의 은유 역시 은유가 인문학에서 무슨 일을 할 수 있는지를 보여주는 또 하나의 또렷한 발자국이라고 하지 않을 수 없다. 비록 그것이 오늘날 우리가 당면한 파국의 출발로 평가받을지라도 말이다.

니체의 '신의 죽음'

광인―그대들은 밝은 대낮에 등불을 켜고 시장을 달려가며 끊임없이 "나는 신을 찾고 있노라! 나는 신을 찾고 있노라!"라고 외치는 광인에 대해 들어본 일이 있는가? 그곳에는 신을 믿지 않는 많은 사람들이 모여 있기 때문에 그는 큰 웃음거리가 되었다. 신을 잃어버렸는가? 그들 중 한 사람이 이렇게 물었다. 신이 아이처럼 길을 잃었는가? 다른 한 사람이 말했다. 신이 숨어버렸는가? 신이 우리를 두려워하고 있는가? 신이 배를 타고 떠났는가? 이민을 떠났는가? 이렇게 그들은 웃으며 떠들썩하게 소리쳤다. 광인은 그들

한가운데로 뛰어들며 꿰뚫는 듯한 눈길로 그들을 바라보며 소리쳤다. "신이 어디로 갔느냐고? 너희에게 그것을 말해주겠노라! 우리가 신을 죽였다—너희들과 내가! 우리 모두가 신을 죽인 살인자다!14

이 글은 니체가 1882년에 발표한 《즐거운 학문》에서 당대 그 누구도 흉내 내지 못할 열광적인 문체로 서술한 놀라운 은유적 스토리텔링이다. 니체는 이 글을 통해 신의 죽음Tod Gottes을 선포했다.

그런데 잠시 생각해보자. 이때 니체가 말하는 신의 죽음은 무엇을 뜻할까? 그것은 당연히 올림포스산 정상에 살던 그리스 신들이 죽었다는 것은 아닐 것이다. 그렇다고 해서 2,000년 전에 이미 십자가에 못 박혀 죽은 예수가 다시 죽었다는 의미도 아닐 것이다. 그럼 니체는 도대체 어떤 신이 죽었다고, 아니 우리가 어떤 신을 죽였다고 말하는 것일까?

혹시 당신은 아는가? 아마 그럴지도 모른다. 하지만 대부분의 사람들은 딱 부러지게 답하지 못할 것이다. 도대체 우리가 어떤 신을 죽였다는 것일까? 니체가 스스로 평가한 대로, 그의 텍스트는 "수수께끼"이자 "대담무쌍한 인식의 미로"라고 할 수밖에 없다. 그런데 알고 보면, 니체의 이 말은 313년 콘스탄티누스 1세Constantinus I가 밀라노칙령Edict of Milano으로 기독교를 공식적으로 인정한 이래, 서양 문명을 구축하고 이끌어왔던 '신본주의적 가치'와 그것을 숭배하는 그리스도교 그리고 그것을 통해 구축된 세계관이 몰락했다는 것을 의미한다.

당신도 알다시피 서양 문명은 적어도 중세까지는 신이라는 이름으로 불려오던 신본주의 가치들에 의해 구축되었다. 조금 더 자세히 말하자면, 서양 사람들은 일찍이 캔터베리 대주교 안셀무스Anselmus, 1033~1109가 신으로 규정한 "최고 본질, 최고 생명, 최고 이성, 최고 행복, 최고 정의, 최고 지혜, 최고 진리, 최고 선성, 최고 위대, 최고 미, 최고 불사성, 최고 불변성, 최고 복락, 최고 영원성, 최고 권능, 최고 일자성—者性"(《모놀로기온》, 16)과 같이 '인간이 추구할 수 있는 최고의 가치들'을 구현하고자 하는 문명을 고안하고 구성하며 그 속에서 살았다.

그런데 15~16세기의 르네상스, 16세기의 과학혁명, 17세기의 계몽주의, 18세기의 프랑스대혁명과 산업혁명, 그리고 19세기에는 실증주의와 다윈의 진화론이 등장하면서, 그들은 그동안 신이라는 이름으로 추구해오던 신본주의 가치와 그리스도교 그리고 그것으로 이루어진 세계관에서 차츰 등을 돌렸다. 그리고 이성, 합리성, 객관성, 과학, 계몽, 실증, 자유, 평등, 박애, 사회 진보, 민중 해방, 혁명 같은 인본주의 가치를 지향하며, 그것을 마치 신처럼 숭배하기 시작했다.

바로 이 같은 현상을 니체가 "신은 죽었다"라고 표현한 것이다. 따라서 신은 죽었다는 니체의 말은 '신본주의적 가치들을 밀어내고 인본주의적 가치들이 그 자리를 차지했다', '인간이 신이 되었다'라는 시대적 증언이자 선언이기도 했다.

만일 당신에게 지금 '설마'라는 생각이 든다면, 인상적인 증거들을 제시할 수 있다. 예컨대 17세기 이후 계몽주의자들은 신의 관점에서 인간과 세계를 설명한 성서를 대신해 인간 이성으로 그것들을 설명한 백과사전을 만들기 시작했다. 그리고 신이 은총으로 세울 하나님 나라 대신 인간 스스로 이성으로 이룩할 유토피아utopia 건설에 발 벗고 나섰다. 계몽주의자들에게 백과사전은 새로운 성경이었고, 민주사회는 새로운 천국이었던 셈이다.

게다가 18세기에 자유·평등·박애를 구호로 내걸고 시작한 프랑스대혁명(1789)은 인간의 이성이 중세 천 년을 두고 신마저 주지 못했던 자유롭고 평등한 새로운 사회를 만들 만한 놀라운 가능성을 갖고 있음을 보여주었다.

그러자 혁명을 주도하고 공포정치를 펼친 로베스피에르M.

I.

Robespierre, 1758~1794와 자코뱅당Jacobin 당원들은 마치 오늘날 우리가 신을 의미하는 영어 'God'의 첫 자를 대문자로 기입하듯이, 인간의 이성을 뜻하는 프랑스어 'raison'의 첫 자를 대문자로 쓰고, 그것을 신으로 모시는 이신교理神教를 제도화했다. 그들은 스트라스부르 대성당 첨탑에서 십자가를 떼어내고, 그곳에 자코뱅당의 상징인 모자를 금속으로 만들어 달았다. 그리고 건물 곳곳에 새겨 있던, 기적과 연관된 조각 235개를 모두 파괴했다.

역시 이신교도였던 미국의 3대 대통령 토머스 제퍼슨T. Jefferson, 1743~1826은 성경에서 비이성적인 내용을 모두 삭제한《제퍼슨 성경The Jefferson Bible》을 펴내기도 했다. 이 새롭고 이성적인 성경은 "거기에 그들은 예수를 뉘였으며, 무덤의 문에 커다란 돌을 굴려서 입구를 막고 떠났다"라는 말로 끝난다. 예수의 부활과 그에 의한 구원 기록들을 모두 삭제한 것이다. 빙산의 일각이지만 이러한 일이 계몽·과학·실증이라는 말로 대변되는 근대적 이성의 본질을 말해주는 상징적 사건들이다.

그뿐 아니었다. 19세기에는 프랑스의 실증주의자 오귀스트 콩트Auguste Comte, 1798~1857가 창설한 인류교religion de L'Humanite가 등장했다. 그것은 과학주의와 실증주의가 유행한 당시 사회적 배경을 등에 업고 기독교를 크게 위협하던 이신교와 같은 또 하나의 이단적 '변종 기독교'였다. 인류교에서는 '집단적 인류'가 하나님이고, 인류를 위해 공헌한 통치자, 과학자, 종교인, 예술가가 성인聖人이다. 이 종교에는 이른바 당시 '신新계몽주의자'로 불리는 지식인들, 즉 콩트와 같은 실증주의자, 슈트라우스 같은 자유주의 신학자, 오언과 푸리에 같은 초기 유토피아 사회주의자 그리고 조지 엘리엇 같은 뛰어난 예술가까지 적극 참여했다.

그리고 이들은 오늘날 리처드 도킨스R. Dawkins나 크리스토퍼 히친스C. Hitchens 같은 신新진화론자들 못지않게 신을 조롱했다. 예컨대 니체와 거의 같은 시기에 살았던 영국의 문인이자 실증주의자인 모티머 콜린스M. Colince, 1827~1876는 신에 대한 인간의 승리를 다음과 같이 노래했다.

생명과 우주는 자발성을 보여주노니,
신이라는 헛소리는 이제 사라져다오!
교회와 교리는 안개 속에서 길을 잃었나니,
진리는 실증주의자에게서 찾아야 한다.
콩트, 헉슬리, 틴들, 몰리, 해리슨
실증주의의 지혜로운 스승들이여,
이 빛나는 전사들의 명단에

그 누가 감히 끼어들쏘냐?

　인간이 신이 되는 시대, 오늘날 유행하는 용어로 표현하자면, 호모 데우스Homo Deus*의 시대가 이때 이미 시작된 것이다. 이 점에서 보면, '신은 죽었다'라는 니체의 선언은 콘스탄티누스 1세의 밀라노칙령에 버금갈 만한 문명사적 사건이자, 현대라는 시대를 대변할 만한 은유적 표현이라 할 수 있다.

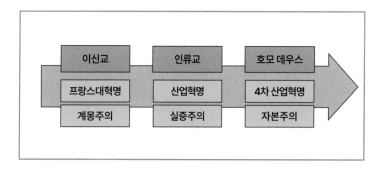

---

*　'신이 된 인간'이라는 의미를 지닌 '호모 데우스'는 이스라엘 작가이자 예루살렘 히브리대학교 교수인 유발 하라리Yuval Harari가 쓴 책의 제목이다. 하라리는 이 책에서 과학의 발달로 신본주의적 가치들도, 인본주의적 가치들도 퇴색하여 인간 존재의 의미 자체가 사라질 미래를 설득력 있게 그려냈다.

그런데 결과는 어떠했을까? 신에게서 벗어나 '고삐 풀린 인간'은 한껏 자유와 평등을 누렸을까? 과학주의, 계몽주의, 실증주의가 추구하는 인본주의 가치들을 통해 인류는 지상낙원을 구축하고, 그곳에서 마냥 행복해졌을까? 그건 분명 아니었던 것 같다. 인간의 이성이 신으로 등극하자마자 세상에는 오히려 끔찍한 추위와 어둠이 몰려오기 시작했다.

신의 죽음 이후의 풍경들

니체가 신의 죽음을 선포한 지 불과 30년이 지났을 때 제1차 세계대전이 일어났고, 연이어 제2차 세계대전도 발발했다. 전란의 와중에서 인류 역사상 가장 많은 살상자들이 생겨났고, 나치의 아우슈비츠와 스탈린의 굴락 수용소에서의 만행, 히로시마와 나가사키에 미국의 원자폭탄 투하와 같은 끔찍한 일들이 벌어졌다. 그것은 '이성적인 너무나 이성적인 사람들'에 의해 행해졌지만, 애초 꿈꾸던 이성적 인간, 계몽된 세계에서는 도저히 상상조차 할 수 없는 비인간적인 사건들이었다. 그리고 이 같은 일련의 사건들은 신본주의적 가치의 몰락이 인본주의적 가치의 몰락을 가져온다는 것을 자명하게 알려주었다. 그게 무슨 말이냐

고? 만일 당신의 고개가 지금 갸우뚱해졌다면, 이렇게 생각해보
자.

우리가 캔터베리 대주교 안셀무스를 따라 신을 '인간이 추구
하는 모든 가치의 정점'이라고 규정한다면, 신을 배제한 인간이
란 무엇일까? 인간이 추구하는 모든 가치를 배제한 인간이란 무
가치한 인간이 아니겠는가? 마찬가지로 진리, 선함, 아름다움,
정의, 생명, 행복, 신성 등과 같은 신본주의적 가치들을 말소한
인본주의적 가치란 무엇인가? 다시 말해 인간이 추구하는 모든
가치를 말소한 이성, 계몽, 진보, 해방, 혁명이란 과연 무엇인가?
무가치한 이성, 무가치한 계몽, 무가치한 진보, 무가치한 해방,
무가치한 혁명이 아니겠는가? 이런 것은 당연히 우리가 원하는
이성, 계몽, 진보, 해방, 혁명이 아니다. 20세기 초 숱한 인본주의
적 가치를 내세우고 러시아와 동구에서 행해진 공산당 혁명들
이 바로 이런 식으로 전개되었다. 그래서 결국 실패했다!

《신을 옹호하다》를 쓴 영국의 대표적 좌파 문예평론가 테리
이글턴Terry Eagleton도 같은 의미에서 인본주의는 오직 '유신론적
인본주의'만 가능하다고 주장했다. 이글턴에 의하면, 근대 이후
사람들은 중세의 신본주의 대신에 인본주의를 내세웠는데, 이
때 말하는 인본주의는 당연히 '무신론적 인본주의'이지만—신

이 모든 인간적 가치들의 정점이라고 한다면—이 말은 자기모순에 빠진다는 것이다.* 그렇기 때문에 신을 배제한 인본주의란 불가능하다는 것, 달리 말해 신본주의적 가치를 배제한 인본주의 가치는 더 이상 가치가 아니라는 것, 인본주의는 오직 '유신론적 인본주의'만이 가능하다는 것이다.

니체는 분명 예지가 번뜩이는 사람이었다. 그가 신의 죽음을 선포한 바로 그 자리에서 신을 죽인 인간의 미래에 대해서도 다음과 같이 정확히 예언했기 때문이다.

하지만 어떻게 우리가 이런 일들을 저질렀을까? 어떻게 우리가 거대한 바다를 마셔 말라버리게 할 수 있었을까? 누가 우리에게 지평선 전체를 지워버릴 수 있는 지우개를 주었을까? 지구를 태양으로부터 풀어놓았을 때 우리는 무슨 짓을 한 것일까? 이제 지구는 어디로 향해 가고 있는 것일까? 모든 태양으로부터 떨어져 나온 지금? 우리는 끊임없이 추락하고 있는 것이 아닐까? 뒤로 옆으로 앞으로 모든 방향으로 추락하고 있는 것이 아닐까? 아직도 위와 아래

---

* "내가 생각하는 바로는 기독교의 입장에서 볼 때, '무신론적 인본주의atheistic humanism'는 오류라기보다 모순어법적인 개념이다. 하느님 없이는 온전한 인간성도 있을 수 없기 때문이다."(테리 이글턴, 강주헌 옮김, 《신을 옹호하다》, 모멘토, 2010, 44쪽.)

가 있는 것일까? 무한한 허무를 통과하고 있는 것처럼 헤매고 있는 것이 아닐까? 허공이 우리에게 한숨을 내쉬고 있는 것이 아닐까? 한파가 몰아닥치고 있는 것이 아닐까? 밤과 밤이 연이어 다가오고 있는 것이 아닐까? 대낮에도 등불을 켜야 하는 것이 아닐까? (······) 신은 죽었다! 신은 죽어버렸다! 우리가 신을 죽인 것이다! 살인자들 중에 살인자인 우리는 이제 어디에서 위로를 얻을 것인가? 지금까지 세계에 존재한 가장 성스럽고 강력한 자가 지금 우리의 칼을 맞고 피를 흘리고 있다. 누가 우리에게서 이 피를 씻어줄 것인가? 어떤 물로 우리를 정화시킬 것인가? 어떤 속죄의 제의와 성스러운 제전을 고안해내야 할 것 아닌가? 이 행위의 위대성이 우리가 감당하기에는 너무 컸던 것이 아닐까? 그런 행위를 할 자격이 있으려면 우리 스스로가 신이 되어야 하는 것이 아닐까?[15]

니체가 옳았다. 신의 죽음 이후—바꿔 말해, 우리가 신이라는 이름으로 추구하던 최고의 가치들을 개인의 삶과 사회에서 배제한 후—인간은 스스로 신이 되었지만, 허공이 한숨을 내쉬었고 한파가 몰아닥쳤다. 밤과 밤이 연이어 다가왔다. 그래서 대낮에도 등불을 켜야만 하게 되었다. 신에게서 벗어나 고삐가 풀린 인간은 방향을 잃고 뒤로, 옆으로, 앞으로, 모든 방향으로 추락하며, 무한한 허무와 어둠 속을 헤맬 수밖에 없었다.

차라투스트라는 이렇게 말했다

니체는 그래서 고대 페르시아의 현인이었던 차라투스트라를 불러냈다.* 그리고 그의 손에 등불을 쥐여주고는 그의 입을 통해 허공이 한숨을 내쉬고, 한파가 몰아닥치고, 밤과 밤이 연이어 다가오고 있는 듯한 '허무주의'를 극복할 수 있는 초인적 가치들을 창조해냈다.

차라투스트라가 "나는 사람들에게 그들의 존재가 지니고 있는 의미를 터득시키고자 한다. 그것은 위버멘쉬Übermensch요, 사람이라는 먹구름을 뚫고 내리치는 번갯불이다"라고 소개하는 초인超人은 신의 죽음으로 다가온 허무와 어둠 속을 헤매지 않고, 죽은 신이 남긴 "저녁놀"에 물들지도 않고, 자기 자신의 극복을 통해 새로운 "아침놀"을 향한 여정을 시작한 인간이다. 그는 또한 자신과 세계를 긍정할 수 있는 존재이며, 자기 자신의 위대한

---

* 페르시아에서 태어난 차라투스트라Zarathustra는 기원전 6세기경에 조로아스터교를 창시했다. 그의 이름은 모국어인 아베스타어Avestan로 Zaraϑuštra(자라수슈트라)라고 표기했던 것으로 추정되는데, 이것이 오늘날 영어로 '조로아스터Zoroaster'로 불린다.

정오와 저녁으로 인하여 스스로를 행복하다 찬양하는 존재이고, 지상에서의 삶의 의미를 부여하고 완성시키는 존재이다.

니체가 "좀 더 고급한 유형", "고귀한 유형", "인간보다 좀 더 높은 유형", "위대하고도 가장 최고의 인간", "좀 더 강한 종류의 인간" 등으로 표현하기도 하고, "나는 너희들에게 위버멘쉬를 가르치노라. 인간이란 극복되어야 할 그 무엇이다. 너희들은 너희 자신을 극복하기 위해 무엇을 했는가?"라고 질책하며 소개한 초인은 새로운 신이 아니라 지상에서 구현되어야 할 새로운 인간의 이상이다.

그러나 그는 모든 인간적 능력과 한계를 극복한 완전한 인간이라는 의미에서 초인은 아니다. 오직 자신의 의지에 의해 자기극복을 시도하는 '자기-입법적'이고, '자기-명령적'이며 '자기-긍정적'인 인간이다. 니체가 말하는 위버멘쉬, 곧 초인은 한마디로 20세기 초를 풍미했던 마르틴 하이데거, 카를 야스퍼스, 장폴 사르트르, 알베르 카뮈, 가브리엘 마르셀, 니콜라이 베르댜예프와 같은 실존주의자들이 그려낸 '실존하는 인간'의 원형인 것이다.

그렇다면 니체가 서른여덟, 서른아홉이라는 젊은 나이에 《즐거운 학문》(1882)과 《차라투스트라는 이렇게 말했다》(1883)에

서 전개한 '신의 죽음'에 관한 은유적 사고는 다음과 같이 도식화
할 수 있다.

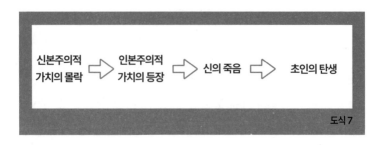

도식 7

  20세기 후반 실존주의의 급속한 쇠퇴와 함께 니체의 초인 역
시 퇴색하고, 오늘날에는 유발 하라리의 '호모 데우스'가 그 자리
를 노리지만, 니체는 여전히 철학뿐 아니라 문학·음악·미술·무
용·건축·정치학·사회학·신학·심리학 등 현대 정신문명 전반
에 모습을 드러내고 있다. 특히 흥미로운 사실은, 근대적 이성과
그것의 산물인 인본주의적 가치의 해체를 감행한 푸코, 데리다,
들뢰즈와 같은 포스트모던 철학자들이 신과 그의 소산인 신본
주의적 가치의 해체를 과감히 감행한 니체를 자신들의 선구자
로 삼는다는 것이다. 이유는 그들이 '신'과 그를 죽인 '인간 이성'
을 함께 싸잡아—포스트모더니스트들은 이 둘 모두를 '거대 담

론grands récit'이라고 부른다——죽이기 위해서였다.

1985년에 〈최근 철학에서 제기된 묵시론적 목소리에 관하여〉에서 자크 데리다J. Derrida, 1930~2004는 정확히 103년 전에 "신은 죽었다. 신은 죽어버렸다. 우리가 신을 죽인 것이다"라고 선언했던 니체를 따라, 게다가 니체의 비장한 목소리도 그대로 흉내 내어 신의 종말과 이성의 종말을 다음과 같이 선포했다.

너희에게 진실로 말하노니, 이는 이것의 종말일 뿐만 아니라 저것의 종말이기도 하다. 여기에는 역사의 종말, 계급투쟁의 종말, 철학의 종말, 신神의 종말, 모든 종교의 종말, 기독교와 도덕의 종말(이는 물론 가장 순진한 생각이었다), 주체의 종말, 인간의 종말, 서양의 종말, 오이디푸스의 종말, 세계의 종말이 속한다. 그리고 너희에게 말하노니 노아의 홍수, 불과 피의 바다, 땅을 뒤흔드는 지진, 헬리콥터에 의해 하늘에서 떨어지는 네이팜 폭탄을 통해 지금 실현되는 '요한계시록의 현재Apocalypse now'와 매춘부들, 이와 마찬가지로 문학의 종말, 과거의 일이 되어버린 회화와 예술의 종말, 정신분석학의 종말, 대학의 종말, 음경 중심적 이성주의의 종말과 그 밖의 모든 것들이 속한다.[16]

정리하자. 우리는 '태양의 비유', '자연의 사다리', '자연은 시계' 그리고 '신의 죽음'이라는 시대적 은유에 담긴 은유적 사고를 추적해 살펴보았다. 그리고 그 과정에서 인문학에 등장하는 은유적 표현과 사고가 어떻게 만들어지며, 또 우리의 삶과 사회와 역사에 얼마나 커다란 영향을 미치는가를 또렷이 인식할 수 있었다.

인문학에서 사용되는 은유는 양날을 지닌 정신의 칼이다. 기나긴 빛일 수도 무거운 그림자일 수도 있다. 당대 사람들에게 새로운 삶과 세상을 보여줌으로써 그들의 삶과 세상을 발전시킬 수도 있지만, 또한 후대 사람들의 삶과 세상을 파국으로 몰아갈 수도 있다.

그렇다! 우리는 시리즈 1권 《은유란 무엇인가》 3부 '은유의 힘은 어디서 나올까'에서 소개한 '티보도-보로디스키 실험'에서 '범죄는 맹수다'와 '범죄는 바이러스다'라는 은유적 표현이 각각 사람들의 판단을 어떻게 바꿔놓는가를 확인했다. 은유는 예나 지금이나 마성적인 힘으로 강하고 빠르게 우리의 정신을 지배한다. 그것이 인문학에 사용될 때, 우리의 삶과 세상에 미치는 긍정적 효과도, 부정적 결과도 크고 장구하다. 그러니 이제 우리가 할 실습-하기 작업, 곧 '은유로 인문학-하기'도 처음부터 이런 경각심을 가지고 훈련하도록 하자!

02. 은유로 인문학-하기

이 책에서 '은유로 인문학-하기'라는 말은 두 가지 의미를 지닌다.

1) 하나는 '분석하며 훈련하기'다. 앞 장에서 이미 시도해본 '태양의 비유', '자연의 사다리' 그리고 '자연은 시계', '신의 죽음'의 경우와 같이, 이미 존재하는 인문 텍스트를 분석하여 그 안에 들어 있는 은유적 표현과 사고를 추적해 도식화하고 성찰하며 훈련하는 작업을 말한다.

2) 다른 하나는 '실습하며 훈련하기'다. 각자가 전하려는 인문학적 내용을 은유적 표현과 사고로 구체화하여 대중에게 이해하기 쉽게 알리거나, 아니면 그것에서 창의를 이끌어내는 작업을 의미한다. 2권 《은유가 만드는 삶》에서는 우리가 은유 도식에 맞춰 시와 동시, 동요 그리고 노랫말을 직접 만들어보며 이 방법으로 은유적 사고를 훈련했다.

우리는 지금까지 그래왔던 것처럼, '분석하며 훈련하기'는 모범적인 인문 텍스트를 은유 도식에 맞춰 분석하며 도식화하는 식으로 훈련을 할 것이다. 이 말은 텍스트 분석을 통해 나타나는 은유 도식의 빈칸들을 채우는 훈련을 한다는 의미다.

이제 곧 보게 되겠지만, 앞에서 살펴본 플라톤의 '선의 이데아는 태양'이나 보일의 '자연은 시계'라는 은유에서 보듯이, 인문학 텍스트에서도 원관념과 보조관념만이 눈에 띄고 나머지는 은닉되어 있는 경우가 가장 흔하다. 따라서 우리는 그때마다 (원관념)→( )→(보조관념)→( )와 같은 은유 도식 앞에 서게 될 것이고, 〈도식 1〉에서 소개한 네 가지 유형 가운데 (a)형의 빈칸-채우기를 해야 한다. 물론 다른 유형의 빈칸-채우기와 만나는 경우도 종종 있을 것이다.

반면에 '실습하며 훈련하기'는 누구나 자신이 관심 있는 또는 전하고자 하는 주제가 정해졌을 때 할 수 있는 작업이다. 그런데 지금 우리는 당신이 전하고자 하는 주제에 대해 아는 바가 없다. 그렇기에 이 훈련은 이 책에서 별도로 다루지 않는다. 당신 스스로 해보기를 바란다. 그렇다고 해서 아무 대책도 없이 당신에게 맡기는 것은 아니다. 이 책에서 우리가 앞으로 함께하는 '분석하며 훈련하기'가 당신의 은유적 사고를 길러줄 것이다.

그런 연후에는 당신도 은유적 표현으로 상대를 설득하고, 그것에서 창의를 이끌어내는 작업을 큰 어려움 없이 할 수 있을 것이다. 그럼에도 1권과 2권에서도 여러 차례 알렸듯이, 이 책의 궁극적 목적은 당신의 은유적 사고력을 기르는 데에 있다.

은유에 탁월한 2인의 수필가

우리는 '태양의 비유', '자연의 사다리', '자연은 시계', '신의 죽음' 등 이미 네 가지 인문학적 은유 사례를 분석해보았다. 이것은 철학과 과학철학 텍스트였다. 그런데 당연한 말이지만, 문학에는 은유적 사고와 표현에 의해 구성된 텍스트가 훨씬 더 많다. 우리가 2권에서 살펴본 시와 노랫말 같은 운문은 물론이거니와 산문에서도 은유적 표현과 사고가 자주 눈에 띈다. 표현력과 설득력을 높이기 위해서일 텐데, 숱한 예들 가운데 둘만 골라 실습해보자. 하나는 피천득 선생의 수필에서, 다른 하나는 이어령 선생의 글에서 골랐다.

피천득의 〈수필〉

다음은 영문학자이자 수필가였던 피천득1910~2007 선생이 수필 essay에 대해 쓴 수필의 한 부분이다.

> 수필은 청자연적이다. 수필은 난이요, 학이요, 청초하고 몸맵시 날렵한 여인이다. 수필은 그 여인이 걸어가는 숲속으로 난 평탄하고 고요한 길이다. (……) 수필은 흥미는 주지마는 읽는 사람을 흥분시키지는 아니한다. 수필은 마음의 산책이다.
>
> ─ 피천득, 〈수필〉 부분

　이 글에 들어 있는 은유적 사고를 분석해보면, 원관념인 '수필'에 '청자연적', '난', '학', '청초하고 몸맵시 날렵한 여인', '숲속으로 난 평탄하고 고요한 길'이라는 다섯 개의 보조관념이 붙어 있다. 시리즈 2권 《은유가 만드는 삶》에서 살펴본 셰익스피어의 희곡 대사나 유치환 시인의 〈깃발〉, 서정주 시인의 〈다시 밝은 날에-춘향의 말 2〉와 같은 설명시에서 보았던 '다중 은유'로 표현된 뛰어난 산문이다. 아무나 흉내 낼 수 없는 솜씨라는 말이다.
　인용한 부분을 보면, 원관념의 본질은 드러나 있지 않다. 하지만 쉽게 짐작할 수 있다. 작가가 수필의 본질을 보조관념으로 암시하거나 표시해놓았기 때문이다. 청자연적, 난, 학처럼 단아하고 고고하며, 여인처럼 청초하고 날렵하며, 그 여인이 걷는 숲속 길처럼 평탄하고 고요하다는 것이다. 그것에서 이끌어낸 창의가 '흥미를 주지만 흥분시키지 않는다', '마음의 산책이다'다.

그렇다면 이제 당신도 피천득 선생의 글에 담긴 은유적 사고를 도식화할 수 있다. 지금 직접 해보길 바란다. 해보니 다음과 같은 또는 유사한 도식이 만들어졌다면, 좋다.

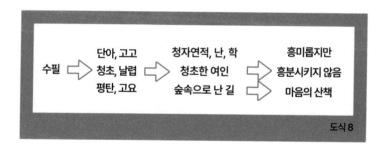

도식 8

이어령의 '보자기 인문학'

다른 예를 하나 더 보자. 널리 알려진 것 같이, 산문에서 은유적 표현과 사고를 유려하게 사용한 문학평론가가 얼마 전(2022년 2

월 26일) 세상을 뜬 이어령1934~2022 선생이다.

선생은 말을 할 때나 글을 쓸 때에 무척 자주 은유를 사용했다. 그래서 그의 말과 글에서는 언제나 형상화된 이미지가 꽃처럼 피어나고, 창의가 탄산수처럼 톡톡 튀어 오른다. 만일 당신이 예컨대 선생의 《어머니를 위한 여섯 가지 은유》를 읽어본다면, 이 말이 무슨 뜻인지 단번에 알아챌 것이다. 그가 자신의 어머니에 대한 기억을 '책', '나들이', '뒤주', '금계랍', '귤', '바다'라는 여섯 가지 은유적 표현으로 풀어냈기 때문이다. 사적 회상을 담은 글이지만 생생히 살아 있는 은유를 구사한 매우 정겨운 글이다.

그러나 또한 바로 그래서 이어령 선생이 책에서 전개한 여섯 가지 은유적 표현을 분석해 도식화해보는 흥미롭고 유익한 작업은 당신에게 맡기고자 한다. 이 책의 제목이 '은유가 바꾸는 세상'인 만큼, 여기서 우리는 사적 소재보다는 공적 소재를 다룬 다른 예를 하나 골라 분석해보고자 한다. 우리는 인문학적 은유가 어떻게 만들어지는가와 더불어 그것이 사회에 미치는 영향에도 매우 큰 관심을 두기 때문이다. 다음은 선생의 저서 《이어령의 보자기 인문학》 가운데서 뽑은 글이다.

그리고 동시에 과거의 한국, 중국, 일본처럼 보자기를 유용하게 사용하는 문화는 '싸다'라는 코드로, 또 서양인과 근대인처럼 가방을 만든 문화는 '넣다'라는 코드로 그 텍스트의 차이를 읽어낼 수 있다. (······) 이 대립 항목에서 '넣다', '공동', '입체', '딱딱함' 등을 모두 모아놓으면 '상자'가 되고, '싸다', '넓어지다', '평면', '부드러움'을 함께 묶으면 '옷'이 된다. 당연한 이야기지만 '가방 문화'는 상자를 그 원형으로 삼고 있으며 '보자기 문화'는 의복을 그 모델로 삼고 있다.[17]

선생은 이 글에서 동양문화와 서양문화를 각각 '보자기'와 '가방'이라는 은유적 표현을 써서 설명한다. 한마디로 동양 문화는 보자기 문화이고, 서양 문화는 가방 문화라는 것인데, 선생은 한 인터뷰에서 이에 대해 다음과 같이 덧붙여 알기 쉽게 설명했다.

책보는 풀면 그만이지요. 책이나 공책을 책상 안에 넣으면 한 장의 보자기만이 남습니다. 그리고 그것은 아무 데나 구겨서 넣을 수 있습니다. 그런데 가방은 그렇지가 않아요. 책이나 도시락을 꺼내도 여전히 가방은 가방 그대로의 모습을 하고 있습니다. 책을 넣을 때나 꺼낼 때나 아무 관계 없이 그 부피 그 형체 그대로입니다. 정말 눈치도 모르는 멍청한 놈이지요.

어디 그뿐입니까. 책가방은 미리 용도에 따라 설계된 공간이므로 얇은 공책을 넣는 데와 두꺼운 책을 넣는 데가 다르고 필통과 도시락을 넣는 데가 따로 칸막이가 되어 있습니다. 책보는 모든 물건을 한꺼번에 두루뭉술하게 싸버리면 그만이지만 책가방은 분류하고 구분하고 그 크기를 가려서 정해진 곳에 넣어야 합니다. (……) 보자기는 가방처럼 칸막이가 없습니다. 딱딱한 그리고 입체적인 자기 부피를 가지고 있지 않습니다. 이것이 바로 포용성과 융통성 그리고 가변성으로 이루어진 보자기 특유의 구조이지요.

자, 그럼 인용한 두 글 안에 들어 있는 은유적 사고를 추적하고 분석하여 도식화해보자. 선생이 동양 문화와 서양 문화라는 두 원관념을 서로 대립시켜 썼기 때문에, 글 안에는 두 가지 은유적 사고가 나란히 진행된다. 선생은 동양 문화의 본질을 '(감)싸다', '부드럽다', '평면적이다'로 보았다. 그리고 그것을 '보자기'로 형상화했다. 반면에 서양 문화의 본질은 '(분류해) 넣다', '딱딱하다', '입체적이다'로 파악했다. 그것들을 형상화한 보조관념이 '가방'이다. 그리고 각각의 보조관념에서 창의를 이끌어내는데, 바로 여기에서 선생의 놀라운 재능이 빛을 발한다.

세간에서 이어령 선생을 '창의적이다', '천재다'라고 평하는 것이 그래서일 텐데, 선생은 '보자기'와 '가방'이라는 보조관념을 사용해 동서양의 삶의 형식, 기업의 경영 양식, 사회와 문화 전반을 차례로 조명한다. 예를 들면 이런 식이다.

아이를 기르는 것도 그렇지요. 아이를 요람이나 유모차에 넣고 끌고 다니는 것은 생명을 넣어 기르려는 발상이고 우리처럼 업거나 포대기에 싸서 안고 다니는 것은 아이를 싸서 기르는 발상에서 나온 산물입니다. 지금 서양의 육아법에서도 스킨십을 소중히 여기고 있어서 종래의 상자에 격리해서 기르는 것보다 한국의 경우처럼 모자 밀착형 육아법이 바람직한 것으로 변해가고 있지요. 세계에서 한국만이 요람을 사용하지 않고 애를 기른 유일한 민족이라고 해도 과언이 아닐 것입니다. 육아법에도 보자기형과 가방형이 있다는 것을 잊어서는 안 됩니다.
양복과 한복의 근본적인 차이는 어디에 있습니까. 양복이 인체를 넣는 가방이라고 한다면 한복은 인간의 몸을 싸는 보자기라고 할 수 있지요. 한쪽 옷은 넣으려 하였기 때문에 입체적으로 만들어져 사람이 입지 않아도 자기 형태를 지니고 있습니다. 그래서 양복은 걸어놓아야 하지요. 그러나 한복은 보자기처럼 싸는 것이기 때문에 벗어놓으면 마치 보따리를 푼 보자기처럼 평면성으로 돌아갑니다.

그래서 한복은 거는 옷이 아니라 개켜두는 옷이지요.

일반적으로 관료조직은 가방식입니다. 넣을 것이 있든 없든 용기 자체의 틀이 있는 가방처럼 관료조직은 일이 있든 없든 조직 자체가 선행합니다. 그러나 조직을 보자기식으로 하면 일거리가 있을 때에는 조직이 있고 일거리가 없을 때에는 그 조직도 해체됩니다.

이 얼마나 창의적인 발상인가! 아무나 흉내 낼 수 있는 솜씨가 아니다. 이어령 선생은 그 비결을 곳곳에서 '스스로 생각하는 것'이라고 반복해 교훈했다. 선생은 이 밖에도 수많은 사례를 제시하며 보자기와 가방이라는 보조관념을 통해 동양 문화와 서양 문화의 특성을 규정한다.

정리하면, 동양 문화는 포용성, 융통성, 가변성을 특성으로 하는 반면에 서양 문화는 분리성, 경직성, 고정성을 특성으로 지녔다는 것이다. 이것이 선생이 보자기와 가방에서 각각 이끌어낸 창의다. 그렇다면 분석은 끝났다. 이제 은유 패턴에 맞춰 도식화해보자. 당신도 스스로 해보라. 아마 〈도식 9〉와 같이 되지 않았는가?

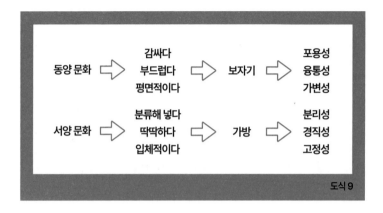

도식 9

에픽테토스와 니체와 은유

문학 분야만큼은 아닐지라도, 앞에서 보았듯이 철학과 신학 같은 다른 인문학 분야에도 은유적 표현이 상상외로 많다. 그것은 레이코프와 존슨이 "은유를 제거하는 것은 철학을 제거하는 것이다. 매우 넓은 범위의 개념적 은유들이 없다면 철학은 시작될 수 없을 것이다"라고 주장했듯이, 철학과 신학이 대부분 '선의 이데아'나 '자연의 사다리', '신'과 같이 우리가 지각할 수 없는 형이상학적 개념과 내용을 다루기 때문이다.

예를 들면, 4세기에 가장 뛰어난 동방 신학자 가운데 하나였던 니지안주스의 그레고리우스Gregory of Nazianzus, 329~390가 《변설집》에서 "거대한 바다"라는 은유를 통해 신의 속성을 설명한 것,* 데카르트가 《방법서설》에서 "전능한 악마"라는 은유를 사용해 방법적 회의를 설명한 것, 니체가 《차라투스트라는 이렇게 말했다》에서 삶에 대한 세 가지 태도를 "낙타", "사자", "아이"라는 은유를 사용해 설명한 것 등 이루 헤아릴 수 없이 많다.

그런데 바로 그 이유로 이 책에서 그것들을 찾아 낱낱이 분석해 은유 패턴에 맞춰 도식화하는 작업은 지면이 허락하지 않는다. 그래서 널리 알려진 두 가지 사례만 골라 빈칸-채우기 훈련을 해보고자 한다. 하나는 에픽테토스의 경우이고 다른 하나는 니체의 경우다.

---

* 니지안주스의 그레고리우스가 개발한 "거대한 바다"라는 은유적 표현을 8세기의 동방신학자 다마스쿠스의 요한네스Johannes Damascus, 675~749가 다음과 같이 이어받았다. "신을 가리키는 어떤 명칭보다 더 근원적 명칭은 '있는 자'다. 이 명칭, 즉 '있는 자'는 그 자체 안에 전체를 내포하며 무한하고 무규정적인 실체의 거대한 바다와도 같이 존재 자체를 갖고 있다." 중세를 통틀어 가장 위대한 신학자로 꼽히는 토마스 아퀴나스는 《신학대전》에서 이 말을 그대로 인용하여 신의 무한성, 무규정성을 설명했다.(토마스 아퀴나스, 《신학대전》, 1. 13. 11.)

에픽테토스의 '욕망'

다음은 로마의 노예였지만 탁월한 지성으로 후기 스토아 철학
의 거두가 된 에픽테토스Epiktētos, 55~135의 가르침이다.

입구가 좁은 병 속에 팔을 집어넣고 무화과와 호두를 잔뜩 움켜쥔
아이에게 어떤 일이 일어나겠는지를 생각해보라. 아이는 팔을 다시
빼지 못해서 울게 될 것이다. 이때 사람들은 '과일을 버려라. 그러면
다시 손을 빼게 될 거야'라고 말한다. 너희도 이와 같다.

그럼, 이제 빈칸-채우기를 통해 은유적 사고를 훈련해보자. 우
선 앞의 인용문을 다시 읽어보자. 당신은 이 글에서 에픽테토스
가 '팔을 병 속에 넣고 빼지 못해 울고 있는 아이'라는 이미지를
통해 인간의 욕망이란 도저히 충족할 수 없는 것이기에 고통을
준다는 사실을 설득력 있게 전하는 것을 알 수 있다. 그리고 그
것에서 자연스레 '탐욕을 버려야 행복할 수 있다'라는 스토아 철
학의 심오한 지혜를 창의로 이끌어냈다는 것도 눈치챌 수 있다.
    그렇다면 당신은 이미 에픽테토스가 이 글을 쓸 때 했던 은유
적 사고를 추적해낸 것이다. 첫 번째 빈 괄호에 들어갈 원관념은

당연히 '욕망'이다. 그리고 두 번째 괄호에 들어갈 그것의 본질은 '고통을 준다', '충족할 수 없다'다. 그것을 형상화한 보조관념이 '팔을 병 속에 넣고 빼지 못해 울고 있는 아이'다. 그리고 그것에서 이끌어낸 창의가 '탐욕을 버려라'다. 그렇지 않은가? 도식화하면 다음과 같다.

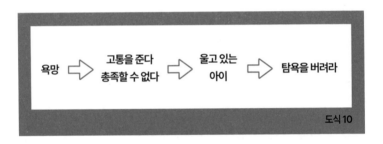

이렇게 당신은 에픽테토스의 가르침을 은유 패턴에 맞춰 분석해 도식화함으로써 그의 지혜뿐 아니라 뛰어난 은유적 사고도 배울 수 있다.

물론 당신은 인간의 욕망에 대해 에픽테토스와는 다른 견해를 가지고 있을 수도 있다. 그러면 당신은 에픽테토스의 그것과는 다른 은유적 사고를 할 것이고, 그것을 통해 당연히 당신만의 지혜를 창의로 이끌어낼 수 있을 것이다.

어떤가? 한번 해보겠는가? 이번에는 원관념은 이미 정해진 셈이다. 그러니 1권 '빈칸-채우기'에서 소개한 (c)유형 '욕망 →( )→( )→( )'에 맞춰 당신의 생각을 정리해가며 빈칸을 차례로 채워보자.

먼저, 당신은 인간이 지닌 욕망의 본질이 무엇이라고 생각하는가? 만일 당신이 포스트모던한 젊은이라면 에픽테토스와는 반대로 욕망이 '쾌락을 준다', '충족할 수 있다'라고 생각할 것이다. 그럼 그것이 원관념의 본질이다. 그것을 당신은 예컨대 '달콤한 과일'이라고 형상화해 보조관념으로 정할 수 있다.

그러면 당신이 그것에서 이끌어낼 창의는 당연히 '미루지 말고 지금 즐겨라'가 될 것이다. 왜냐하면 그 과일은 곧 시들어 땅에 떨어져버릴 것이기 때문이다. 그렇지 않은가? 아마도 당신은 〈도식 11〉과 같은 은유 도식을 얻을 것이다.

그런데 혹시 아는가? 일찍이 로마의 시인 호라티우스Horatius, 기원전 65~기원전 8가 설파한 "카르페 디엠Carpe diem (오늘을 즐겨라)"*이라는 교훈이 바로 이렇게 얻어졌다는 것을? "금지하는 것을 금

---

* '오늘을 즐겨라'라는 뜻을 가진 카르페 디엠은 호라티우스의 시 "짧은 우리네 인생에서 긴 욕심이랑 잘라내라. 말하는 사이에도 우리를 시새운 시간은 흘러갔다. 내일을 믿지 마라. 오늘을 즐겨라"에서 유래했다.

| 욕망 | ⇨ | 쾌락을 준다
충족할 수 있다 | ⇨ | 달콤한
과일 | ⇨ | 미루지 말고
지금 즐겨라 |

도식 11

지하라", "구속 없는 삶을 즐겨라", "행복은 살 수 없다. 그것을 훔쳐라"라고 외치면서, 거리에서 키스하고 골목에서 섹스하며 68혁명과 포스트모더니즘 운동을 일으켰던 프랑스 낭테르대학의 학생들도 같은 생각을 했다는 것을? 또 근래에 세간에 떠도는 '소확행(小確幸: 일상에서 느낄 수 있는 작지만 확실하게 실현 가능한 행복)'이라는 은어 뒤에도 이런 생각이 들어 있다는 것을?

니체의《차라투스트라는 이렇게 말했다》

니체는 은유로 철학을 한 저술가다. 그 가운데에서도 특히《차라투스트라는 이렇게 말했다》는 은유적 표현과 스토리텔링이 책 전체를 관통하고 있는 일종의 서사시다.

책은 머리말을 제외하고 4부로 나뉘는데,—마치 신약성서의

4복음서처럼—이야기를 전개하는 사람은 차라투스트라뿐이고, 각 부는 다시 20개 안팎의 독립된 은유적 스토리텔링으로 구성되어 있다. 하지만 내용상으로는 총 80장이 서로 연관되어 있다.* 스토리텔링에는—사도 바울의 서신들처럼—물음을 던지고 스스로 답하는 수사법인 디아트리베 형식을 사용했다. 그리고 그 내용은 당연히 '초인Übermensch'과 그가 설파하는 '디오니소스적 긍정Das dionysische Jasagen으로서 삶'에 관한 것이다.

그러나 여기에서 우리가 주목하고자 하는 것은 그것의 형식도 내용도 아니다. 니체가 "인류에게 지금까지 주어진 그 어떤 선물보다도 가장 큰 선물", "존재하는 것 가운데 최고의 책", "가장 심오한 책으로서 진리의 가장 깊숙한 보고에서 탄생"한 책으로 자평한 이 책에 등장하는 은유적 표현들이다. 니체는 은유의 마술사다. 시인이다. 그래서 마치 '은유로 짜인 한 폭의 아름다운 비단'처

---

* 니체가 《차라투스트라는 이렇게 말했다》를 "제5의 복음서", "미래의 성서"라고 부르며, 복음서를 패러디한 것은 널리 알려져 있다. 예컨대 차라투스트라가 나이 서른에 고향과 고향의 호수를 떠나 산속으로 들어간 것은 예수가 서른에 나사렛과 갈릴리 호수를 떠나 사막으로 나간 것에 대한 패러디라고 볼 수 있다. 차라투스트라가 산에서 10년 동안 명상한 것도 예수가 사막에서 40일간 명상한 것을 의도적으로 대비한 패러디다. 또 《차라투스트라는 이렇게 말했다》에 등장하는 '신의 목소리', '인간을 낚는 어부', '최후의 만찬', '감람산'과 같은 은유적 표현 역시 패러디로 사용되었다. (프리드리히 니체, 백승영 옮김, 《차라투스트라는 이렇게 말했다》, 사색의숲, 2022, 해제 참조.)

럼 보이는 이 책에서는 은유가 아닌 표현을 찾기가 오히려 어려울 정도다. 그 가운데 두드러진 것만 대강 헤아려도 다음과 같다.

어린아이, 숲속의 성자, 줄 타는 광대, 난쟁이, 사기 도박사, 인간말종, 배후세계론자, 창백한 범죄자, 죽음의 설교자, 신체경멸자, 전사, 새로운 우상, 배우, 왕, 거울을 가지고 있는 아이, 마술사, 고매한 자, 예언자, 방랑자, 배신자, 인간을 낚는 어부, 더없이 추악한 자, 제 발로 거지가 된 자, 사막의 딸들, 몽중보행자와 같은 인물이 보조관념으로 사용된 은유적 표현이다.

그런가 하면 원숭이, 독수리, 뱀, 파리, 개구리, 두꺼비, 두더지, 타란툴라, 거머리, 낙타, 사자, 비둘기 같은 동물들과 무화과나무, 사과나무 같은 식물들도 은유적으로 사용된다. 그 밖에도 고향, 숲, 대지, 동굴, 산, 큰 도시, 시장터, 바다, 태양, 숯, 다이아몬드, 번갯불, 동경의 화살, 오르막길, 거대한 용, 사막, 바다, 오아시스, 무지개, 행복한 섬, 감람산, 춤, 만가, 교양의 나라, 귀향, 중력의 악령, 낡은 서판과 새로운 서판, 일곱 개의 봉인, 그림자, 해 뜨기 전, 오전, 정오, 오후, 밤, 최후의 만찬, 실패작, 우수의 노래, 나귀의 축제와 같은 개념들 역시 마찬가지다.

한도 끝도 없이 많다. 그러나, 또한 그래서 우리가 이 모두를 분석해 빈칸-채우기를 훈련할 수는 없다. 우리는 그 가운데 1부

I.

2장 〈세 가지 변화에 대하여〉에 등장한 "낙타", "사자", "어린아이"라는 은유적 표현만을 골라 그 안에 들어 있는 은유적 사고를 추적해 도식화하는 훈련을 함께 해보는 것으로 만족하고자 한다. 나머지는 당신이 스스로 해보길 바란다.

니체는 차라투스트라의 입을 빌려 2장을 다음과 같이 시작한다.

나 이제 너희에게 정신의 세 변화에 대해 이야기하려다. 정신이 어떻게 낙타가 되고 낙타가 사자가 되며, 사자가 마침내 어린아이가 되는가를.[18]

그리고 먼저 낙타에 대해 설명한다. 낙타는 니체가 기존의 가치를 "공경하고 두려워하는 마음을 지닌 억센 정신, 짐깨나 지는 정신"을 형상화한 은유적 표현이다. 그는 무거운 짐을, "그것도 더없이 무거운 짐을 지고자 한다." 그러고는 "마치 짐을 가득 지고 사막을 향해 서둘러 달리는 낙타처럼 그 자신의 사막으로 서둘러 달려간다."[19]

이처럼 낙타는 차라투스트라가 신이라고도 부르는 "거대한 용der grosse Drache", 곧 "너는 마땅히 해야 한다"라고 강요하는 기존의 가치를 공경하고, 그것에 두려워하는 마음을 지니며 이의를 제기하지 않고, 그것을 따르는 것을 자신의 의무로 생각하고 묵묵히 순종하는 자다.

낙타는 한마디로 부정적인 것을 긍정하며 안락을 누리는 정신을 형상화한 은유적 표현이다. 차라투스트라는 '머리말'에서 이처럼 낙타로 사는 사람의 정신을 인간말종der letzte Mensch*이라고 불렀다.

인간말종은 "우리는 행복을 찾아냈다"라고 외치며, 독을 마시면서 단꿈을 꾸는 자이고, "모두가 평등하기를 원하며", "낮에는 낮대로 밤에는 밤대로 조촐한 환락을" 즐기는 사람들이다. 그들은 "오, 차라투스트라여, 우리에게 그 인간말종을 내놓아라. 우리로 하여금 인간말종이 되게 하라! 우리가 그대에게 위버멘쉬를 선사하겠으니!"라고 조소하며 외치는 무지몽매한 군중이다.**

---

* 독일어 'der letzte Mensch'는 직역하면 '마지막 사람'이라는 뜻이다. 그래서 '종말인'(백승영)이라고도 번역하는데, 책세상 판에는 '인간말종'(정동호)으로 번역되었다. 도덕적 가치를 감안한 번역으로 생각된다.

** 백승영이 옮긴 《차라투스트라는 이렇게 말했다》의 24~26쪽 참조. 여기에서 니체가 말하는 인간말종을 일찍이 키르케고르는 단지 정념적으로 규정되어 있는 "직접적 인간"이라 이름 붙였고, 훗날 야스퍼스는 "실존 없는 현존재"라고 불렀다. 또 하이데거는 현존재의 "내던져 있음"에 불안해한 나머지 "오인된 자유라는 편안함" 속으로 도피해 다른 사람을 따라-생각하고, 따라-말하며, 따라-행동하는 식으로 '일상성의 평균화'를 수행하는 그들을 세인世人, das Man이라고 불렀다.

그래서 차라투스트라는 낙타가 하는 일이 무엇인지를 디아트리베를 사용해 묻는다. 그럼으로써 물음이 답이 되게 한다.* 그것은 "자신을 낮추는 일이 아닌가?", "자신의 어리석음을 드러내는 일인가?", "진리를 위해 영혼의 굶주림을 참고 견디는 일인가?", "귀머거리와 벗하는 일인가?", "차디찬 개구리와 뜨거운 두꺼비조차 물리치지 않는 일인가?", "유령에게 손을 내미는 일인가?"라고 말이다.[20] 한마디로 낙타의 순종은 삶에 대한 긍정이 아니라 부정이고, 바로 그것이 그를 무거운 짐을 지고 사막을 달리는 허무한 삶을 살게 한다는 것이다.

그렇다면 차라투스트라가 말하는 '사막'은 다른 무엇이 아니다. 니체가《즐거운 학문》에서 "무한한 허무를 통과하고 있는 것처럼 헤매고 있는 것이 아닐까? 허공이 우리에게 한숨을 내쉬고 있는 것이 아닐까? 한파가 몰아닥치고 있는 것이 아닐까? 밤과 밤이 연이어 다가오고 있는 것이 아닐까? 대낮에도 등불을 켜야 하는 것이 아닐까?"라고 표현한 허무주의를 형상화한 은유적 표

---

* 오늘날에는 자기가 주장하려는 특정한 대답을 겨냥하여 질문을 던지는 수사법을 설의법interrogation이라 한다. 예컨대 "세균을 키우는 에어컨을 사시겠습니까? 세균을 잡는 에어컨을 사시겠습니까?", "사랑만 갖고 사랑이 되니?"와 같은 광고 카피가 설의법을 사용해 만들어졌다. 설의법은 고대의 수사법인 디아트리베의 한 유형이라 할 수 있다.

현이다. 그래서 차라투스트라는 4부 〈사막의 딸들 틈에서〉에서 "사막은 자라고 있다. 화 있을지어다. 사막을 품고 있는 자에게"라고 일갈하기도 한다.

낙타, 사자, 어린아이

자, 그럼 이제 니체의 '낙타'라는 은유적 표현을 만들어낸 은유적 사고를 추적해 '(원관념)→(본질)→(보조관념)→(창의)'로 이어지는 은유 도식의 빈칸들을 차례로 채워보자.

니체는 먼저 우리가 현대인modern people*이라고 부르는 당시 사람들의 정신을 인간말종으로 파악했다(이것이 원관념이다). 그들이 이미 죽어버린 신이 남긴, 그러나 아직도 살아 무거운 짐을 지게 하는 기존의 가치—니체가 말하는 거대한 용—를 공경하고, 그것에 두려워하는 마음을 지니며 이의를 제기하지 않고, 그것을 따르는 것을 자신의 의무로 생각하고 묵묵히 순종하기 때문이다. 요컨대 낙타의 본질은 '부정한 것에 대한 긍정Bejahung'인

---

* '현대the present time'라는 말을 역사에서 말하는 근대와 구분하기 위하여 사용하는 경우에는 보통 1880년경을 기준으로 삼는다. 왜냐하면 '세기말'이라고 불리던 바로 이즈음부터 근대가 가진 두드러진 특성에 대한 저항이 싹트기 시작했기 때문이다.

데, 이것이 원관념의 본질이다.

이것이 니체가 파악한 현대인의 실상이다. 니체는 그것을 무거운 짐을 지고 사막을 달리는 낙타라는 이미지로 형상화하는데, 이것이 보조관념이다. 그리고 여기에서 "자신의 사막으로 서둘러 달려간다"라는 새로운 생각을 이끌어냈다. 허무한 삶에 매몰되어 산다는 뜻인데, 이것이 창의다. 그렇다면 니체가 낙타라는 은유적 표현을 사용할 때 했던 은유적 사고는 다음과 같이 도식화할 수 있다.

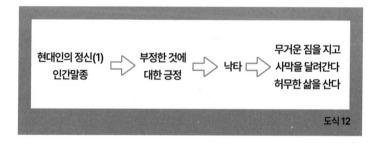

도식12

이어서 차라투스트라는 이렇게 말했다.

그러나 외롭기 짝이 없는 저 사막에서 두 번째 변화가 일어난다. 여기에서 정신이 사자로 변하는 것이다. 정신은 이제 자유를 쟁취하여 그 자신이 사막의 주인이 되고자 한다. 그는 여기에서 그가 섬겨 온 마지막 주인을 찾아 나선다. 그는 그 주인에게 그리고 그가 믿어 온 마지막 신에게 대적하려 하며, 승리를 쟁취하기 위하여 그 거대한 용과 일전을 벌이려 한다.[21]

사자는 "너는 마땅히 해야 한다Du sollst"라고 억압하는 거대한 용에 맞서 "나는 하고자 한다Ich will"라고 외친다. "천년 역사를 자랑하는" 기존의 가치에 저항하며 새로운 가치의 창조를 시도하는 것이다. 이에 대해 차라투스트라는 이렇게 말했다.

새로운 가치를 위한 권리 쟁취, 그것은 짐깨나 지는 그리고 공경하고 두려워하는 마음으로 가득한 정신에게는 더없이 대단한 소득이다. 참으로 그에게 있어 그것은 일종의 강탈이며, 강탈하는 짐승이나 할 수 있는 일이다.[22]

낙타가 거대한 용이 두려워 긍정하는 정신을 형상화한 은유적 표현인 데에 반해, 사자는 자유를 위해 투쟁하는 용기이고, '부정한 것에 대해 부정Verneinung'하는 정신을 형상화한 은유적 표현이다.

그러나 용은 "가치는 이미 모두 창조되어 있다. 창조된 일체의 가치, 내가 바로 그것이다. '나는 하고자 한다'는 요구는 더 이상 용납될 수가 없다"라며 맞선다. 결국 사자는 용을 이기지 못하고, 새로운 가치의 창조를 해내지 못한다. 그럼으로써 사자의 '거룩한 부정'은 '거룩한 긍정'에는 이르지 못한다.

여기에서 차라투스트라는 사자조차 해내지 못한 새로운 가치의 창조를 이뤄낼 '어린아이'에 대해 말한다.

어린아이는 순진무구요 망각이며, 새로운 시작, 놀이, 제힘으로 돌아가는 바퀴이며 최초의 운동이자 거룩한 긍정이다. 그렇다, 형제들이여, 창조의 놀이를 위해서는 거룩한 긍정이 필요하다. 정신은 이제 자기 자신의 의지를 의욕하며, 세계를 상실한 자는 자신의 세계를 획득하게 된다.[23]

어린아이는 자기 자신의 의지에 의해 새로운 가치, 그것에 의한 새로운 놀이, 자기만의 새로운 세계를 창조하는 정신을 형상화한 은유적 표현이다. 낙타의 긍정이 '부정한 것에 대한 긍정'이고, 사자의 부정이 '부정한 것에 대한 부정'이라면, 어린아이는 부정한 것에 대한 긍정과 부정한 것에 대한 부정 모두를 부정하여 긍정에 이르는 정신이다.

한마디로 차라투스트라가 "거룩한 긍정"이라고 표현한 이 정신이 니체 철학을 관통하는 '디오니소스적 긍정'이고, 차라투스트라가 "어린아이"라고 부른 존재가 니체가 말하는 위버멘쉬, 곧 초인이다.

그렇다면 우리는 '사자'와 '어린아이'라는 은유적 표현을 만들어낸 니체의 은유적 사고를 추적해 각각 다음과 같이 도식화할 수 있다.

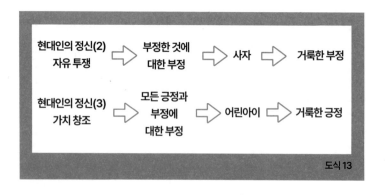

도식 13

정리하자. 인문적 은유는 이런 식으로 만들어진다. 어떤가? 그리 어렵지 않게 느껴지지 않는가? 그래서 우리는 당신이 이같이 탁월한 인문학자들에 의해 이미 만들어진 은유적 표현들을 찾아 빈칸-채우기 훈련을 지속적으로 반복해서 해보기를 바란다. 가령 당신이 니체 철학에 관심이 있다면, 《차라투스트라는 이렇게 말했다》에 등장하는 은유적 표현들, 그중에서도 앞에서 우리가 열거한 것들—그것도 충분히 많다!—에서 골라 우리가 함께해본 것처럼 빈칸-채우기를 해보라는 말이다.

그러면 시리즈 1권 《은유란 무엇인가》에서 설명한 대로, 당신의 뇌에는 은유적 사고를 할 수 있는 뇌신경망이 형성될 것이고, 그것을 통해 당신 자신의 인문학적 사고들을 은유로 표현하고, 그것으로부터 창의를 이끌어낼 수 있는 능력이 조금씩 길러질 것이다. 그리고 언젠가는 당신이 종사하거나 관심을 가진 분야에서 독창적인 이론을 스스로 개발하여 설득력 있게 전할 수 있을 것이다. 그럼으로써 세상을 바꿔나갈 수 있다.

이것이 당신의 은유로 인문학-하기가 겨냥하는 궁극적 목표다. 하지만 처음에는 탁월한 사례를 빌려 빈칸-채우기를 하는 방식으로 훈련하는 것이 좋다. 우선 쉬운 방식으로 시작하자는 뜻인데, 그래서 권하고 싶은 다른 하나가 신화神話에 등장하는 은유적 표현을 가져다 빈칸-채우기를 하는 훈련이다. 어느 나라 것이든 신화는 쉽고 재미있는 데다 그 자체가 탁월한 은유이기 때문이다.

신화로 훈련하기

단군신화같이 우리에게 잘 알려진 건국신화나 시조 신화 또는 각종 설화에서 골라도 좋다. 그 밖에도 당신이 잘 아는 그리스 신화를 보면, 예컨대 '이카로스의 날개', '다이달로스의 미궁', '트로이의 목마', '고르디아스의 매듭', '프로크루스테스의 침대', '프로메테우스의 불', '판도라의 상자', '에리스의 황금사과', '시시포스의 형벌', '페넬로페의 양탄자' 등 은유적 표현과 사고가 들어 있는 이야기들이 한도 끝도 없이 나온다. 2권 《은유가 만드는 삶》에서 소개한 '우화fable'와 마찬가지로 신화는 그 자체가 은유적 사고의 산물이다. 그러니 얼마든지 훈련할 수 있다.

그런데 여기서 잠깐! 노심초사하는 마음에서 묻겠는데, 혹시 지금 당신에게 '신화가 많다고는 하지만 그것을 가지고 구체적으로 어떻게 은유를 훈련할 수 있을까' 하는 생각이 드는가? 그렇다면 '이카로스의 날개'를 예로 들어 함께 훈련해보자. 신화란 언제나 나름의 교훈적 내용을 담고 있기 때문에 은유로 신화를 분석해 빈칸-채우기를 하는 훈련은 은유가 우리의 삶과 세상에 미치는 영향도 함께 고찰하는 계기가 된다.

당신도 잘 알다시피, 이카로스는 미노스왕의 장인인 다이달로스의 아들이다. 다이달로스는 미노스왕의 총애를 받았으나 왕비 파시파에의 부정을 도와주었다는 이유로 왕의 미움을 사서 아들과 함께 바다 한가운데 있는 섬에 위치한 탑 속에 갇혔다. 그러나 다이달로스는 새의 깃털을 모아 밀랍으로 붙인 날개를 만들어 그것을 어깨에 붙이고 아들과 함께 하늘로 날아 탈출하였다. 비행을 시작하기 전에 그는 아들에게 "너무 높이 날아 태양에 가까이 가면 날개를 붙인 밀랍이 녹으니, 너무 높게 날지 마라"라고 당부했다. 그러나 이카로스는 아버지의 충고를 무시하고 너무 높게 날다가 밀랍이 녹아 바다로 추락해 죽고 말았다.

그렇다면 이 신화에 들어 있는 은유적 사고는 무엇일까? 밖으로 드러난 것은 '이카로스의 날개'라는 보조관념뿐이다. 그렇지 않은가? 그렇다면 당신은 ( )→( )→이카로스의 날개→( ), 곧 〈도식 1〉에서 소개한 (d)유형의 빈칸-채우기 앞에 선 것이다. 하지만 어디 이카로스의 날개뿐이겠는가. 신화에 등장하는 은유적 표현들은 2권에서 이미 살펴본 회화, 조각, 음악, 무용과 같은 예술작품이 그렇듯 모두 보조관념이다.

이 말은 당신이 신화에서 유래한 은유적 표현을 대할 때마다 (d)유형의 빈칸-채우기를 해야 한다는 뜻이다. 다시 말해 먼저 원관념이 무엇인지, 그것의 본질이 무엇인지를 분석하고, 또한 신화가 우리에게 던지는 교훈 또는 그것에서 우리가 이끌어낼 수 있는 창의가 무엇인지 해석해야 한다는 것이다. 자, 그럼 이제 '이카로스의 날개'에 담긴 은유적 사고를 추적해보자.

이카로스 신화에서 아버지 다이달로스는 단순한 공예품을 만드는 장인이 아니다. 오늘날로 말하자면 뛰어난 공학자 내지 과학자라 할 수 있다. 그가 날개를 만들어 하늘을 날았다는 것만 보아도 그렇다. 동시에 그는 자신이 만든 날개가 완전하지 않듯이 인간의 이성 역시 불완전하다는 것도 알고 있던 사람이다. 그래서 아들에게 너무 높이 날지 말라고 당부했다. 요컨대 다이달로스는 인간 이성의 한계를 알고 있었던 철학자다. 이런 이유에서 예부터 사람들은 '이카로스의 날개'가 우리에게 주는 교훈이 '이성을 과신하지 말라, 오만하지 말라'라고 해석한다.

그렇다면, 이카로스의 날개라는 은유적 표현을 낳은 원관념은 무엇일까? 그것은 당연히 '인간 이성'이다. 그리고 그것의 본질은 '불완전하다'라는 것이다. 그것을 형상화한 것이 '이카로스의 날개'이고 그것에서 이끌어낸 창의가 '이성을 과신하지 말라', '오만하지 말라'이다. 그렇지 않은가? 〈도식 14〉와 같이 나타낼 수 있다.

어떤가? 쉽고도 흥미롭지 않은가? 게다가 여기서 이끌어낸

인간 이성 ⇨ 불완전하다 ⇨ 이카로스의 날개 ⇨ 과신하지 말라 오만하지 말라

도식 14

교훈은 과학만능주의에 매몰된 오늘날 우리에게도 경종이 된다. 그래서 신화에서 유래한 다른 은유적 표현들을 골라 이 같은 방식으로 분석하고 해석하여 빈칸-채우기를 하는 일은 이제 당신에게 넘긴다. 자료는 차고 넘친다. 즐겁고 유익한 훈련이 되길 바라며, 우리는 이제 2부 '사회과학과 은유'로 넘어간다.

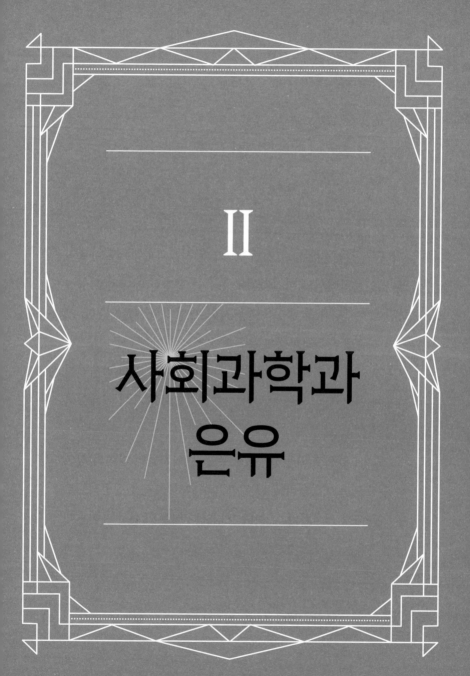

II

사회과학과
은유

은유가 하는 역할과 그것의 심중함은 사회과학에서도 다르지
않다. 인문학에서와 마찬가지로 은유는 선명한 이미지로 형상
화된 보조관념을 통해 설득력을 높이고, 창의를 이끌어낸다. 그
렇기 때문에 사회과학에도 은유적 표현과 사고가 다른 어느 학
문 못지않게 자주 사용되는데, 그 사회적 영향력은 더 직접적이
고 분명하다. 대부분의 성공한 사회학자들이 은유의 천재였다
는 것이 그 증거다.

　그렇다! 앞으로 확인하겠지만, 은유는 학자들이 자신의 창의
적 주장 또는 이론을 떠올릴 때만이 아니라, 그것을 성공적으로
펼치는 데에 기여한다. 그러다 보니 심지어는 대립하는 이론에
담긴 은유들이 서로 경쟁하는 경우도 있다.

애덤 스미스의 '보이지 않는 손'

오늘날 '경제학의 아버지'로 불리는 애덤 스미스Adam Smith, 1723~1790
가 은유의 혜택을 톡톡히 본 장본인이다. 애덤 스미스는 경제학
자가 아니라 평생 도덕철학자로 살았다. 게다가 빈 학파 경제학
자 조지프 슘페터Joseph Schumpeter, 1883~1950의 평가대로, 그의 대표작
《국부론》(1776)에는 새로운 생각이나 원리 또는 방법이 전혀 없
다. 이 책의 핵심 주제 가운데 하나인 '개인의 사적인 이윤추구
가 공익을 창출한다'라는 시장의 자기조정 기능도 네덜란드 출
신 도덕 사상가 버나드 맨더빌Bernard Mandeville, 1670~1733이 《꿀벌의
우화》(1714)에서 이미 설파한 내용이다. 조금 자세히 설명하자
면 이렇다.

스미스는 《국부론》에서 "우리가 저녁을 먹을 수 있는 것은 푸
줏간 주인, 양조장 주인, 혹은 빵집 주인의 자비심 덕분이 아니
다. 그들은 자신의 이익에 충실했을 뿐이다"[1]라고 주장했다. 그
러나 그것은 이미 60년 전에 맨더빌이 부지런히 꿀을 모아서 저
장하는 꿀벌 개체가 지닌 본능적 행동이 꿀벌 사회 전체에 이득
이 된다는 생생한 예를 들어 "개인의 악덕이 사회의 이익이 될
수 있다"*라고 설파한 내용을 반복한 것에 불과하다.

우리의 생각에는 《꿀벌의 우화》에서 맨더빌이 한 은유적 사고 역시 설득력이 있다. 그렇지 않은가? 도식화하면 다음과 같다.

개인 ⇨ 본능에 따라 이익을 추구한다 ⇨ 꿀벌 ⇨ 공익을 창출한다

도식 15

그렇다면 왜 맨더빌이 아니고 스미스가 '경제학의 아버지'로 불리는 것일까? 스미스의 성공은 《국부론》과 《도덕감정론》에 단 한 차례씩 나오는 '보이지 않는 손invisible hand'이라는 은유적 표현에 힘입은 바가 크다. 18세기 영국인들은 오늘날 우리가 그렇듯이 시장의 자기조정 기능을 의심했는데, 이때 스미스가 '보이지 않는 손'이라는 은유로 그 의심을 말끔히 씻어냈다.

---

* "사치는 가난뱅이 백만에 일자리를 주었고 / 얄미운 오만은 또 다른 백만을 먹여 살렸다 / 시샘과 헛바람은 / 산업의 역군이니 / 그들이 즐기는 멍청한 짓거리인 / 먹고 쓰고 입는 것에 부리는 변덕은 / 괴상하고 우스꽝스러운 악덕이지만 / 시장을 돌아가게 하는 바로 그 바퀴였다."(버나드 맨더빌, 최윤재 옮김, 《꿀벌의 우화》, 문예출판사, 2010년, 106쪽.)

스미스는 '보이지 않는 손'이 누구의 손인지에 대해 이렇다 할 명시적 설명을 하지 않았다. 그럼에도 불구하고 천년이 넘게 기독교와 함께 살아온 당시 유럽 사람들은 그 손이 사도 바울이 "모든 것이 합력하여 선을 이루느니라"(로마서 8:28)라고 가르친 '신의 손'이라고 생각했다.

요컨대 스미스는 '보이지 않는 손'이라는 은유적 표현을 사용함으로써 개인의 사적 이윤 추구가 공익을 창출한다는 시장의 자기조정 기능을 누구도 의심할 수 없는 것으로 만들었다.* 시장의 자기조정 기능을 의심한다는 것은 곧 보이지 않는 손을 통해 선을 이루는 신의 사역을 의심한다는 것이 되기 때문이다. 그러니 이보다 더 강한 은유적 표현이 어디 있겠는가! '보이지 않는 손'이 '꿀벌의 우화'를 이긴 것이다. 그래서 맨더빌이 아니라 애덤 스미스가 느닷없이 '경제학의 아버지'가 된 것이다.

스미스가 당시에 했던 은유적 사고는 다음과 같이 도식화할 수 있다.

---

* 애덤 스미스는 이기심, 사치, 오만, 시샘과 같은 악덕이 인간 본성이라는 맨더빌의 주장을 받아들였다. 그러나 그는 그것들이 곧바로 공익을 창출한다는 맨더빌의 주장은 받아들이지 않았다. 스미스는 생산자뿐 아니라 소비자, 기업가뿐 아니라 노동자, 즉 사회 구성원 전체 이익의 균형이 이루어져야만 비로소 사회 이익이 될 수 있는데, 바로 그 일을 하는 것이 시장의 자기조정 기능이라고 주장했다.

시장 ⇨ 자기 조정을 한다 ⇨ 보이지 않는 손 ⇨ 공익을 창출한다

도식 16

그런데 여기에서 하나 묻자! 당신은 시장에 대해 어떤 생각을 갖고 있는가? 애덤 스미스처럼 시장이 합리적인 자기조정 기능을 가지고 있어 개인의 사적 이윤 추구가 공익을 창출한다고 생각하는가? 아니면 이와는 다른 생각을 가지고 있는가? 우리가 이렇게 묻는 이유는 애덤 스미스 이후 시장의 자기조정 기능에 대한 논란이 그치지 않고 그때마다 경쟁하는 이론과 은유적 표현들이 나와 경제학을 뒤흔들었기 때문이다.

케인스의 '망아지', 폴라니의 '맷돌'

그래서 하는 말인데, 만일 당신이 스미스와 다른 견해를 가지고 있다면, 당신의 생각을 시장→( )→( )→( )와 같은 (c)유형

도식의 빈칸-채우기를 통해 정리해보라! 좋은 훈련이 될 것이다.

가령 당신이 시장은 개인들의 욕구에 의해 마치 고삐 풀린 망아지처럼 비합리적으로 작동한다고 생각한다고 하자. 그럼 원관념의 본질이 들어갈 첫 번째 빈칸에는 '비합리적으로 작동한다'를 써넣을 것이다. 그리고 그것을 '고삐 풀린 망아지'로 형상화해 보조관념이 들어갈 두 번째 빈칸을 채울 것이다. 그다음은 그 보조관념에서 이른바 시장실패를 막기 위해 정부가 개입해 '조정하고 규제해야 한다'라는 창의를 이끌어내 세 번째 빈칸을 채울 것이다. 그렇지 않은가? 도식화하면, 다음과 같다.

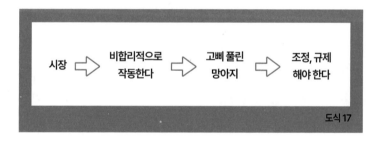

도식 17

그런데 당신도 이미 눈치챘겠지만, 사실 이것은 영국의 경제학자로서 케인스학파의 수장이었던 존 메이너드 케인스John Maynard Keynes, 1883~1946의 대표작 《고용, 이자 및 화폐의 일반 이론》

을 떠받치는 은유적 사고다.

사회과학에서 은유가 사용된 대표적 사례 가운데 하나라고 할 수 있는데, 적극적 투자에 의한 비자발적 실업의 극복을 제시한 그 독창적인 이론은 세계경제의 대공황기(1929~1939)에 루스벨트 대통령이 실행한 뉴딜정책에 영향을 주었을 뿐 아니라, 오늘날에도 각국의 공공투자정책에 반영되고 있다. 그러나 시장의 자기조정 기능에 대한 의심과 반발은 여기에서 그치지 않았다.

헝가리 출신 정치경제학자 칼 폴라니Karl Polanyi, 1886~1964는 1944년에 출간한 《거대한 전환》에서 자본주의 시장 질서를 "악마의 맷돌Satanic mills"*이라는 은유적 표현으로 힐난했다. 자기조정적 시장이 인간 본성에 내재한 사회성 내지는 공동체성을 맷돌처럼 통째로 갈아 해체하고 파괴한다는 것이다. 폴라니는 "자기조정 시장은 망상에 불과"하다면서, 자기조정적 시장을 통제하는 성숙한 시민에 의한 사회의 '자기보호 운동'이 필수적이라 보았다. 《거대한 전환》에 담긴 폴라니의 주장을 은유 패턴에 맞춰 도식화하면 다음과 같다.

---

* 폴라니는 이 은유적 표현을 "자본주의 시장경제는 공동체를 맷돌처럼 갈아버렸다"라는 영국 시인 윌리엄 블레이크William Blake, 1757~1827의 시구에서 빌렸다.

시장 ⇒ 인간과 사회 파괴 ⇒ 악마의 맷돌 ⇒ 사회의 자기보호 운동이 필수적

도식 18

은유는 경제학에서도 이처럼 선명하고 강한 이미지로 형상화된 은유적 표현을 통해 학자들이 자신의 주장이나 이론을 설득력 있게 전개하고 또한 창의를 이끌어내는 데에 핵심적 역할을 한다. 오늘날 경제학 분야에서 자주 쓰이는 은유적 표현을 살펴보면 이런 것들이 있다.

한 사람이 먼저 상품을 사면 이를 따라 다른 사람들도 물건을 사는 구매 행태를 풍자한 '펭귄효과', 기업에 불리한 내용을 장마감 후나 주말을 틈타 공시하는 것을 뜻하는 '올빼미 공시', 쓸모없는 재화나 서비스가 거래되는 시장을 빗댄 '레몬마켓', 자신보다 규모가 큰 기업을 인수하는 현상을 빗대어 표현하는 '보아뱀 전략', 경기과열 또는 경기침체에 대응하기 위한 정부의 시장 개입이 과도하거나 변덕스러울 경우 발생하는 역효과를 경고하는 '샤워실의 바보', 중앙은행이 경기 부양을 위해 화폐를 발행하

여 시중에 공급하는 정책을 뜻하는 '헬리콥터 머니' 등 나열하
자면 한이 없다. 은유가 없으면 경제학도 없다는 생각이 들 정
도다.

우리는 당신이 이러한 경제학적 은유들을 분석해 은유 패턴
에 맞춰 도식화해보길 권한다. 이런 훈련이 경제학에 대한 당신
의 이해를 깊게 할 뿐 아니라 은유적 사고 능력을 향상시킬 것이
다. 그리고 언젠가는 당신 스스로 새로운 경제학적 은유를 만들
어 사용할 수 있게 할지도 모른다. 어디 경제학에서만 그렇겠는
가. 다른 사회과학 분야에서도 마찬가지다. 이제부터는 은유가
사회학에서 어떤 일을 어떻게 하는가를 잠시 살펴보자.

03. 은유로 사회 분석-하기

먼저 텍사스주 샌안토니오에 있는 세인트메리대학교의 명예교수인 대니얼 리그니Daniel Rigney의 독특하고도 주목할 만한 작업을 당신에게 소개하고자 한다. 왜냐하면 그것이 사회학을 조망하는 하나의 새로운 방식이기 때문이다. 그는 지난 수 세기 동안 사회학자들이 추상적 사회이론을 설명하면서 은유라는 수단을 어떻게 활용해왔는지, 그리고 은유가 사회에 대한 이해를 어떻게 '틀 지어' 규정해왔는지를 20여 년 동안 탐구했다. 그 결과를 담은《은유로 사회 읽기》를 그는 다음과 같이 시작한다.

전체 문명은 적어도 부분적으로는 그 문명을 지배하는 은유를 축으로 하여 조직화된다. 스파르타 사회가 군사적 조직이라는 자기 개념을 축으로 형성되었고, 고대 히브리 사회가 신성한 맹약의 이미지를 축으로 형성되었던 것과 마찬가지로, 현대 북미 사회는 그 사회를 지배하는 일단의 은유, 특히 시장과 게임의 형상imagery을 축으로 하여 조직화되어 있다.[2]

그리고 "최근 여러 세기 동안 서구 사회이론의 경과를 틀 지어온" 다양한 은유적 표현과 사고를 여덟 가지 대표적 모델model로 정리해 소개했다. '사회는 생명체/유기체', '사회는 기계', '사회는 전장', '사회는 법질서', '사회는 시장', '사회는 게임', '사회는 연극', 그리고 '사회는 담론'이라는 은유적 사유 모델이 그것이다.

은유가 사회를 구성한다

여기에서 잠깐 '모델'이라는 말에 주목하자. 리그니 교수가 말하는 모델은—마치 토머스 쿤의 패러다임paradigm이 그렇듯이*—그

---

* 미국의 과학철학자 토머스 쿤Thomas Kuhn, 1922~1996에 의하면, 패러다임이란 그 자체가 '신념'과 '가치 체계'이자 동시에 '문제 해결 방법'이다. 여기서 주목해야 할 것은 패러다임과 그것을 통해 얻은 경험이 구분되지 않는다는 점이다. 그 둘은 사실상 서로 뒤엉켜 있는 하나의 혼합물이다. 요컨대 '그렇게 생각하니 그렇게 보이고, 그렇게 보이니 그렇게 생각한다'가 패러다임을 구성하는 메커니즘이다.

것은 우리의 정신이 만들어낸 것임에도 불구하고, 그것이 다시 우리의 정신을 만들기 때문이다. 리그니 교수는 이어서 다음과 같이 썼다.

우리가 신봉하는 은유는 우리가 누구인지—단지 개인들로서만이 아니라 문명으로서—를 중요한 방식으로 규정한다. 따라서 우리가 우리의 삶을 인도하는 은유를 더 잘 알게 된다는 것은 매우 중요하다. 왜냐하면 우리가 우리의 은유를 의식적으로 통제하지 않는다면, 그것이 우리를 무의식적으로 통제할 것이기 때문이다.[3]

이런 이유에서 리그니 교수는 사회학에서 사용되는 은유가 단지 사회현실을 묘사하는 데 불과한 것이 아니라 한다. "어떤 경우에는 오히려 은유가 사회세계를 창조하거나 구성하는 데서 일정한 역할을 수행한다"라는 것, 그래서 "은유는 위험하면서도 불가피한 것"임을 강조한다.[4] 요컨대 은유가 사회현실을 설명하는 방식일 뿐 아니라 그러한 사회를 만들어가는 도구라는 것이다.

옳은 말이다. 은유는 우리가 세계를 새롭게 보는 방식이자 그것을 만들어가는 창의적 도구다. 달리 말해 은유는 우리의 정신이 세상을 창조하고 구축해가는 제3의 사유 패턴이다. 그리고 이것은 우리가 이 책의 서두에서부터 반복해서, 특히 이 책 1부 1장에서는 '태양의 비유', '자연의 사다리', '자연은 시계'와 같은 몇 가지 인문학적 은유로, 그리고 2부 서두에서는 몇 가지 경제학적 은유를 골라 분석해 도식화하며 역설한 내용이기도 하다. 그런 점에서 은유는 리그니 교수의 말대로 불가피하지만, 위험하기도 하다.

그래서 우리는 사회학에서 사용되는 은유를 이해하기 위해, 그뿐 아니라 은유를 의식적으로 통제할지언정 무의식적으로 통제받지 않기 위해, 한마디로 바람직한 사회를 창조하고 구성해가기 위해 은유로 사회를 분석하는 작업을 해야 한다.

그렇지만 여기에서 우리는 굳이 앞서 해본 것처럼 해당 학문에서 은유가 사용된 대표적 사례 몇을 골라 분석할 필요가 없다. 리그니 교수가 이미 다양한 사례를 분석해 여덟 가지 모델로 정리해놓았기 때문이다. 따라서 그의 작업을 소개하는 것이 당신이 사회학에서 은유가 하는 역할과 그 중요성을 이해하는 데에 더 큰 도움이 될 것이다.

그런데 '사회이론으로의 초대'라는 부제가 붙은 《은유로 사회 읽기》는 400쪽이 넘는 방대한 책이다. 그 내용을 자세히 소개하는 것은 역시나 우리의 지면이 허락하지 않는다. 그래서 이번에는 리그니 교수가 《은유로 사회 읽기》에서 각기 한 챕터씩을 할 애한 여덟 가지 은유 모델에 들어 있는 은유적 사고를 은유 패턴에 맞춰 도식화해서 당신 앞에 먼저 제시하려 한다. 이해를 돕기 위해 도식마다 약간의 해설을 달아놓을 것이다. 그러나 각 도식을 보며 리그니 교수가 이 모델들을 정리하며 했던 은유적 사고를 점검하여 이해하는 작업은 당신 스스로 해보기를 권한다.

여덟 가지 사회적 은유 모델

새롭게 시도하는 이 훈련방법이 앞 장에서 했던 것과 달라 생소하게 느껴질 수 있다. 하지만, 우리는 시리즈 2권 4부 12장 '은유로 예술사조 분석하기'에서 한 시대를 풍미했던 예술사조를 은유 패턴에 맞춰 분석해 도식화함으로써 그 사조에 해당하는 작품들을 구축한 은유적 사고를 하나로 묶어 파악하는 작업을 이미 해보았다. 여기에서도 마찬가지다. 이 방법이 자칫 난해할 수도 있는 사회학 이론에 대한 자세한 설명을 건너뛰면서도, 당신이 여덟 가지 사회적 은유 모델을 한눈에 이해하게 하는 데에 도움이 될 것이다. 리그니 교수가 각개의 은유 모델에 해당하는 다수의 사회이론을 분석해 하나로 묶어놓았기 때문이다. 그것을 통해 당신은 은유가 사회를 어떻게 만들고 바꾸어왔는가를 큰 틀에서 조망하는 안목을 갖게 될 것이다. 물론 이 책의 궁극적 목표인 당신의 은유적 사고력 역시 한 단계 더 향상되리라 기대한다.

1) 사회는 생명체/유기체다

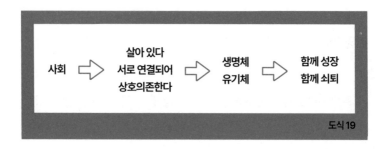

도식 19

우리는 이 책 1장에서 유기체적 세계관에 대해 다루면서 '자연은 생명체'라는 은유적 표현 안에 들어 있는 은유적 사고가 무엇인지 살펴보았다. 리그니 교수는 같은 주제를 사회학적 관점에서 '사회는 생명체 또는 유기체'라는 은유적 표현과 사고가 우리의 삶과 사회에 어떤 영향을 끼쳤는지를 추적했다. 그리고 그것에 근거한 대표적 사회사상으로 이상적 국가는 하나의 유기체라고 보는 플라톤의 국가관과 19세기 영국의 사회학자 허버트 스펜서Herbert Spencer, 1820~1903가 다윈의 진화론을 사회학에 들여와 창시한 사회진화론Social Darwinism을 들었다.

그 밖에도 생명체의 신체 기관이 그렇듯 사회 기관 역시 상호 의존적이어서 함께 성장하고 함께 쇠퇴하며, 각각은 사회 유지에 중요한 기능을 수행한다는 주장을 편 20세기 사회학자 탤콧 파슨스Talcott Pasons, 1902~1979의 기능주의 등을 소개했다. 이 말은 21세기에 생태주의와 함께 부활하고 있는 유기체적 세계관이 그렇듯이, 다양한 비판과 사회관의 시대적 변화에도 불구하고 '유기체적 사회관'도 고대로부터 현대에 이르기까지 우리가 사회를 보는 하나의 패러다임이라는 것을 의미한다.

2) 사회는 기계다

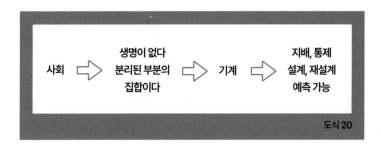

도식 20

우리는 역시 1장에서 기계론적 세계관에 대해 다루면서 '자연은 시계'라는 은유적 표현과 사고가 근대 이후 우리의 삶과 사회를 바꾸는 데 어떤 역할을 했는가를 살펴보았다. 리그니 교수는 사회학적 관점에서 '사회는 기계'라는 은유적 표현과 사고를 사용한 대표적 사례로 19세기 프랑스의 철학자 생시몽, 오귀스트 콩트, 벨기에의 통계학자 아돌프 케틀레 등이 시도했던 사회물리학social physic을 꼽았다. 그리고 그것이 사회에 끼치는 영향력을 탐색했다.

오늘날 사회물리학은 실증주의가 낳은 한바탕 꿈으로 취급된다. 하지만 그것을 통해 사회학으로 들어온 자연과학의 영향력은 오늘날에도 사회과학의 몇몇 분과(예컨대 사회심리학과 경제학)에서 사용하는 은유적 용어들에 여전히 남아 있다. 예를 들면 사회적 압력, 스트레스, 긴장, 알력, 인력과 양극화, 사회적 추동력과 관성, 사회적 응집력, 원자적 개인, 핵가족, 파급효과, 권력균형, 사회적 엔트로피, 임계질량, 임계치, 인풋, 아웃풋, 피드백, 티핑포인트 등 헤아리기조차 어렵다.

그뿐 아니다. 리그니 교수는 '사회는 기계'라는 은유적 사고와 표현에는 사회를 신이 창조한 자연적 기계장치로서 파악하는 사회물리학 은유만 있는 것이 아니라 한다. 그 외에도 "인간이 발명한, 또한 계속해서 재설계할 수 있는 인공기계 또는 사회적 테크놀로지와 더 유사"하다고 보는 사회공학social engineering 은유가 있다는 것이다. 벤저민 프랭클린, 토머스 제퍼슨, 제러미 벤담, 막스 베버를 시작으로 사회공학 은유는 오늘날 하이테크 산업에서 널리 사용되고 있다. 나아가 인문학 분야에서도 장 보드리야르와 장 프랑수아 리오타르 같은 학자들이 포스트모던 시대적 특성을 묘사하는 데에서도 발견할 수 있다.

3) 사회는 전장이다

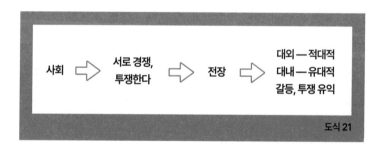

도식 21

사회를 전장戰場으로 형상화한 은유는 마키아벨리, 홉스, 마르크스를 비롯한 다양한 갈등이론 전통 속에 있는 학자들에 의해 매우 다양하게 표현되어 내려왔다. 그뿐 아니라 우리가 '젠더 전쟁', '성 대결' 또는 '문화 전쟁', '시민군', '기업 사냥꾼'과 같이 비

군사적 갈등을 군사적 용어로 표현할 때에도, 또한 각종 스포츠에서 상대 또는 상대 팀에 대해 '적', '적군', '공격', '방어', '선전宣戰', '고전苦戰'과 같은 용어를 사용할 때에도, 우리는 암암리에 '사회는 전장'이라는 은유적 표현과 사고를 전제로 한다.

리그니 교수에 의하면, 전쟁은 인간 사회에서 이중적 측면을 지니고 있다. 전쟁은 한편으로는 사회적 관계를 파괴하지만, 다른 한편으로는 그것을 강화한다. 이를테면 독일의 사회학자 게오르크 지멜Georg Simmel, 1858~1918이 거의 한 세기 전에 지적했고 또 그 후 많은 학자(예컨대 코서, 세리프, 콜린스)가 검증했듯이, 공동의 적의 위협은 집단의 대내적 유대를 강화한다. 이러한 이유에서 미국의 사회심리학자 로버트 니스벳Robert Nisbet은 사회를 전장에 비유하는 은유적 표현과 사고는 종종 공동체 간의 갈등과 투쟁을 유익한 것으로 인식하게 하는 데에 사용되어왔다고 주장했다.[5]

그러나 리그니 교수는 "전장 은유는 파괴적 갈등을 개선하기보다는 악화시킬 수 있다"라면서 "사회적 삶에 보다 생기를 주고 잠재적으로 덜 파괴적인 이미지를 찾아 나설 필요가 있다"[6]라고 주장한다. 그 모범적 사례로는 일부 법학자들이 비용이 많이 들고 둘 중 하나가 패배하는 제로섬게임zero-sum game을 하는 재판의 대안으로, 대립하는 당사자들 간의 협상·조정·화해를 통해 원윈게임win-win game을 모색하는 '중재'를 예로 들었다.

요컨대 중재가 '법정은 전장'이라는 은유를 넘어 '법정은 외교무대'라는 은유로 나아가는 바람직한 사회불화 해소방식이라는 것이다.[7] 리그니 교수의 주장을 우리 식으로 도식화해 표현하자면, '법정→대결한다→전장→제로섬게임'이라는 은유를 '법정→중재한다→외교무대→윈윈게임'이라는 은유로 바꾸어나가자는 것이다

4) 사회는 법질서다

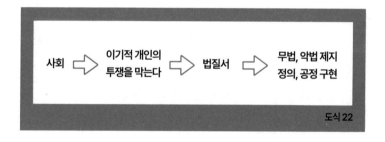

사회 ⟹ 이기적 개인의 투쟁을 막는다 ⟹ 법질서 ⟹ 무법, 악법 제지 정의, 공정 구현

도식 22

사회의 본질이 이기적 개인들의 싸움터라고 보는 것은 같지만, '사회는 전장'이라는 것보다 유순한 이미지를 제공하는 은유가 '사회는 법질서'다. 이 은유 모델은 사회가 혼란 상태, 더 나쁘게는 무법상태anomie를 피하기 위해서는 법질서 체계가 필수적이

라는 홉스, 에밀 뒤르켐, 막스 베버를 비롯한 다수의 중요한 사회학자들의 지지를 받아왔다. 예컨대 영국의 사회계약론자이자 정치사상가인 존 로크John Locke, 1632~1704는 "법이 끝나는 곳에서 폭정이 시작된다"라고 했다.

그러나 법은 단순히 질서를 지키는 도구가 아니다. 그것은 동시에 권력의 도구이기도 하다. 막스 베버는 권력을 다른 사람의 저항에도 불구하고 자신의 목적을 실현할 가능성이라고 정의했다. 따라서 법이 누구의 목적을 실현할 것이며, 누구의 이익에 봉사할 것인가 하는 문제가 항상 제기되어왔다. 여기에서 법이 정당하고 공정하며 모두가 존중하고 준수할 만한 가치가 있어야 한다는 필요성이 나왔다. 베버는 권력과 법이 카리스마나 신성한 전통에 의해 정당화되던 고대사회와 달리 근대사회에서는 합리적 이성에 호소함으로써 정당화된다고 했다.

그러나 리그니 교수에 의하면, 도덕적 상대주의를 주장하는 포스트모던 사회에서는 합리적이고 보편적인 도덕과 법의 존재 자체가 의심된다. 다양하고 상호의존적인 오늘날의 사회에서 어떻게 하면 정의롭고 공정하며, 존중하고 준수할 만한 법질서 체계를 구축하느냐는 "고통스러울 정도로" 어려운 문제다. 그러나 그것 없이는 사회가 유지될 수 없다.[8] 바로 이것이 '사회는 법질서'라는 은유적 표현과 사고가 많은 사회학자에게 지지를 받는 이유다.

5) 사회는 시장이다

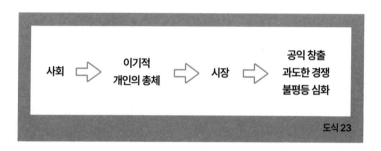

사회 ⇨ 이기적 개인의 총체 ⇨ 시장 ⇨ 공익 창출 과도한 경쟁 불평등 심화

도식 23

'사회는 시장'이라는 은유는 앞에서 '보이지 않는 손'이라는 은유적 표현을 다루면서 잠시 살펴본 애덤 스미스의 고전경제학에서 영향을 받고, 사회적 교환 이론가와 신고전학파 경제학자들을 비롯한 합리적 선택 이론가들이 발전시킨 은유다.

이 은유는 시장이라는 보조관념을 통해 자본주의가 지배하는 사회를 또렷이 보여주며, 구성원들로 하여금 사회를 이기심을 가진 개인의 총체, 달리 말해 비용과 보상에 대한 이기적 계산이 이뤄지는 장소로 볼 것을 촉구한다. 그 결과 '사회는 시장'이라는 은유는 자본주의의 세계화에 한몫한 강력한 은유적 표현이자

사고이기도 하지만, 과도한 경쟁과 심각한 불평등을 불러일으
키는 데에 기여한 문제적 은유이기도 하다.[9]

6) 사회는 게임이다

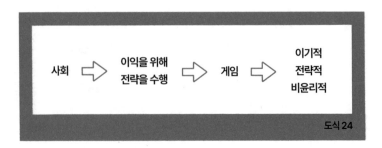

도식 24

'사회는 게임'이라는 은유는 '시장' 은유처럼 사회의 본질을 이기
심을 가진 개인의 총체로 본다. 동시에 '전장' 은유처럼 전략과
전술, 대외적 적대성과 대내적 유대성의 중요성을 강조한다. 또
한 마치 '법질서' 은유와 같이 규제를 통해 공유된 규칙의 필요
성을 강조한다. 이 점에서 '게임' 은유는 이 세 가지 은유의 종합
이라 할 수 있는데, 리그니 교수는 이 은유가 오늘날 포스트모던
문화에서 가장 인기 있고 영향력 있는 은유 가운데 하나로 자리
잡았다고 한다.[10] 그 이유가 무엇일까?

　네덜란드 사회철학자 요한 하위징아Johan Huizinga, 1872~1945가《호

모 루덴스》(놀이하는 인간)에서 주장했듯이, 놀이는 인간 문명의 원천이다. 하위징아는 연극을 비롯한 각종 예술, 종교의례, 또 법학과 철학을 포함한 여러 학문, 심지어는 전쟁과 같은 다양한 문화적 현상이 진기한 놀이를 탐닉하는 인간의 보편적 충동에서 나온 것으로 본다. 이 때문에 인류 문명에는 일찍부터 '인간의 사회적 삶이 일종의 게임'이라는 은유적 표현과 사고가 전해 내려왔다.

오스트리아 출신 언어철학자 루트비히 비트겐슈타인Ludwig Wittgenstein, 1889~1951이 생애 후반기에 우리의 언어생활이 일종의 게임이라는 전제로 일상 언어를 연구한 것이 그 한 사례다. 또한 헝가리 출신 수학자 폰 노이만과 오스트리아 출신 경제학자 모르겐슈테른이 개발한 게임이론을 비롯해 다양한 수학적 게임이론 역시 '사회는 게임'이라는 은유적 표현과 사고를 기반으로 하고 있다.

어디 그뿐인가. '사회는 게임'이라는 은유는 우리의 일상생활 저변을 구축하고 있다. 예컨대 아이들은 '엄마 놀이', '아빠 놀이', '전쟁놀이'를 시작으로, 각종 컴퓨터 게임을 통해 자신들이 나중에 사회에서 해야 할 일들을 배운다. 그러나 동시에 그들은 사회에서는 자신의 이익을 위해 전략적으로 사고하고 행동해야 하며, 그러기 위해서는 다른 사람을 희생하는 이기적이고 비도덕적인 행위도 해야 한다는 것을 자신도 모르게 내면화하게 된다. 경우에 따라서는 사회에서 일어나는 모든 일이 일종의 게임이라는 냉소적 사회관을 가질 수도 있다.

리그니 교수는 오늘날 사회이론의 그 어떤 은유도 "빠르게 진행되고 자극적이고 경쟁적이고 에고ego 충동적이고 목표 지향적이고 몰도덕적인 탈근대 소비주의 사회의 성격을" 게임 은유보다 더 적절하게 포착하지는 못할 것이라고 단언했다.[11]

7) 사회는 연극이다

도식 25

"모든 세상은 연극이고, 모든 남자와 여자는 단지 배우에 지나지 않는다. 그들은 이 세상에 등장했다가 퇴장한다. 그리고 개개인은 일생 동안 여러 가지 역할을 한다"라는 셰익스피어의 말은

'사회는 연극'이라는 은유의 본질을 그대로 보여준다. 사회학자 어빙 고프먼과 빅터 터너를 비롯한 여러 학자가 발전시킨 이 은유는 우리의 언어생활 속에 깊게 뿌리를 내려 수많은 다른 은유적 표현을 만들어냈다.

예컨대 '리허설'은 본 공연 직전에 배우들이 하는 연습 공연을 뜻하지만, 우리는 어떤 일을 수행하기 전에 하는 준비를 일컫는 데 사용한다. '(무대) 지시'는 배우에게 하는 감독의 조언을 말하지만, 일상생활에서는 대부분의 경우 상급자의 지휘나 간섭이라는 의미로 사용한다. '캐스팅'도 본래는 배역을 맡길 사람을 선정한다는 뜻이지만, 우리는 일상생활에서 각 분야의 인재를 선정한다는 의미로 사용한다. 그런데 이러한 용어는 모두 '사회는 연극'이라는 은유를 전제한 것이다.

그러나 '사회는 연극'이라는 은유는 우리들 각자의 사회적 성격이 일종의 가면이라는 것, 그리고 우리들의 사회적 삶이 외부—각본이나 감독의 무대 지시(고프먼) 또는 역사의 드라마(터너)—에 의해 관리 또는 조종된다는 것을 뜻한다. 그래서 리그니 교수는 탈근대사회를 사는 우리는 "자신의 과거를 재발명하고, 자신의 미래를 재상상하고 자신의 방식으로 자신의 이야기를 하기 위해" 분투해 자신의 가면, 각본 그리고 무대를 계속해서 수

정해가야 한다고 했다.[12]

8) 사회는 담론이다

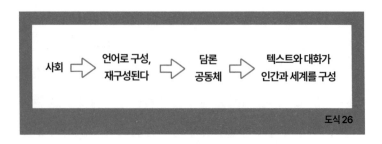

'사회는 담론(또는 담론 공동체)'이라는 은유에 대해 리그니 교수
는 "최근 몇 십 년 동안 문화 분석을 지배해온 은유가 있다면, 그
것은 아마도 언어적 창조물로서의 인간 사회 이미지일 것이다.
(……) 하지만 그것은 이미 소크라테스와 고대 아테네 소피스트
들 간의 대화에서 생생하게 그려졌다"라고 평가했다. 그렇다!
그것이 텍스트를 통해서든 아니면 목소리를 통해서든, 대화를
통해 우리가 사회현상에 대해 이야기하고 그로써 사회를 구성
또는 재구성해가는 일은 늦게 잡아도 소크라테스로부터 시작되
었다.

당신도 알다시피 소크라테스는 날마다 거리로 나가 사람들

과 대화하며, 우선 상대가 논리적 모순에서 벗어날 수 있게, 다시 말해 경건, 절제, 용기, 아름다움, 정의와 같은 미덕에 대한 편견과 억견을 버릴 수 있게 하려 했다. 그 결과 아테네 사람들이 진실하고 아름다운 윤리적 삶을 살게 함으로써—프랑스 철학자 미셸 푸코는 이것을 '자기 돌봄epimeleia heautou'이라 했다—아테네를 진리와 정의가 바로 선 이상적인 도시국가로 변화시키려고 했다.[13] 20여 편에 이르는 플라톤의 '대화록'은 모두 이에 대한 기념비적 기록이라 할 수 있다.

소크라테스는 상대의 의견을 경청하고 그것을 논리적으로 반박하는 대화—이런 대화 방식을 논박술elenchos이라 한다—가 진실한 담론의 토대이고, 진실한 담론이 아름다운 삶의 기반이며, 시민들의 아름다운 삶이 도시국가의 주춧돌이라는 것을 추호도 의심하지 않았다. 그런데 바로 이 같은 신념이 리그니 교수가 규정한 '사회는 담론'이라는 은유가 시작된 출발점이다.

그러나 민주주의의 근간이 되기도 하는 이러한 작업은 세월이 지나면서 거의 사라졌는데, 20세기 후반에 일어난 포스트모더니즘과 함께 부활했다. 리그니 교수에 의하면, 사회학에서도 일부 탈근대 이론가들은 사회를 다양한 방식으로 저술되고 편집되고 독해되고 해석되는 '텍스트'로 취급할 것을 제안해왔고,

또 다른 이론가들은 다수의 독특한 목소리들이 주고받는 '대화'로 인정할 것을 주장해왔다. 그래서 그는 오늘날의 사회학에서는 '사회는 담론'이라는 은유가 주도적 역할을 한다면서, 이러한 현상을 "두 번의 천년도 더 지난 오늘날 우리는 사회적 삶의 대화적 성격과 관련하여 여전히 소크라테스의 유령과 그리고 서로와 대화하고 있다"라고 평가했다.[14]

사회적 은유는 위험하다

자, 정리하자. 리그니 교수는 사회학자들이 수 세기에 걸쳐 사회를 생명체, 기계, 전장, 법질서, 시장, 게임, 연극, 그리고 담론이라는 은유적 표현으로 다양하게 묘사해왔다고 주장했다. 또한 거의 모든 서구 사회이론이 이들 은유에 의해 어떻게 고무되고 또 구축되어왔는지를 한눈에 보여주었다. 그럼으로써 우리가 은유를 통해 사회를 새로운 관점에서 바라볼 수 있으며, 또한 새롭게 구축할 수도 있음을 알려주었다.

우리 역시 1장에서 유기체적 세계관과 기계론적 세계관에 대해 다루면서 '자연은 생명체'와 '자연은 시계'라는 은유적 표현

안에 담긴 은유적 사고가 무엇이고, 그것이 우리의 삶과 사회 그리고 역사에 어떤 영향을 끼쳤는지에 대해 살펴보았다. 또한 지금 3장에서는 여덟 가지 사회학적 은유 모델이 각각 사회를 만들고 변화시키는 데에 어떻게 기여했는가를 살펴보았다.

리그니 교수는 《은유로 사회 읽기》의 말미에 다음과 같이 썼다.

모든 은유와 사회이론은 실재에 대한 그것 나름의 독특한 가정, 그것 나름의 초점의 대상, 그것 나름의 독특한 연구방법, 그것 나름의 정치적·도덕적 결과를 포함한다. 각각의 은유는 우리를 서로 다른 인식의 길로 인도하여 서로 다른 목적지에 도달하게 한다. 그러므로 우리는 은유를 신중하게 선택하는 것이 좋을 것이다.

그렇다. 은유가 우리의 삶과 세상을 바꾼다. 그래서 위험하기도 하다! 같은 이유에서 우리는 이어지는 4장 '은유로 사회학-하기'에서 '자연은 기계'라는 은유가 오늘날 우리에게 던져준 문제, 곧 팬데믹과 기후변화가 가져올 파국적 재앙을 막을 수 있는 새로운 은유적 사고를 찾아보고자 한다. 이 작업이 우리가 은유를 신중하게 선택하고 사용하는 계기가 되길 바란다.

04. 은유로 사회학-하기

2020년부터 시작된 코로나바이러스-19 감염증 팬데믹이 계기
가 되어, 자연 파괴로 인한 기후변화가 핫이슈로 부상했다. 팬데
믹이 생태계 파괴로 인한 기후변화와 직접적 관련이 있다는 것
이 밝혀졌기 때문이다. 팬데믹 연구의 세계적 권위자 조나 마제
트Jonna Mazet 미 UC데이비스 감염병학 교수는 모 일간지와의 인
터뷰에서 다음과 같이 밝혔다.

바이러스는 수천수만 년간 야생에 나름의 필요로 존재했고, 인류와
는 영역이 다르기 때문에 대부분 인간에게 큰 영향을 끼치지 않았
다. 그러나 인간이 초래한 급속한 산업화와 도시화, 기후변화로 야
생 생태계를 침범하고 생물 종種 다양성을 파괴하면서, 야생에 갇
혀 있던 바이러스들이 환경 변화에 적응하기 위해 새로운 숙주인

인간으로 옮겨 타고 있는 것이다. 바이러스는 통상 새로운 숙주를 만나면 더 가혹하게 진화하는 경향이 있다. 그래서 바이러스성 감염병이 점점 더 자주, 강도 높게 인류를 휩쓸 수 있다는 것이다.[15]

이 말은 코로나바이러스-19 감염증 팬데믹을 한낱 '지나가는 소나기' 정도로 생각해서는 안 된다는 것을 의미한다. 어쩌면 우리는 끝이 없는 장마의 시작을 마주하고 있는지도 모른다.

생태주의자들의 예측과 경고는 이보다 더 심각하다. "재난은 닥쳐왔고, 미래는 결정되었다", "절망할 겨를도 없다. 상황은 생각보다 훨씬 더 심각하다", "최상의 시나리오마저 참혹하고 고통스럽다"······《2050 거주불능 지구》의 저자 데이비드 월러스 웰즈David Wallace-Wells가 이미 다가온 기후변화에 의한 재난을 알리려고 울리는 비상경보다. 그는 이어서 다음과 같이 주장했다.

그러나 실상은 훨씬 더 무시무시하다. 일상 자체가 종말을 맞이할 것이다. 일상이 더 이상 존재하지 않게 될 것이다. 우리는 인간이라는 동물이 어느 지점까지 견딜 수 있을지 확신도 계획도 없는 도박이라도 하듯 애초에 인간이 진화할 수 있었던 환경적인 조건을 벗어던져 버렸다.[16]

그 밖에도 각 분야 전문가들의 의견도 분분한데, 이를 종합해 정리하면 대강 다음과 같다.

1) 2020년부터 우리가 경험하고 있는 코로나 사태가 언젠가 진정된다고 해도 바이러스 감염병 팬데믹은 3~4년을 간격으로 계속해서 인류를 공격해 올 것이다.

2) 그 근본 원인은 우리가 숲을 개발하고 지구온난화의 요인인 온실가스를 너무 많이 배출해 생긴 기후변화다.

3) 그러므로 원시림 개발과 온실가스 배출을 막지 못하는 한, 또 다른 팬데믹은 물론이거니와 기후변화로 인한 파국적 재앙을 피할 수 없다.

4) 우리가 지금 경험하고 있는 기후변화는 다가올 묵시록적 재앙의 서막에 불과하다.

바우만의 '유동하는 공포'

우리는 어쩌면 근대인이 만들어낸 '자연은 시계'라는 은유적 표현과 사고가 불러온 파국—학자들은 이것을 '제6의 멸종'이라 부른다—을 직접 체험해야 하는 첫 번째 인류가 될지도 모른다.

그런데 혹시 당신은 눈치챘는가, "끝이 없는 장마", "묵시록적 재앙" 같은 표현 역시 은유라는 것을? 여기에 들어 있는 은유적 사고를 알아보기 쉽게 도식화하면 다음과 같다.

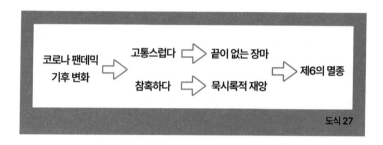

도식 27

물론 예측이지만, 상상만 해도 이 얼마나 끔찍한 일인가! 그래서 이제 이에 대한 성찰과 대책을 찾아보려고 하는데, 먼저 폴란드 출신 사회학자 지그문트 바우만Zygmunt Bauman, 1925~2017의 성찰과 경고에 귀를 기울이고자 한다. 이유는 그가 코로나바이러스-19 감염증 팬데믹이 시작하기 십수 년 전에 벌써 근대사회가 만들어낸 섬뜩한 위험과 공포를 우리에게 알렸기 때문이다.

바우만은 2006년에 출간한 《유동하는 공포Liquid Fear》에서 근대인들이—그들이 '자연은 시계'라는 은유적 표현을 만들어 사용했다—만들어낸, 예측할 수도 통제할 수도 없는 공포를 다음과 같이 묘사했다.

공포는 어디서나 새어든다. 우리의 가정에, 전 세계에, 구석구석마다, 틈마다, 홈마다 스며든다. 공포는 어두운 거리에도 있고, 반대로 밝게 빛나는 텔레비전 화면 안에도 있다. 침실에도 있고, 부엌에도 있다. 우리의 일터에는 공포가 기다리고, 그곳을 오가기 위한 지하철에도 공포가 도사린다. 우리가 만나는 사람들, 혹은 누군지 알지 못하는 사람들에게도, 우리가 소화하는 것들 그리고 우리가 접촉하는 것들에도, 공포가 숨어 있다.[17]

실로 놀라운 예지적 선포다! 2006년이면 코로나바이러스-19 팬데믹이 발발하기 14년 전이 아닌가. 그럼에도 바우만은 오늘날 우리가 마주하고 있는 위험과 공포를 정확히 예견하지 않았는가. 그는 2007년에 발간한 《모두스 비벤디》*에서 인류가 자연을 대해온 태도의 역사적 변천에 주목하며, 이 같은 시대적 정황을 불러온 원인을 탐색했다.[18]

---

* 영문판 제목은 'Liquid Times: Living in an Age of Uncertainty'(유동하는 시대: 불확실성의 시대에서 살아가기)이다.

자연을 대해온 세 가지 태도

바우만은 우선, 전근대前近代, 근대, 탈근대脫近代라는 역사적 시대를 사는 사람들의 삶의 양식을 각각 '사냥터지기', '정원사', '사냥꾼'이라는 용어로 규정했다. 책의 제목으로 쓰인 모두스 비벤디modus vivendi는 '삶의 양식'을 뜻하는 라틴어다. 그러니 '사냥터지기', '정원사', '사냥꾼'은 바우만이 자연에 대한 인간의 모두스 비벤디를 시대별로 형상화한 은유적 표현이라 할 수 있다. 그는 이미 우리가 지금 하려는 '은유로 사회학-하기'를 오래전에 시행했던 것이다. 그의 저술들이 지닌 강한 설득력이 어디에서 왔는가를 알 수 있는 대목이다.

'사냥터지기' 은유

바우만에 의하면, 전근대Pre-Modern Era는 자연이 사냥터이고, 유기체적 세계관을 가진 인간이 사냥터지기로 활동했던 시기다. 사냥터지기의 임무는 '자연적 균형', 즉 신이 지혜로 조화롭게 질서 지어놓은 자연을 보호하고 보존하는 것이다. 그 일은 "만사는 어설프게 손댈 바에야 손대지 않는 것이 가장 좋다는 신념에 기초하고" 있다. 즉 고대와 중세를 살았던 사람들은 "인간의 정신 능력이 너무 제한되어 있어서 그것을 이해할 수 없지만, 자연에는 신의 설계에 담긴 지혜와 조화, 질서"—우리가 이 책 1장에서 살펴보았듯이, 그들은 이것을 '자연의 사다리' 또는 '존재의 대연쇄'라고 불렀다—가 담겨 있다고 생각했던 것이다.

바우만의 이 같은 은유적 사고를 이번에는 당신이 도식화해보라. 아마 다음과 같을 것이다.

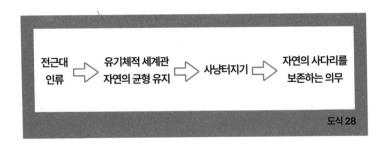

도식 28

'정원사' 은유

반면에 근대Modern Era는 기계론적 세계관을 가진 인간이 정원사로 일했던 시기다. 정원사는 자연을 자기가 설계하고 가꾸어야 하는 정원처럼 생각하는 자다. 그는 자기가 끊임없이 보살피고 노력하지 않으면 세상이 무질서해질 것이라 가정하고, 우선 자기가 가꿀 정원을 설계한 다음 그에 적합한 식물은 성장하게 하고 적합하지 않은 잡초는 제거하는 일을 한다. 그럼으로써 자연에 자신이 미리 생각해놓은 디자인을 강요한다. 그의 임무는 유토피아를 실현하는 것이다. 이 역시 당신이 도식화해보라. 다음과 같을 것이다.

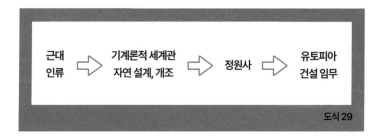

도식 29

'사냥꾼' 은유

지금은 이른바 탈근대 시대Post-Modern Era로, 무한경쟁을 하는 사냥꾼의 시대다. 오늘날 '유토피아의 몰락'이나 '유토피아의 종말' 같은 말이 사람들 입에 자주 오르내리는 것이 그래서다. 사냥꾼은 사냥터지기나 정원사와는 달리 자기가 사는 세계의 전체적

균형에는 신경을 쓰지 않는다. 그는 "오직 한 명의 사냥꾼에 지나지 않는 나, 또는 많은 무리 중 한 무리의 사냥꾼에 지나지 않는 우리"로서 사냥터나 다른 동료야 어찌 되든 자루에 사냥감만 많이 채우면 그만이고, 그의 임무는 단지 살아남는 것이다. 그럼으로써 사냥터는 점점 황폐화되었고, 세계는 차츰 지옥으로 변하고 있다는 것이다.

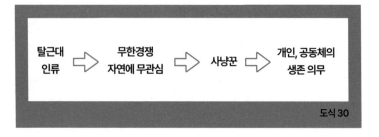

도식 30

　요컨대 바우만은 신과 자연과의 유대를 단절하고 스스로 삶을 통제하기로 한 정원사, 그리고 누구보다도 자기 자루만 채우려는 사냥꾼이 유동하는 위험, 유동하는 공포를 만들어낸 것이라고 주장했다. 세계화와 후기자본주의 그리고 소비물질주의가 지배하는 탈근대 시대를 사는 우리가 사냥터인 자연도 동료인 인간도 약탈하고 착취하고 결국 죽음으로 몰아가는 사냥꾼이라는 것이다.

나는 풍요로웠고, 지구는 달라졌다

2019년에 파리기후변화협정을 공식 탈퇴한 도널드 트럼프 전미국 대통령같이 우파 이데올로기에 매몰된 사람들 가운데는 기후변화가 좌파가 만들어낸 사기극에 불과하다고 주장하는 이들이 있다. 그래서 이들은 바우만의 예지적 성찰은 물론이거니와 앞에서 나열한 전문가들의 충심 어린 경고도 모두 귓등으로 흘려버린다. 심지어 다음과 같은 은유적 표현까지 동원해 환경주의자들을 공격한다.

그들이 정말로 원하는 것은 우리의 생활방식을 공격하는 것이다. (······) 그들의 호소력과 공포에 관한 진술은 사람들을 종말론적 환경주의 군대의 보병으로 변형시키도록 고안되었다.

그러나 오늘날 우리가 마주한 위험의 정체는 밖으로 드러난 통계를 보면 알 수 있다. 다음은 노르웨이 오슬로대학 지구 진화

및 역학 센터 교수이자 베스트셀러 작가이기도 한 호프 자런Hope Jahren의 《나는 풍요로웠고, 지구는 달라졌다》에 들어 있는 〈환경 교리 문답〉에서 뽑은 글이다.

이 글에서 자런은 세계화와 후기자본주의 그리고 소비물질주의가 주도해온 탐욕적 생활방식과 착취적 경제체제가 지난 50년 간 세계를 어떻게 바꿔놓았는지를 일목요연하게 그려놓았다. 정확한 숫자가 아니고 어림잡은 배율로 표기했지만, 그렇기 때문에 오히려 우리같이 숫자에 예민하지 못한 일반인에게는 더 선명하고 강한 메시지를 전할 것 같아 비교적 긴 글이지만 옮긴다.

1969년 이후 전 세계적으로 / 인구는 두 배가 되었고 / 아동 사망률은 절반으로 줄었으며 / 평균 기대 수명은 12년 늘어났고 / 47개 도시가 1,000만 명이 넘는 인구를 자랑하게 되었고 / 곡물 생산량이 세 배로 증가했고 / 제곱미터당 곡물 수확량이 두 배 이상으로 늘어났으며 / 농사를 지을 수 있도록 경작한 토지 면적이 10퍼센트 늘어났고 / 육류 생산량이 세 배 늘었고 / 연간 도살되는 가축의 수가 돼지는 세 배, 닭은 여섯 배, 소는 50퍼센트 이상 증가했으며 / 해산물 소비는 세 배가 늘었고 / (……) / 인간이 매일 만들어내는 폐기물은 두 배 이상 늘어났고 / 버려지는 음식물 쓰레기가 크게 늘어나 지구상 영양 부족 상태에 놓인 사람들에게 필요한 식량의 양에 맞먹는 상태이고 / 사람들이 매일 사용하는 에너지의 양은 세 배 늘었고 / 사람들이 매일 사용하는 전력의 양은 네 배 증가했으며 / 지구상 인구 20퍼센트가 전 세계에서 생산되는 전력의 절반 이상을 사용하게 되었고 / 전기의 도움을 받지 못하고 사는 전 세계 인구가 10억 명에 이르며 / 비행기 승객의 열 배가 늘어난 데에 비해 철도 여행자의 전체 이동거리는 줄어들었고 / 자동차로 여행하는 거리는 두 배 이상 늘어났고 지구상에는 10억 대가 넘는 차량이 존재하며 / 전 세계 화석연료 사용량은 세 배 정도 늘었고 / 석탄과 원유 사용량은 두 배, 천연가스 사용량은 세 배가 늘었으며 / 바이오 연료 발명으로 전 세계 곡류 생산량의 20퍼센트가 이를 생산하는 데에 사용되고 / 플라스틱 생산량은 열 배가 늘어났고 / 새로운 플라스틱이 만들어져 매년 화석연료의 10퍼센트를 잡아먹고 있으며 / (……) / 화석연료 사용으로 매년 1조 톤의 이산화탄소가 대기 중으로 방출되고 / 지구 표면 평균 온도는 화씨 1도가량 상승했으며 / 평균 해수면이 10센티미터가량 상승했는데, 그 절반 정도는 산맥과 극지방의 빙하가 녹아내리며 발생한 것이고 / 모든 양서류 및 새와 나비 종의 절반 이상에서, 모든 어류와 식물 종의 4분의 1에서 개체 수 감소가 일어나고 있다.[19]

우리는 전쟁 중이다

50년의 간격을 두고 비교한 이 자료가 무엇을 의미할까? 사실은
이것이 자료 자체보다 더 중요한데, 학자들의 해석에 의하면, 그
것은 마치 '노아의 홍수'와 같은 묵시록적 재앙이 지금 우리가 사
는 세계에서 이미 일어나고 있다는 사실이다. 사태가 심각하고
대책 강구가 시급하다. 그 때문에 오늘날에는 다수의 사회학자
와 환경주의자는 물론이거니와 주요 언론과 온라인 매체에서도
기후변화에 대한 보도 또는 경고를 은유적 표현을 사용해 그 심
각성과 시급성을 알리는 데에 주력한다.

　이때 주로 동원되는 은유가 '전쟁 은유'와 '종교 은유'다. 기후
변화에 전쟁 은유를 사용하는 것은 문제의 심각성을 부각함으
로써 기후변화를 막을 행동을 촉발하는 효과를 노린 것이다. 예
를 들자면 다음과 같다.[20]

　우리는 <u>전쟁</u> 중이다. 그것은 우리에게 (제2차 세계대전이 발발한)
　1939년보다 훨씬 더 큰 위협을 안겨다 주는 기후 재앙과의 <u>전쟁</u>이
　다. (……) 채택된 조치는 이 전례 없는 도전에 응해야 한다.
　기후변화는 명백한 <u>위협</u>이다. (……) 기후변화가 아마존 숲에 미치

는 잠재적 영향은 절망 속에서 <u>퇴각할</u> 이유가 아니라 아마존을 보존하기 위한 행동의 촉구여야 한다.

전쟁 은유를 사용한 성찰 또는 경고 안에 들어 있는 은유적 사고를 알아보기 쉽게 도식화하면 다음과 같다.

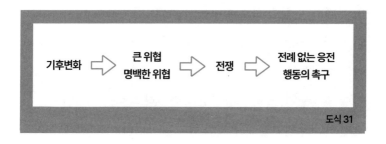

도식 31

우리가 홍수이고 방주다

종교 언어를 빌려다 정치적·경제적 또는 사회적 목적으로 사용하는 종교적 은유는 은유가 지닌 놀라운 능력뿐 아니라 종교가 지닌 가공할 만한 힘까지 함께 지니고 있기에 어느 은유적 표현보다도 더 강하다고 할 수 있다. 이것이 기후변화와 같이 시급하고 심중한 문제에 관한 대책을 촉구하는 데에 종교적 은유가 자주 사용되는 이유다. 그래서 터져 나온 대표적 슬로건이 "우리가 홍수이고 방주다"[21]이다.

미국의 소설가 조너선 사프란 포어Jonathan Safran Foer가 《우리가 날씨다》에서 사용한 은유적 표현인데, 재앙을 일으킨 원인도 우리에게 있고, 대책을 마련할 책임도 우리에게 있다는 뜻이다. 책의 부제가 '아침 식사로 지구를 구하기Saving the Planet Begins at Breakfast'인 것이 말해주듯이, 포어는 동물성 식품을 먹는 우리의 식습관이 기후변화와 기아 문제의 주요한 원인이라면서 주로 '채식하기'를 권장한다. 하지만 당신도 알다시피 육식은 기후변화를 일으킨 하나의 원인일 뿐 유일한 원인은 아니다.

그 때문에 더 다양한 대책이 강구되고 있다. 예컨대 '옛 세상과 결별하자', '화석연료에서 벗어나자', '지구의 숲을 되살리자', '청정경제에 투자하자', '기술을 책임감 있게 활용하자', '정치 참여에 나서자' 등이다. 요컨대 오늘날 팬데믹과 기후변화를 연구하는 전문가들이 입을 모으는 것은 단 하나다. 어떤 대책과 방식을 취하든, 우리 모두가 식량과 에너지 소비를 줄이고, 그것들을 이웃과 더 많이 나누어, 파괴된 환경을 복원하고 자연을 보호하는 것만이 다가올 끔찍한 재앙들로부터 지구와 우리 자신을 구할 가장 효율적인 방안이라는 것이다.

　그렇다면 "우리가 홍수이고 방주다"라는 포어의 은유는―리그니 교수가 말하는―신중하고 좋은 은유라 할 수 있다. 도식화하면 다음과 같다.

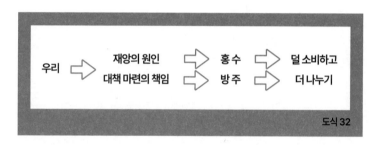

도식 32

　리그니 교수가 언급한 대로, 사회적 은유는 언제나 나름의 정치적·도덕적 결과를 포함한다. 각각의 은유가 우리를 서로 다른 인식의 길로 인도하여 서로 다른 목적지에 도달하게 하기 때문이다. 그렇다면 지금이야말로 우리가 사용하는 은유와 그것이 포함한 정치적·도덕적 결과, 그리고 마침내 우리가 도착할 목적지에 대해 깊이 고려해보고 행동할 때가 아니겠는가.

III

자연과학과 은유

당신은 '좋다! 이제 은유가 우리의 일상 언어뿐 아니라 시, 노랫말, 산문, 인문·사회과학 등에서 얼마나 큰 힘을 발휘하는지 알았다. 그러나 여전히 자연과학과는 무관하지 않은가'라고 생각할 수 있다. 하지만 역시 아니다. 은유는 자연과학에서도 '설득'과 '창의'를 담당하는 자신의 역할을 어김없이 한다. 은유 없이는 자연과학도 없다고 할 정도다.

　미국 일리노이대학교의 저명한 과학자 시어도어 L. 브라운 Theodore L. Brown 교수는 이 말을 다음과 같이 했다.

　은유가 과학이라는 직물의 뗄 수 없는 일부라는 사실은 은유가 또한 많은 역할을 수행한다는 것을 의미한다. 과학자들은 은유적 추론을 사용하여, 관측 데이터를 해석하고, 새로운 관측 결과를 설명

　　　　　　　　　　　　　　　III.

하기 위한 모형을 만들며 옛 데이터를 재해석한다. 일단 만들어 이런 방식으로 사용하고 나면, 은유는 과학자들 사이에 의사소통이나, 과학자와 대중 사이의 의사소통에 기여한다.[1]

물론 이때에도 은유가 지닌 설득력과 창의력은 보조관념으로 형상화된 이미지에서 나오며, 그것이 하는 일은 크게 보아 다음 세 가지다.

1) 이해를 도와 '설명적 역할'을 하고,
2) 창의를 이끌어내는 '발명·발견적 역할'을 하며,
3) 다른 사람과의 '의사소통'을 원활하게 한다.

혹시 당신은 이 말을 믿기 어려운 것이라 생각할지도 모른다. 하지만 사실이다. 백 번 듣는 것보다 한 번 보는 것이 낫다고 했다. 그러니 널리 알려진 예를 둘만 들어보려 한다. 먼저 당신도 잘 알고 있는 알베르트 아인슈타인Albert Einstein, 1879~1955의 일반상대성이론general theory of relativity의 탄생에 얽힌 이야기다.

아인슈타인의 '일반상대성이론'

미국 프린스턴대학교 기록보존소에는 아인슈타인의 미출간 자서전의 복사본이 보관되어 있다. 그 가운데 〈상대성이론의 발달에서 나타나는 기본적 아이디어와 방법들〉이라는 문서에는 그가 중력장gravitational field이라는 개념을 어디서 얻어냈는지를 짐작하게 하는 글이 들어 있다.

이 글에서 아인슈타인은 "그것이 내 일생 중 가장 행복한 생각"이었다고 회상했다. 그런데 바로 그 '행복한' 생각이 오늘날 우리가 말하는 중력장에 관한 것이다. 중력장은 1915년에 발표한 일반상대성원리의 핵심 개념인데, '중력의 작용을 나타내는 물리적 장field'을 뜻한다.

일반상대성원리가 발표되기 전까지는 그 누구의 이론으로도 —예컨대 뉴턴 물리학으로는 물론이거니와 아인슈타인의 특수상대성이론으로도—중력이 왜, 어떻게 생기는지를 설명할 수가 없었다. 그런데 1907년 어느 날 중력은 단순히 두 물체 사이에 작용하는 '끌어당김'이 아니라, 마치 '그물망'처럼 펼쳐져 있는 물리적 장의 휘어짐 때문에 생기는 현상이라는 생각이 아인슈타인에게 번쩍 떠오른 것이다.

그것에서 무쇠공과 같이 무거운 물체를 그물망 위에 올려놓으면 그물망이 휘는 것처럼, 질량이 큰 물질의 주변에서는 중력장이 휜다는 것, 그에 따라 시공간도 휘어진다는 것, 따라서 중력은 물체의 '끌어당김'이 아니라 휘어진 시공간을 가장 짧은 거리로 이동하는 현상 때문에 생긴다는 것, 또 휘는 경사도gradient에 따라 가속도가 결정된다는 것과 같은 생각이 연이어 떠오른 것이다.

레이코프와 존슨은 《몸의 철학》에서 이에 대해 다음과 같이 적절히 설명했다.

아인슈타인에 의하면, 큰 질량을 가진 물체는 4차원의 시·공간에 만곡(彎曲: 휘어짐)을 만든다. 이른바 중력은 '실제로' 공간·시간의 만곡이며, 어떤 대상에 대한 중력의 '끌어당김'은 전혀 끌어당김이 아니다. 즉 그것은 공간·시간의 만곡진 지역을 통해서 최단선을 따라 이동하는 대상에 불과하다.[2]

한마디로 아인슈타인은 '중력장은 그물망'이라는 은유적 사고를 했다는 것인데, 다음 페이지 이미지를 보면, 그것이 어떤 일을 했는지 쉽게 파악할 수 있다.

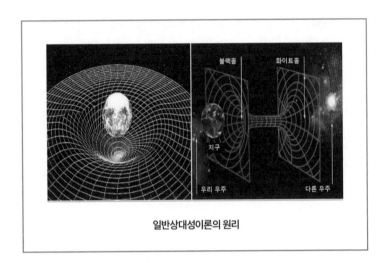

블랙홀　화이트홀

지구

우리 우주　다른 우주

일반상대성이론의 원리

　아인슈타인의 일반상대성원리의 거의 모든 것이 이 같은 은
유적 사고에서 나온 셈이다. 레이코프와 존슨의 말대로 "은유적
사고는 추상적이며 과학적인 이론화를 가능하게 한다."**3**

　아인슈타인이 1907년에 한 "내 일생 중 가장 행복한 생각"을
은유 패턴에 맞춰 나타내보면 〈도식 33〉과 같다.

　그리고 세월이 흘러 블랙홀, 화이트홀, 웜홀의 존재 같은 모든
새로운 생각이 차츰 가능해졌다.* 레이코프와 존슨은 "아인슈타
인은 중력장 안에서 빛의 운동을 계산하는 아름다운 은유 체계
를 만들었다. 시간 차원으로서의 공간이라는 은유 덕택으로 그
는 잘 알려진 수학(리만 기하학)을 사용해서 계산할 수 있었다. 그

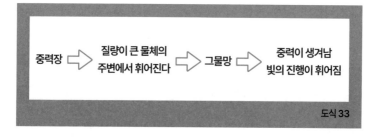

도식 33

것은 은유의 엄청난 업적이다"**4**라고 평가했다.

그러나 이것은 은유가 자연과학에서 이룬 단 하나의 업적이 아니라, 수많은 엄청난 업적 가운데 하나일 뿐이다. 과연 그런지, 다른 예를 하나 더 살펴보자.

---

* 블랙홀black hole은 강한 중력에 의해 빛조차 빠져나올 수 없어서 검게 보이는 천체를 뜻한다. 아인슈타인이 1915년 일반상대성이론을 발표하고, 같은 해에 독일의 천문학자 카를 슈바르츠실트Karl Schwarzschild가 블랙홀의 수학적 해를 발견함으로써 현대물리학에서 인정되었다. 화이트홀white hole은 모든 것을 내놓기만 하는 천체를 말하며, 블랙홀과 화이트홀을 연결하는 통로를 웜홀worm hole이라 하는데, 이 둘은 이론상으로만 존재할 뿐 아직 발견되지 않았다.

더 시터르의 '우주 풍선'

1917년 네덜란드의 물리학자 빌럼 더 시터르Willem de Sitter, 1872~1934는 1915년에 발표된 아인슈타인의 '일반 상대성 방정식'을 풀다가 그 방정식에서 '우주가 팽창한다'라는 것을 이끌어낼 수 있다는 결론을 얻었다. 또 1922년에는 러시아 수학자 알렉산드르 프리드만Alexander Friedmann도 이론적으로 같은 결론에 도달했다. 두 사람은 이 사실을 아인슈타인에게 편지로 알렸지만, 당시 우주가 고정되어 있다는 '정지우주론'을 지지하던 아인슈타인은 귀를 기울이지 않았다.

그러나 1929년에 천문학자 에드윈 허블Edwin Hubble이 캘리포니아의 파사데나 천문대에 있는 100인치짜리 천체망원경을 통해 우주가 팽창하고 있다는 결정적 증거를 찾아냈다. 제1차 세계대전이 끝나고 군에서 돌아온 허블은 밤마다 아름다운 성운을 관찰했는데, 그러던 어느 아름다운 밤에 몇몇 성운에서 나오는 빛이 스펙트럼에서 파장이 긴 붉은색 끝으로 쏠려 있는 적색편이redshift 현상을 발견했다.

적색편이가 뭐냐고? 어떤 발광체가 당신을 향해 다가올 때는 스펙트럼선이 파장이 짧은 청색 쪽으로 이동하고, 당신에게서 점점 멀어질 때에는 파장이 긴 적색 쪽으로 편향된다. 이런 현상을 물리학자들은 각각 청색편이blueshift와 적색편이라고 부른다. 이러한 이유에서 성운들이 보이는 적색편이 현상은 그 성운들이 지구로부터 점점 멀어지고 있다는 것을 의미한다. 그리고 그건 곧 우주가 팽창하고 있다는 뜻이기도 하다.[5]

그러나 적색편이를 발견할 당시에는 허블도 그것이 무엇을 의미하는지 명확히 알지 못했다. 이후 연구를 계속한 결과 그 의미를 깨달아, 1936년에 출간하여 지금은 고전이 된 저서《성운의 세계》에서 자신이 발견한 적색편이 현상이 '팽창하는 우주'를 증명한다는 주장을 내놓았다. 20년 가까운 세월이 흐른 후에야 비로소 더 시터르의 주장이 입증된 것이다. 여기서 흥미로운 것

더 시터르의 우주 풍선 　　　　　　　　　　그림 3

은 그즈음에 더 시터르가 우주 팽창을 대중에게 설명하기 위해 직접 그린 〈그림 3〉이다.

그림을 보면, 누군가가 풍선에 바람을 불어넣고 있는데, 풍선에는 많은 점이 박혀 있다. 더 시터르가 성운을 가진 우주를 '표면에 동전이 붙어 있는 거대한 풍선' 이미지를 사용해 은유적으로 묘사한 것이다. 그럼으로써 그는 표면에 붙어 있는 동전들 사이의 거리가 멀어지는 것이 풍선이 팽창한다는 증거이듯이, 성운들 사이가 멀어진다는 사실이 우주가 팽창하고 있는 증거라는 것을 대중들이 쉽게 받아들일 수 있게 설명한 것이다.

더 시터르가 〈그림 3〉을 그릴 때 한 은유적 사고를 추적해 도식화하면 다음과 같다.

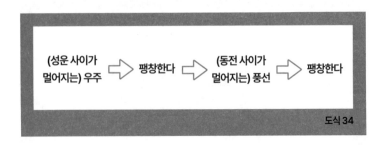

도식 34

여기서 우리는 은유가 자연과학에서 어떤 역할을 하는가를 다시 한번 확인할 수 있다. 아인슈타인의 '중력장은 그물망'이라는 은유는 창의를 이끌어내는 '발견적 역할'을 했다. 그럼으로써 중력이라는 물리적 현상이 수학적 모형과 연결되어 과학이론으로 간주될 수 있게 했다. 앞에서 소개한 브라운 교수의 표현을 빌리자면 "모형, 이론, 관측 사이에서 상호작용하는 이음새로서, 가설과 이론을 수식화하고 검증하는 일"을 한 것이다.

그런가 하면 더 시터르의 '우주는 풍선'이라는 은유는 우주가 팽창한다는 사실을 이해하게 하는 '설명적 역할'을 맡아 했다. 역시 브라운 교수가 언급한 대로, 관측 자료에 대해 멋진 해석을 함으로써 설득력을 높여 다른 사람과의 의사소통을 원활하게 했다. 그런데 만일 더 시터르가 풍선에 붙은 동전 사이가 멀어지는 것이 풍선이 팽창하는 증거라는 것을 알고, 성운 사이가 멀어지는 것이 우주가 팽창하고 있다는 증거라고 주장했다면, 이때는 은유가 창의를 이끌어내는 '발견적 역할'을 한 셈이다. 이 경우에는 당연히 〈도식 35〉와 같이 나타낼 수 있다.

그런데 혹시 눈치챘는가, 더 시터르의 '우주 풍선' 은유는 지금까지 우리가 보아왔던 것과는 달리 원관념에서 이끌어낸 원관념의 본질(팽창한다)과 보조관념에서 이끌어낸 창의(팽창한다)가 똑같다는 것을? 그런데 그것은 우연이 아니다. 사실 더 시터르

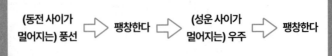

도식 35

가 설명하는 방식은 과학적 추론에서 자주 등장하는 어떤 특별
한 사유방식이다. 우리는 그것을 보통 유추analogy라고 부른다.

그렇다! 유추는 자연과학자들이 자주 사용하는 추론 방법이
고, 그것은 시리즈 2권《은유가 만드는 삶》의 5장에서 우리가 집
중적으로 살펴본 '의인화'와 마찬가지로 은유적 사고의 한 특별
한 유형이다. 여기서 잠깐 은유와 유추에 대해 이야기하고 넘어
가고자 한다.

05. 은유와 유추

유추類推란 그리스어 '아날로기아analogia'의 우리말 번역인 유비 추론의 준말이다. 내용적으로는 사물이나 사건이 지닌 특성 사이의 '유사성'을 근거로 결론을 이끌어내는 추론법이다. 예를 들면 "지구에는 생물이 살고 있다. 화성과 지구의 환경은 유사하다. 그러므로 화성에도 생물이 살고 있을 것이다" 같은 주장이 유비 추론이다. 형식적으로 표기하자면, 다음과 같다.

A는 a, b, c라는 특성을 지녔다.

B도 같거나 유사한 특징 a′, b′, c′를 지녔다.

A가 또 하나의 특성 d를 지녔다.

B도 d를 지닐 수 있다

따라서 유비 추론은 설사 전제들이 참真인 경우에도 결론이 '확률적 참probably true' 또는 '가능적 참possibly true'일 뿐 '필연적 참necessary true'이라는 보장이 없다. 그럼에도 유비 추론은 전제에는 없는 새로운 내용의 결론을 이끌어낼 수 있다. 그 때문에 과학자들이 선호하는 사유방식이다. 그런 만큼 이에 대한 저명한 과학자들의 찬사도 만만치 않다.*

과학에서 유추는 우리에게 이미 알려진 '비유 영역analog'을 통해 알려지지 않은 '목표 영역target'을 추정하거나 설명하는 데에 사용된다. 더 시터르의 경우에는 잘 알려진 영역인 풍선의 팽창을 통해 아직 알려지지 않은 영역인 우주의 팽창을 설명한 것이다. 보다 친숙한 다른 예를 들자면, 신약을 개발하여 그 효과를 동물에게 먼저 실험해보는 '동물실험'이 전형적인 유비 추론에서 나온 발상이다.

예를 들자면, 신약 A를 실험용 쥐에 투여했더니 질병 B에 유

---

* 유추에 대한 과학자들의 찬사 가운데 몇을 예로 들면 다음과 같다. "나는 유추를 어떤 것보다 소중히 여기고 가치 있게 생각한다. 유추는 자연의 비밀을 모두 알고 있다"(요하네스 케플러), "유추가 충분히 밀접하면 유추는 물리적 추론의 가장 만족스러운 근거가 될 수 있다"(토머스 영), "그들은 목표에 이르기 위한 정확한 경로를 추측해야 하며, 그러기 위해서는 지침이 필요하다. 이 지침이 주로 유추다"(앙리 푸앵카레), "나는 유추가 인간의 지성을 설명하는 열쇠라고 생각하는 인지과학자 중 한 명이다"(스티븐 핑커).

효하다는 것이 증명되면, 쥐의 몸과 인체의 유사함을 근거로
A는 인체를 대상으로 하는 임상실험에서도 질병 B에 유효하리
라고 추정하는 것이다.

여기에서 유비 추론과 은유적 사고 사이의 유사성이 드러난다.

1) 우선 은유가 지각하거나 이해할 수 없는 원관념을, 지각하
고 이해할 수도 있는 보조관념을 통해 설득하고 창의를 끌어내
듯이, 유추는 알려지지 않은 영역을 잘 알려진 영역을 통해 추정
하거나 설명한다는 점이다.

2) 은유의 원관념과 보조관념 사이에 유사성이 존재하듯이,
유추의 목표 영역과 비유 영역 사이에도 그렇다는 점이다.

3) 은유가 우리의 모든 정신영역에서 작동하듯이 유추 역시
그렇다는 점이다.

유추에 관한 방대한 연구인 《사고의 본질》에는 다음과 같은
내용이 있다.

유추 작용은 단지 이따금 이루어지는 정신적 운동이 아니라 지각의
생명소 자체로서, 일상적인 지각('저것은 탁자다')부터 절묘한 예술

적 통찰과 (일반상대성원리 같은) 추상적인 과학적 발견까지 모든 층위에 퍼져 있다. 이 두 극단 사이에서 우리가 항상 수행하는 정신 작용, 즉 상황 해석, 다양한 대상에 대한 특성 판단, 결정, 새로운 대상에 대한 학습 같은 것이 존재하며, 이 모든 정신 작용은 동일한 근본적 메커니즘을 통해 이루어진다.[6]

보라. 어떤가? 우리가 1권 2부 4장 '은유적 표현과 은유적 사고', 그리고 이 책의 서두에서 은유의 활용 영역이 문학뿐 아니라 경제학, 법학, 정치학, 심리학, 수학, 자연과학 같은 제반 학문과 예술, 종교, 정치 그리고 생활 전반, 다시 말해 인간의 정신이 활동하는 모든 분야라는 것을 확인했는데, 유추의 활용 영역 역시 같지 않은가?

은유적 사고의 추론적 형식

그렇다! 은유와 유추 사이에는 본질적 유사성이 존재한다. 다른 점이 있다면 그것은 단지 은유가 '개념화 방식'이고, 유추는 '추론 방식'이라는 점뿐이다.

그것을 제외한 둘 사이의 긴밀한 유사성을 감안하면, 레이코프가 은유를 "어떤 하나의 정신적 영역을 다른 정신적 영역에 의해 개념화하는 방식"[7]으로 정의했듯이, 우리는 유추를 '어떤 하나의 정신적 영역을 다른 정신적 영역에 의해 추론하는 방식'으로 정의할 수 있다. 그래서 우리는 유추를, 유사성을 근거로 하는 '은유적 사고의 추론적 형식'으로 규정하고자 한다.

그렇다면 우리는 앞서 언급한 논증으로 형식화되는 유추를 (원관념)→(본질)→(보조관념)→(본질)과 같이 전개되는 은유 패턴에 맞춰 (비유 영역)→(특성)→(목표 영역)→(특성)으로 도식화할 수 있다. 예를 들어 앞에서 살펴본 '화성 유추'와 '동물 실험 유추'를 도식화하면 다음과 같다.

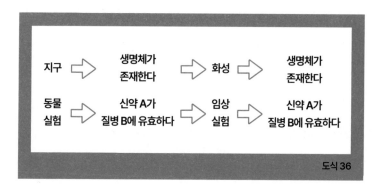

도식 36

이렇게 정리해놓고 보면, 은유와 유추의 상대적 강점과 약점이 드러난다.

유추는 은유에서 원관념의 '본질'에 해당하는 비유 영역의 '특성'을 목표 영역의 특성으로 삼아—다시 말해 두 영역의 유사성에 근거해 비유 영역의 특성을 수용함으로써—설득력을 강화한다. 그러나 같은 이유에서 창의력이 비유 영역의 특성으로 한정되었다. 다시 말해 유추에서 기대할 수 있는 창의는 전혀 새로운 어떤 것이 아니라 비유 영역의 특성으로 이미 제시된 것이다. 이에 비해 은유가 이끌어내는 창의는 원관념과 보조관념 사이의 비유사성에서 나오기 때문에 원관념에서는 예측하거나 끌어낼 수 없는 새로운 것이다.

그래서 우리는 유추에서 기대할 수 있는 창의를 '예견되는 창의'라 하고, 은유에서 이끌어내는 창의를 '예견되지 않은 창의'라고 이름 지어 구분하고자 한다. 요컨대 은유와 유추는 모두 유사성에 근거한 사유 형식이지만, 상대적으로 유추는 더 설득적이고 은유는 더 창의적이다. 예견된 것보다 예견되지 않은 것이 더 창의적이라 할 수 있기 때문이다. 과연 그러한지 예를 들어 살펴보자.

III.

페일리의 시계 유추 논증

우리가 아는 한 역사상 가장 널리 알려진 유추의 예가 '페일리의 시계 유추 논증'이다. 18세기 영국의 자연신학자이자 성공회 부주교인 윌리엄 페일리William Faley, 1743~1805가 《자연신학》에서 전개한 추론인데, 내용은 대강 이러하다.

우리가 풀밭을 걸어가다가 시계 하나를 발견했다고 하자. 그러면 우리는 그것이 자연에 의해 생겼다고 생각할 수 없고 어느 지적 심성an intelligent mind이 목적을 갖고 만들었다고 생각할 수밖에 없다. 동력을 제공하는 탄성 있는 강철 태엽, 동력을 전달하는 정교한 톱니바퀴들, 녹슬지 않는 재료인 놋쇠, 잘 보이도록 투명한 유리로 된 앞뚜껑 등이 그 근거다. 그런데 우리가 사는 세계는 시계보다 훨씬 더 복잡성, 정밀성, 합목적성을 가진 것으로 보인다. 그렇다면 그것은 어떤 위대한 설계자가 목적을 갖고 만들었다고 생각해야 옳으며, 이 설계자를 우리가 신이라 한다.[8]

시계와 세계의 유사성을 근거로 한 페일리의 유추를 논증 형식으로 간략히 정리하면 다음과 같다.

시계는 복잡성, 정밀성, 합목적성을 지녔다.

세계는 시계와 유사analogy하다.

시계는 어떤 지적 설계자가 특별한 목적을 갖고 만들었다.

그러므로 세계도 어떤 지적 설계자가 특별한 목적을 갖고
만들었다. 그 설계자가 신이다.

페일리는 자신의 논증을 뒷받침하기 위해 당시에 동원할 수
있는 거의 모든 과학 지식을 동원했다.

예를 들면 새의 날개, 물고기의 지느러미, 그리고 무엇보다 인
간의 눈과 심장 등이 얼마나 복잡하고 정밀하며, 목적에 합당하
게 계획적으로 만들어졌느냐는 것이다. 오늘날 흔히 '지적 설계
론Intelligent Design Theory'이라고 부르는 이 주장의 현대적 표현은 "오
존층의 두께가 생물 보호에 어쩌면 그리 적합한가? 이는 오직
신의 설계에 의해서만 가능하다"라는 식의 주장에서도 찾아볼
수 있다.

당신의 생각은 어떤가? 그럴듯해 보이지 않는가? 참으로 설
득적이지 않은가? 물론 앞서 설명했듯이, 유추에서 얻은 결론은
'확률적 참' 또는 '가능적 참'일 뿐 '필연적 참'이 아니다. 하지만

지금 우리의 관심사는 그것이 아니라, 유추가 지닌 놀라운 설득의 힘이다. 페일리의 유추 논증 안에 담긴 은유적 사고를 도식화하면 다음과 같다.

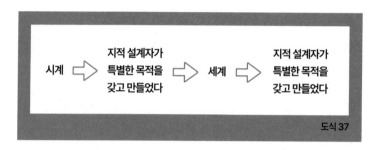

도식 37

기이한 수영장 당구대

이번에는 다른 예를 하나 들어보자. 퓰리처상을 받은 책《괴델, 에셔, 바흐》의 저자인 인지과학자 더글러스 호프스태터Douglas Hofstadter와 파리 제8대학교 인지 및 발달 심리학 교수 에마뉘엘 상데Emmanuel Sander는 '유추, 지성의 연료와 불길'이라는 부제가 붙은 공저《사고의 본질》에서 언어학, 심리학, 수학, 과학을 토대로 유추의 본질과 특성을 밝혔다. 두 학자가 7년 동안의 협업을 통해 지은 이 책의 8장 '세상을 뒤흔든 유추'에는 아인슈타인이 광전효과, 특수상대성원리, 그리고 일반상대성원리를 구상할 때 했던 유추적 사고에 대한 설명이 담겨 있다.[9]

그중에는 "기이한 '수영장 당구대Swimming Pool Table' 유추가 광양자를 발산한다"라는 긴 소제목 아래, 아인슈타인이 1905년에 발표한 광전효과Photoelectric effect를 설명하는 글도 있다. 널리 알려졌듯이, 광전효과란 금속에 빛을 쏘였을 때 금속으로부터 전자가 방출되는 현상을 말한다. 따라서 이 실험은 빛이 마치 당구공 같은 입자라는 것을 증명한다.

그런데 아인슈타인이 광전효과 실험을 구상할 당시는 토머스 영의 '쌍슬릿double-slit experiment 실험'(1803)* 이후 약 100년 동안이나 빛이 수영장과 같이 고인 물에서 일어나는 물결과 같은 파동이라는 것이 정설로 인정되던 때였다. 그랬기 때문에 빛의 입자성을 증명하려는 광전효과 실험은 매우 엉뚱하고 성공 가능성도 희박한 발상이었다. 에너지가 비연속적으로 방출된다는 양

---

* 쌍슬릿 실험이란 광원과 스크린 사이에 가림판을 두고 두 개의 바늘구멍만 한 구멍을 뚫어놓으면, 구멍을 통과한 빛이 맞은편 벽에 두 개의 조그만 밝은 원을 만드는 것이 아니라, 마치 파동처럼 서로 간섭을 일으켜 명암이 교차하는 띠를 만든다는 것을 보여주어 빛의 파동성을 증명한 실험이다(보다 자세한 내용은 이 책의 6장 '은유로 자연과학 분석-하기' 중 '은유와 양자역학'에서 찾아볼 수 있다).

III.

자가설을 제창하고 '양자quanta'라는 용어도 만들어 사용한 독일의 과학자 막스 플랑크Max Planck, 1858~1947마저 이 실험에는 회의적이었다. 《사고의 본질》의 공저자 호프스태터와 상데는 당시 상황에 대해 이렇게 썼다.

그래서 당시 대다수 물리학자들에게는 (당구공들이 정신없이 돌아다니는 당구대에 비유된) 이상기체와 (물결이 일어나는 수영장에 비유된) 흑체에 대한 아인슈타인의 유추는 전혀 타당성이 없어 보였다. 그렇다면 왜 아인슈타인은 상황을 다르게 보았을까? (……) 여기서 우리가 말할 수 있는 점은 아인슈타인이 날카로운 안목을 지녔다는 것이다. 그는 거의 언제나 물리학에서 다루는 상황에서 중요한 측면을 포착할 줄 알았다.[10]

두 저자는 아인슈타인이 당시 상황을 다른 과학자들과 다르게 본 이유가 그가 서로 다른 물질계에 존재하는 유사성을 재빨리 간파하는 날카로운 안목을 지녔기 때문이라 답하는데, 이게 무슨 뜻인가?

간략하게 설명하자면, 아인슈타인은 당구공들이 정신없이 돌아다니는 당구대와 같은 이상기체와 물결이 일어나는 수영장 같은 흑체는 전혀 다른 물리계이지만, 당구대에서는 외부에서 당구공을 치면 당구공이 튕겨 나가고, 수영장에서는 볼링공 같은 물체를 던지면 원형의 파동이 수영장 벽에 부딪혀 튕겨 나오는 것같이 두 물리계에 유사한 현상이 일어날 수 있다는 것을 알아챘다는 것이다.

게다가 아인슈타인이 그 같은 유추를 하게 된 데에는 직접적 계기도 있었다고 한다. 그가 광전효과를 발표하기 불과 몇 달 전에 '콜로이드 입자를 내포한 액체 안에서 입자들이 무작위로 뛰어다니는 것'을 현미경으로 보았다는 것이다.

만일 그것이 사실이라면 그것은 '신의 한 수'였다. 왜냐고 묻고 싶겠지만, 호프스태터와 상데는 《사고의 본질》에서 아인슈타인이 본 '콜로이드 입자를 내포한 액체'가 광전효과와 무슨 관계가 있는지에 대해서는 설명을 하지 않는다. 하지만 우리가 보기에, 일반인이 광전효과를 이해하는 데는 이것이 매우 중요하다. 그래서 약간의 설명을 덧붙이자면 이렇다.

우선 〈그림 4〉를 보자. 우리는 여기에 실린 도형이 매우 탁월한 은유적 표현이라고 생각하는데, 특히 빛이 곧은 화살표가 아니고 '구불구불한 화살표'로 그려진 것을 눈여겨보길 바란다. 그것은 빛이 파동성과 입자성을 함께 지녔음을 표시하기 위한 것

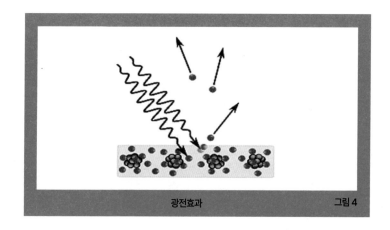

이라고 해석할 수 있다. 또 하단에 그려진 금속판이 마치 '입자를 내포한 액체'처럼 그려진 것도 주목하길 바란다. 이것은—호프스태터와 상데가 광전효과를 설명하기 위해 물결처럼 파동이 일어나는 '수영장'과 충돌한 당구공이 튕겨 나가는 '당구대'를 합성한 '수영장 당구대'라는 기이한 은유적 표현을 사용한 것처럼—전자와 같은 물질이 지닌 파동성과 입자성을 표현하기 위해서라고 생각한다.

그러니 적어도 우리에게 '수영장 당구대'라는 은유적 표현은 수영장처럼 액체로 채워진 곳에 당구공들이 둥둥 떠다니는 당구대라는 뜻이다. 그렇다면—다시 말해 〈그림 4〉의 이미지에서 보듯이, 물질의 구조가 '입자를 내포한 액체 안에서 입자들이 무작위로 뛰어다니는 것'과 같고, 빛이 '파동성을 지닌 입자'라면—
우리는 광전효과 실험에서와 같이 금속판에 빛을 쏘였을 때 당
구대에서 당구공이 튕겨 나가는 것 같은 현상이 일어날 수 있으
리라고 생각할 수 있다. 그뿐 아니라 쌍슬릿 실험에서 확인한 것
처럼 두 개의 구멍에서 나온 빛이 마치 수영장 벽에 부딪힌 물결
같이 간섭과 회절을 일으킬 수 있다고 생각할 수 있다.

수영장 당구대와 광전효과

물론 당시 아인슈타인이 전자와 같은 물질의 이중성에 관한 개
념을 명확히 파악했다고 생각할 수는 없다. 그 같은 개념은 20년
후인 1924년에 루이 드브로이Louis de Broglie, 1892~1987의 〈양자론의
연구〉라는 논문에서 '물질파matter wave'라는 용어로 처음 등장하기
때문이다.* 그럼에도 호프스태터와 상데의 평가대로 아인슈타

---

* 루이 드브로이가 빛이 파동성과 입자성을 모두 갖고 있다면, 전자와 같은 물질들도
이러한 이중성을 가질 수 있겠다는 생각으로 물질파라는 개념을 발표했다. 드브로이의
가설은 1926년에 하이젠베르크Werner Heisenberg가 행렬수학으로, 같은 해에 에르빈 슈뢰
딩거Erwin Schrödinger가 '파동방정식'으로 정리함으로써 정설로 인정되었다.

인은 서로 다른 물질계 사이에 존재하는 유사성을 알아채는 날카로운 안목을 지녔고, 물리학에서 다루는 어떤 상황에서든 중요한 측면을 거의 언제나 포착할 줄 아는 사람이었다.

우리가 보기에, 아마도 아인슈타인은 콜로이드 입자를 내포한 액체 안에서 입자들이 무작위로 뛰어다니는 것을 보았을 때, 그것이 금속과는 전혀 다른 물질계임에도 불구하고 둘 사이에 존재하는 유사성을 재빨리 간파했을 것이다. 그리고 그 유사성이 언젠가는 빛의 파동성과 입자성 사이의 갈등과 대립을 해소해줄 수 있으리라 믿었을 것이다. 이는 드브로이가 물질파라는 개념을 발표했을 때 아인슈타인이 적극 지지한 것을 보면 알 수 있다. 사실인즉 드브로이가 말하는 물질파를 '입자를 내포한 액체'나 '수영장 당구대'만큼 잘 표현한 용어도 찾기 힘들다.

정리하자면, 아인슈타인에게 노벨상을 안겨준 광전효과 실험에 들어 있는 은유적 사고는 다음과 같다.

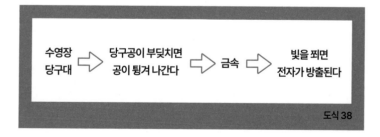

도식 38

아인슈타인이 한 이 같은 은유적 사고와 그에 대한 믿음이 당시 물리학의 정설이었던 빛의 파동설—토머스 영의 '쌍슬릿 실험'으로 증명되었고, 맥스웰의 방정식으로 형식화되었다—에 흔들리지 않고, 빛의 입자설을 뒷받침할 광전효과 실험을 감행하게 했던 것이다.

호프스태터와 상데는 이 밖에도 현대물리학을 통틀어 가장 유명한 등식인 $E=mc^2$에서 특수상대성이론, 일반상대성이론에 이르는 아인슈타인의 업적에서 유추가 어떤 일을 하는지를 차례로 설명하며, 유사성을 근거로 한 사고의 위대함에 다음과 같이 찬사를 보낸다.

아인슈타인의 창의적 생애가 명확하게 예시하는 것은 과학이라는 거대한 나무에 존재하는 심오하고 추상적인 유사성에 대한 인식이 단지 잔가지나 큰 가지뿐만 아니라 줄기 자체를 뒤흔드는 영향을 미친다는 것이다. 지금까지 지구를 뒤흔든 것이 있다면 바로 아인슈타인이 발견한 유사성이다.[11]

그러나 우리가 유추를 은유의 한 특별한 유형, 다시 말해 '은유적 사고의 추론 형식'으로 본다면, 이 말은 그대로 은유에 바치는 헌사로 읽을 수 있다. 그뿐 아니라 우리말 번역본으로 800쪽에 가까운 방대한 저술인 《사고의 본질》에 담긴 내용이 대부분 은유가 우리의 사고와 언어 그리고 학문 전반에서 무슨 일을 어떻게 하는가를 설명하는 또 하나의 세밀하고도 전문적인 진술로 볼 수 있다. 《사고의 본질》을 은유에 관한 새로운 조명으로 읽을 수 있다는 뜻이다. 만일 당신이 이런 시각에서 읽는다면 더 흥미롭고 유익한 독서가 될 것이다,

　일독을 권하며, 이제 우리는 지금까지 그래온 것처럼 자연과학에 담긴 은유적 표현과 사고 들을 추적해 분석하는 훈련을 당신과 함께 해보려고 한다. 그럼으로써 우선 은유와 자연과학의 '떼려야 뗄 수 없는' 관계와 그 활용에 대해 살펴보고자 한다. 그 과정에서 "어떤 과학이 은유적이라고 말하는 것은 그것을 가볍게 보는 것이 아니다"라는 레이코프와 존슨의 말이 어떤 의미인지 깨닫게 될 것이다. 물론 우리의 궁극적 목표는 자연과학에서 당신의 은유적 사고력을 기르는 데에 있다는 것은 두말할 필요가 없다.

06. 은유로 자연과학 분석-하기

은유가 자연을 이해하고 그것에서 삶에 필요한 지식과 지혜를
이끌어내는 데에 사용된 것은 우리가 상상하는 것보다 훨씬 오
래전 일이다. 천체물리학의 머나먼 출발이라 할 수 있는 점성술
이 그런 예 가운데 하나다.

우선 별자리란 무엇인가? 따져보면 그것은 고대인들이 은유
적 사고를 통해 구성한 이미지에 불과하다. 별자리를 구성하는
별들은 대부분 공간적으로 또한 시간적으로 서로 무한히 멀리
떨어져 있다. 따라서 별자리는 우리가 서로 아무런 관계가 없는
개개의 별들을 시공을 초월해 한자리에 모아 어떤 의미 있는 형
상(예: 헤라클레스자리, 전갈자리, 황소자리 등)으로 구성해놓은 은
유적 표현물이다. 그럼에도 고대인들은 별자리에 얽힌 신화, 점
성술 그리고 농사법과 항해술을 개발하여, 그것들을 실생활에

이용하고 아이들의 교육에 사용했던 것이다.

알고 보면 은유가 하는 일은 오늘날 첨단과학에서도 크게 다르지 않다. 앞에서 아인슈타인과 더 시터르의 경우를 통해 보았듯이, 은유는 추상적인 자연과학 개념과 이론을 선명하고 구체적인 이미지로 형상화하여 보여줌으로써, 발명과 발견의 도구이자 설득과 소통의 수단으로 사용되고 있다. 그뿐 아니라 교육에서도 핵심적 역할을 담당한다.

우리는 1권 《은유란 무엇인가》의 3부 '은유의 힘은 어디서 나올까'에서 이미지가 우리의 정신을 빠르고 강하게 지배한다는 사실을 여러 가지 다양한 실험과 사례로 확인했다. 스탠퍼드대학교의 인지언어학 교수 폴 티보도Paul Thibodeau와 레라 보로디스키Lera Boroditsky가 2011년에 발표한 논문 〈생각의 도구로서의 은유: 추론에서 은유의 역할〉이 그중 하나였다. 그럼에도 여기에서 다시 한번 이미지라는 말에 주목하자. 왜냐하면 탁월한 과학자들도 역시 다음과 같이 주장하기 때문이다.

직감과 직관, 사고 내부에서 본질이라고 할 수 있는 이미지가 먼저 나타난다. 말이나 숫자는 이것의 표현수단에 불과하다.

— 알베르트 아인슈타인

내가 문제를 푸는 과정을 보면 수학으로 해결하기 전에 어떤 그림 같은 것이 눈앞에 계속 나타나서 시간이 흐를수록 정교해졌다.

— 리처드 파인만

패러데이와 맥스웰에게서 공통적으로 찾아볼 수 있는 추리 방식의 중요한 특징은 실제적인 이미지를 마음속에 그려 생각하는 습관이었다.

— 이사벨 트리거

노벨상을 받은 두 물리학자와 한 저명한 과학사학자가 은유적 사고에서 필히 등장하는 이미지의 중요성에 대해 언급한 내용이다. 하지만 이것은 구우일모九牛一毛다.

댈러스대학교의 토머스 웨스트Thomas West 교수는 《글자로만 생각하는 사람 이미지로 창조하는 사람》에서 아인슈타인과 파인만은 물론이거니와 패러데이, 맥스웰, 푸앵카레, 칼 피어슨을 비롯해 많은 수학자와 과학자가 자신들의 연구에서 이미지를 우선시하고 중요시했다는 사실을 부단히 강조한다. 그럼으로써 자연과학도 은유적 표현과 사고를 토대로 이뤄진다는 것을 알린다.

이제 곧 확인하겠지만, 천체물리학뿐 아니라 화학, 양자역학, 유전공학, 면역학 등 자연과학 전반에서 은유적 사고와 표현은 필수적이다. 심지어 은유가 없었다면 자연과학이라는 학문 자체가 성립되기 어렵다는 것이 전문가들의 견해다. 그 결정적 이유는 이들 과학이 다루는 대상 또는 현상이 대부분 중력장이나 우주처럼 '너무 크거나', 원자나 전자처럼 '너무 작아서' 우리가 지각하거나 상상하기 어려운 추상적 개념이기 때문이다. 그래서 과학자들은 지각할 수도 있고 상상할 수도 있는 구체적 이미지로 형상화한 은유적 표현을 통해 이해하고 소통하고 창의를 이끌어내는 것이다.

은유라는 관점에서 보면, 자연과학은 시와 다를 바가 없다. 때로는 시보다 더 시적이다. 몇 가지 대표적 사례를 찾아 분석해보고자 하는데, 편의상 다루는 대상과 현상이 '너무 큰 경우'와 '너무 작은 경우'로 구분해 살펴보고자 한다.

은유와 빅뱅

앞에서 살펴본 아인슈타인의 '중력장'과 더 시터르의 '우주'는 그것이 '너무 커' 지각할 수도 없고 상상하기도 어려운 추상적 개념이다. 그 때문에 두 사람은 각각 '그물망'과 '풍선'이라는 구체적인 이미지를 보조관념으로 사용해 이해하고 소통하고 또 새로운 사고를 전개한 것이다. 당연한 말이겠지만, 천체물리학에서 다루는 개념들 대부분이 그렇다. 그 가운데 대표적 사례 두 가지만 더 골라 살펴보자. 하나는 '빅뱅(big bang: 대폭발)'이고 다른 하나는 '다중우주multiverse'다.

먼저 빅뱅부터 보자. 우주는 약 138억 년* 전에 밀도와 온도가 최대이고 크기가 최소인 '특이점singularity'**의 갑작스럽고 폭발적인 팽창inflation으로부터 시작되었다. 그런데 우리가 빅뱅이라 부르는 이 팽창은 우리로서는 지각할 수 없는 것은 물론이거니와 상상할 수조차 없는 추상적 개념이다. 왜냐하면 천체물리학에서 이야기하는 빅뱅은 보통 '대폭발'이라고 번역되지만, 우리가

---

* 예전에는 빅뱅이 약 150억 년 전에 있었다고 추측했으나, 2003년 말 WMAP 관측 위성의 관측 결과 137억 년으로 대폭 바뀌었고, 2014년에 플랑크 위성 덕분에 138억 년으로 소폭 조정됐다.

** 특이점이란 천체물리학에서는 중력의 세기, 밀도, 온도와 같은 물리적 측정량이 무한대가 되는 하나의 점을 의미한다. 특이점의 존재는 로저 펜로즈R. Penrose와 스티븐 호킹S. Hawking의 '특이점 정리singularity theorem'로 증명되었지만, 아직은 그 누구도 상세한 정보는 갖고 있지 않다. 과학자들은 빅뱅이 시작되는 10^{-43}초 이전, 즉 '플랑크 시기Planck epoch'라고 부르는 때에 양자적 요동에 의해 특이점이 형성되었으며 그 크기는 약 10^{-33} 센티미터—이 값을 '플랑크 길이Planck length'라고 한다—정도였으리라고 대강 짐작한다.

할리우드 영화에서 자주 보는 '대폭발'과는 성격이 전혀 다르기 때문이다.

빅뱅은 시간적으로는 상상도 할 수 없이 짧고 공간적으로는 상상도 할 수 없이 큰 규모로 진행된 일종의 팽창inflation이다. 그러나 우리는 그것이 '어디에서' 일어났느냐고 물을 수 없다. 아직 공간 자체가 없었기 때문이다($s=0$). 또 '언제' 일어났느냐고도 물을 수 없다. 아직 시간이 생기지 않았기 때문이다($t=0$). 또 '왜' 일어났느냐고도 물을 수 없다. 아무도 모르기 때문이다. 그럼에도 불구하고 어느 '신비롭고 영광스러운' 순간에 빅뱅이 일어났고, 그와 함께 맨 처음에 시간, 공간, 에너지가 혼돈chaos 상태로 출현했다.

이후 온도가 내려가며 쿼크와 반쿼크가 생겨나 서로 결합하여 양성자와 중성자가 생성되었고, 다시 양성자와 중성자가 융합하여 원자가 형성되었다. 모두 빅뱅 후 3분 이내에 일어난 사건이다. 38만 년까지는 에너지와 물질이 분리된 시기였고, 10억 년까지는 우주의 암흑 시기였으며, 10억 년부터는 물질의 덩어리가 퀘이사, 항성, 원시은하를 형성한 시기였다. 빅뱅 이후 약 92억 년, 그러니까 지금으로부터 약 46억 년 전에야 태양계와 지구가 생겨났다. 아래 이미지는 빅뱅 이후 일어난 우주의 팽창 과정을 한눈에 보여준다.

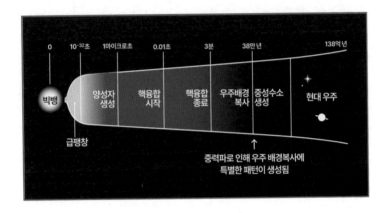

요컨대 우주는 특이점의 갑작스러운 팽창에서 생겨났다. 팽창이 일어날 당시엔 특이점 외에는 공간도 시간도 물질도, 아무것도 없었다. 빅뱅에 대해 그 누구도 사고할 수 없고, 그 어떤 언어로도 설명하고 소통할 수 없는 이유다. 이 말은 빅뱅이라는 용어 자체가 하나의 은유라는 의미다. 우리는 지각·상상·사고·표현할 수 없는 현상을 지각·상상·사고·표현할 수 있는 현상인 '대폭발'이라는 은유적 표현을 통해 상상하고, 사고하고, 표현하고 또한 소통한다.

오늘날 우주의 발생을 설명하는 표준 이론으로 받아들여지는 팽창이론inflation theory은 이처럼 처음부터 빅뱅이라는 은유적 표현과 사고를 기반으로 한 것이었다. 도식화하면 다음과 같다.

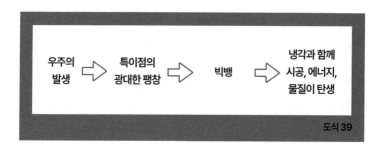

우주의   특이점의   냉각과 함께
발생   ⇨   광대한 팽창   ⇨   빅뱅   ⇨   시공, 에너지,
                                        물질이 탄생

도식 39

빅뱅은 자연과학에서 은유가 무슨 역할을 어떻게 하는가를 보여준 또 하나의 사례일 뿐이다. 이제 다른 사례 하나를 더 살펴보자!

은유와 다중우주

다음은 안드레이 린데A. Linde와 리 스몰린L. Smolin 같은 물리학자들이 지지하는 다중우주론이다. 다중우주론자들에 의하면, 우주 만물의 근원인 소립자장—이들 학자는 이것을 보통 퍼텐셜

potential이라 부른다—은 약 10^{500}개로 추정되는 아주 작은 진공상태의 시공거품space-time bubble을 포함한다. 그런데 어느 순간 이 시공거품들이 빅뱅을 통해 팽창하여 각각 하나의 우주로 발전한다. 이 무수한 우주들이 이른바 다중우주인데, 그 가운데 초기 상태가 '우연히' 우리가 사는 데 적합하게 발생하도록 조율된 하나로 팽창해서 지금 우리가 사는 우주가 된 것이다. 이 같은 우주들의 팽창은 마치 바다에서 물거품이 생겼다가 사라지듯 시작도 끝도 없는 연속 과정이다. 그 때문에 퍼텐셜은 자주 '부글부글 끓는 죽'이나 '거대한 바다'에 비유된다.

그런데 여기에서 잠시 생각해보자. 앞의 설명에서 '소립자장'과 '진공상태'는 물리학적 용어다. 그러나 그 외에 '퍼텐셜', '시공거품', '빅뱅' 등은 모두 은유적으로 표현한 용어다. 왜냐하면 이들 용어가 지시하는 개념은 우리가 지각하거나 상상할 수 없는 대상 또는 현상이기 때문이다. 그래서 과학자들은 '부글부글 끓는 죽', '거대한 바다'와 같이 우리가 지각하고 상상할 수 있는 대상을 지시하는 용어를 통해 은유적으로 표현할 수밖에 없었다. 여기에서도 다시 한번 확인할 수 있는 사실이 천체물리학은 처음부터 은유와 함께 시작되었다는 것이다.

다중우주론을 은유 패턴에 맞춰 도식화하면, 다음과 같다.

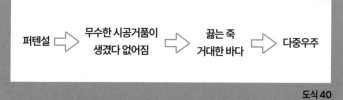

여기에서 하나 묻자. 어떤가? 그럴듯한가? 아마 아닐 것이다. 무엇보다도 초기 상태가 우연히 우리가 사는 데 딱 알맞은 '우주적 물방울'이었다는 것이 아무래도 의아하다. 과학이란 본디 우연을 허락하지 않는 학문이 아니던가?

그런데 영국 왕립천문대의 대장이자 블랙홀의 권위자인 마틴 리스Martin Rees 박사가 흥미로운 은유를 사용해 이 문제에 대해 답했다. 그는 무한한 종류의 옷이 진열된 옷가게를 상상해보라 한다. 누구든 그 옷가게에 들렀다면 당연히 자신의 몸에 딱 맞는 옷을 찾을 수 있을 것이며 이는 우연이 아니고 필연이라는 것이다. 마찬가지로 수많은 우주 중 생명체에 적합한 우주도 있기 마련이며, 우리가 그 우주에 살고 있다는 것이다.[12]

다중우주론은 이처럼 그 전체가 '시공거품', '우주적 물방울', '부글부글 끓는 죽', '거대한 바다', '무한한 종류의 옷이 진열된 옷가게'와 같은 은유적 표현으로 이뤄져 있다. 이 말은 은유적 표현과 사고를 빌리지 않으면 이 이론을 설명하기가 아예 불가능하다는 뜻인데, 여기에서 그 모두를 살펴볼 수는 없다. 그러므로 그 가운데 여전히 믿기 어렵지만 매우 흥미로운 리스 박사의 '옷가게 은유'를 골라 은유 패턴에 맞춰 분석해보자.

다중우주의 본질은 '무수한 개수의 우주를 포함한다'라는 것이다. 이를 형상화한 것이 '무한한 종류의 옷이 진열된 옷가게'다. 그리고 그것으로부터 이끌어낸 창의가 '우리에게 적합한 우주가 존재하고 우리가 그곳에 산다'라는 것이다. 우리는 리스 박사가 한 은유적 사고를 〈도식 41〉과 같이 나타낼 수 있다.

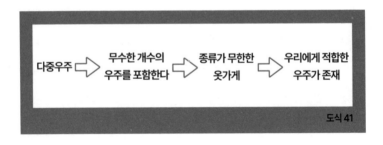

도식 41

은유는 이처럼 자연과학에서도, 사고할 수 없는 것을 사고할 수 있게 하고, 이해할 수 없는 것을 이해하게 하고, 설명할 수 없

III.

는 것을 설명하게 한다.

은유와 모형

천체물리학과는 반대로, 다루는 대상 또는 현상이 '너무 작아' 지각할 수 없거나 상상하기 어려워 은유적 표현과 사고의 힘을 빌리는 과학 분야도 많다. 특히 화학, 유전공학, 면역학, 양자역학 등이 그렇다. 숱한 사례가 있지만, 각 분야에서 이해하기 쉬워 널리 알려진 것만 한둘씩 골라 살펴보고자 한다.

브라운 교수의 《과학의 은유—진리 만들기》에 의하면, 다른 무엇보다도 우리가 화학 수업에서 자주 보는 분자모형이 대표적인 '은유적 표현물'이다. 우리는 그것들에 익숙해져서 종종 그것이 은유라는 사실 자체를 깜빡 잊는다. 브라운 교수는 '메탄분자모형'을 예로 들었는데, 그 모형에는 적어도 두 가지 은유적 사고가 들어 있다. ① 원자가 구ball 형체로 그려졌다는 것, ② 화학적 결합이 단단한 막대rigid rod로 묘사되었다는 것이 그렇다.

'메탄분자모형'을 유심히 보면, 모형 속의 수소와 탄소 원자들이 예컨대 원이나 사각형이 아니라 당구공과 같은 구로 되어 있

메탄(CH₄)

다. 브라운 교수는 그것은 우연이 아니고 원자들이 3차원 구조를 지니고 있음을 보여준다고 한다. 또한 원자들의 화학적 결합이, 예컨대 느슨한 선이 아니라 단단한 막대로 만들어진 것 역시 우연이 아니라, 서로 연결된 두 원자가 특별한 때를 제외하면 항상 고정된 거리를 유지한다는 점을 알려준다고 한다.[13]

따라서 누구든 이와 같은 모형을 보면, 그것에서 메탄분자가 3차원 구조를 지녔으며 구성 원자들 간에 일정한 거리를 유지한다는 점을 떠올릴 수 있다. 그래야 다양한 실험의 진행과 결과를 이해하고 설명하고 소통하는 데에 도움이 된다는 것이다. 그렇다면 우리는 메탄분자모형에 담긴 은유적 사고를 다음과 같이 분석해볼 수 있다.

'메탄분자'가 원관념이고, 그것의 본질은 '탄소 1개와 수소 4개로 구성된 화합'에 있다. 그것을 형상화한 보조관념이 '메탄분자 모형'이고, 그것에서 '메탄분자가 3차원 구조를 지니고 있으며, 구성 원자 간에 고정된 거리를 유지하고 있다'라는 새로운 이해와 설명을 이끌어낼 수 있다. 도식화하면 다음과 같다.

메탄
분자 → 탄소 1개와
        수소 4개의
        화합체 → → 3차원 구조
                    원자들 사이에
                    일정한 거리 유지

도식 42

어디 메탄분자뿐이겠는가. 우리는 은유적 표현물인 다양한 분자모형을 매개로 화학적 현상을 이해하고 새로운 사고를 이끌어내며, 다른 사람에게 설명하고 또 학생들에게 교육한다. 따라서 일반적으로 과학과 '모형'의 관계는 은유적 사고와 '이미지'가 가진 관계와 같다. 따라서 그 중요성은 아무리 강조해도 부족하다.

존 길버트John Gilbert, 1940~2020 리딩대학교 명예교수와 뉴질랜드의 과학 교사였던 로버트 오스본Robert Osbourne은 과학에서의 모형의 기능과 그 필요성을 다음과 같이 규정했다.

1) 첫째, 모형은 어떤 형상에 대해 단순화한 형태로 설명할 수 있게 함으로써 그 현상의 특징에 주의를 집중하게 한다.
2) 둘째, 모형은 어떤 형상에 대한 시각화와 상상적 투영을 지원함으로써 연구를 자극한다.[14]

옳은 말이다. 이렇게 함으로써 성공한 대표적 예 가운데 하나가 하버드대학의 생물학 교수를 지낸 제임스 왓슨James Watson과 영국의 분자생물학자 프랜시스 크릭Francis Crick, 1916~2004이 만든 'DNA 이중나선 모형'이다.

은유와 DNA 이중나선 모형

DNA는 1860년대 스위스 생리화학자 프리드리히 미셰르가 처음 발견했다. 이후 1940년대부터는 그것이 유전정보를 다음 세대로 전달하는 물질이라는 사실을 증명하는 흥미로운 연구 결과들이 발표되었다. 왓슨과 크릭이 DNA 구조를 밝히는 연구를 시작하던 풋내기 과학자 시절에도 당시 이미 저명한 과학자였던 라이너스 폴링을 비롯해 모리스 윌킨스, 로잘린 플랭클린 같은 뛰어난 과학자들이 경쟁적으로 이 연구에 몰두하고 있었다. 훗날 노벨화학상(1954)과 노벨평화상(1962)을 받은 폴링은 DNA의 구조가 '삼중나선' 모양이라고 주장했는데, 왓슨과 크릭을 포함한 당시 학자들 대부분이 그것을 믿었다.

그러나 크릭의 제자였던 왓슨이 우연한 계기에 플랭클린이 촬영한 DNA의 X선 회절 사진을 보고 DNA가 '이중나선The Double Helix' 모양일지도 모른다는 생각을 문득 떠올렸다. 그리고 크릭과 함께 당시까지 알려진 실험적 결과를 모두 모아 이중나선으로 된 DNA 모형을 제작하기 시작했는데, 그것이 신의 한 수였다.

모형을 제작하는 과정에서 왓슨과 크릭은 그동안 몰랐던 새롭고 결정적인 사실들을 알아낼 수 있었다.* 이를 바탕으로 두 사람은 1953년 3월 7일에 마침내 실제 높이 약 180센티미터의 DNA 모형을 완성했다.

왓슨과 크릭이 만든 DNA 이중나선 모형, 1953   사진 1

그리고 불과 3주 뒤에는 DNA의 구조가 이중나선형이라는
내용을 밝힌 128행의 짧은 논문 〈핵산의 분자구조: 디옥시리보
핵산의 구조〉를 〈네이처〉(1953년 4월호)에 발표했다. 9년 뒤인

---

* 왓슨과 크릭이 모형을 만들면서 새롭게 알아낸 중요한 사실은 대강 이렇다. ①DNA
의 뼈대는 바깥쪽에 존재하며, 안쪽에서는 염기(A, T, G, C)들이 존재해야 한다는 것,
②아데닌(A)은 티민(T)과, 구아닌(G)은 시토신(C)과 쌍으로 수소결합을 한다는 것, ③
그 같은 형태로 염기쌍을 이루기 위해서는 염기쌍이 '사다리의 발판'과 같은 형태가 돼
야만 한다는 것, ④이때 바깥쪽 두 가닥의 DNA 뼈대는 서로 반대 방향을 향해야 한다는
것 등이다.

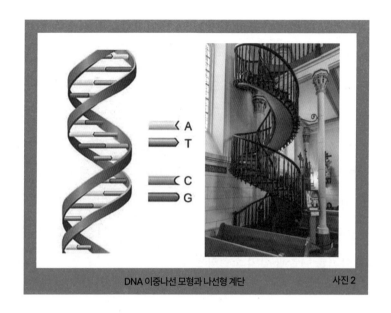

DNA 이중나선 모형과 나선형 계단   사진 2

1962년에는 무명이던 두 과학자가 윌킨스와 함께 노벨 생리의
학상을 수상했다.[*]

여기서 우리가 주목하고자 하는 것은 왓슨과 크릭이 만든 것이
DNA의 은유적 표현물인 '모형'이라는 점이다. 두 사람은 마치
'새끼줄'처럼 세 가닥이 꼬아진 폴링의 삼중나선형 구조에서는

---

[*] 왓슨이 DNA의 이중나선 구조를 착상하는 데에 결정적 계기가 된 X선 회절 사진을
촬영한 여성 과학자 로잘린 프랭클린은 1958년 백혈병으로 세상을 떠나 살아 있는 사
람에게만 상을 주는 스웨덴 한림원의 관례에 따라 노벨상에서 제외됐다.

원자가 너무 촘촘히 붙어 있어 DNA가 어디에 어떤 식으로 유전정보를 지니고 있는지를 설명할 수 없다는 것을 알고 있었다. 그래서 왓슨과 크릭은 마치 '꼬아진 사다리'나 '나선형 계단'같이 두 가닥으로 된 이중나선 구조를 구상했고, 그것에서 유전정보들이 아데닌(A)은 티민(T)과, 구아닌(G)은 시토신(C)과 쌍을 이루어 사다리 또는 계단의 '발판'을 형성하고 있다는 창의적 발상을 이끌어낸 것이다.

우리는 왓슨과 크릭이 DNA 이중나선 모형을 만들 때 한 은유적 사고를 다음과 같이 도식화할 수 있다.

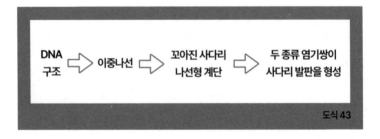

도식 43

왓슨과 크릭이 만든 DNA 이중나선 모형은 한낱 은유적 표현물인 모형이 과학에서 무슨 일을 할 수 있는가를 보여준 매우 획기적인 사례라 할 수 있다. 만일 그들이 모형을 만드는 작업을 하지 않았더라면—다시 말해 지각할 수 없는 추상적 대상을 지각할 수 있는 구체적 이미지로 형상화하는 은유적 사고를 실행하지 않았더라면—세상을 뒤흔든 그들의 논문은 나오지 않았거나 매우 늦어졌을 것이기 때문이다.

DNA 구조를 밝히는 연구에서 왓슨, 크릭과 경쟁했던 라이너스 폴링이 "모형이 지닌 가장 큰 가치는 새로운 생각의 탄생 과정에 기여한다는 것이다"라고 주장한 것이 그래서다. 브라운 교수도 《과학의 은유—진리 만들기》에서 같은 말을 "모형 덕택에 우리는 다른 방법으로는 직접적인 물리적 중요성을 찾기 어려운 실험 결과를 구체적이고도 익숙한 물질을 이용하여 쉽게 이해할 수 있다"[15]라고 했다. 그런데 가령 우리가 두 사람의 진술 가운데 들어 있는 '모형'이라는 용어를 '은유'로 바꾼다 해도 내용은 조금도 달라지지 않는다. 과학에서 사용하는 모든 모형이 곧 은유이기 때문이다.

왓슨과 크릭이 모형을 통해 얻어낸 'DNA의 구조는 꼬아진 사다리'라는 은유적 사고와 그것의 표현인 DNA 이중나선 모형이 오늘날 우리가 유전공학이라 부르는 과학의 문을 활짝 열었다. 시작부터 그러니 은유와 유전공학의 관계가 어찌 여기서 그쳤겠는가. 내친김에 한두 사례를 더 골라 살펴보자.

은유와 유전공학

유전공학은 여느 다른 분야 못지않게 은유를 토대로 한 자연과학이다. 당신도 최소한 한두 번은 들어보았을 '이기적 유전자', '유전자 가위', '유전자 편집' 등과 같은 용어가 모두 은유적 표현이다. 그중에서 우리는 유전공학자들이 통상 DNA를 'A, T, G, C라는 문자로 쓰인 책'으로 간주하는 은유를 통해 연구하고 소통하는 사례를 먼저 살펴보고자 한다. 예컨대 미국 국립보건원 NIH 원장이자 게놈 프로젝트Genome Project 책임자였던 프랜시스 콜린스Francis S. Collins 박사는 게놈 지도를 다음과 같이 은유적 표현을 사용해 설명했다.

> 이것(게놈 지도)은 역사서, 즉 우리 종의 시간여행에 관한 서사다. 이것은 모든 인간 세포를 만드는 데 필요한, 믿기 힘들 정도로 상세한 청사진을 담은 정비지침서다. 그리고 이것은 공중보건 제공자들한테는 질병을 처치하고 예방하고 치유하는 데 엄청나게 새로운 힘을 제공하는, 통찰을 갖춘 변형된 의학서다.[16]

게놈 지도genome map가 인류의 '역사서'이고, '정비지침서'이며,

'의학서'라는 것인데, 콜린스 박사가 이 같은 다중은유적 표현을 사용해 강조하고 싶은 것은 게놈 프로젝트의 필요성과 중요성 이다. 그런데 우리는 시리즈 2권 1부와 3부에서 시와 노랫말을 다루며 다중은유적 표현의 구조에 대해 이미 여러 번 살펴보았 다. 그러므로 이에 대한 자세한 분석과 설명은 건너뛰고 곧바로 도식화를 해보면 다음과 같다.

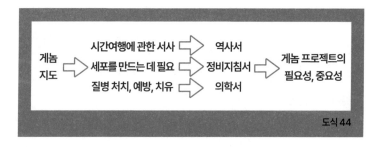

도식 44

근래에 그것과 연관된 윤리적 문제와 함께 주목받고 있는 '유 전자 가위'와 '유전자 편집'은 또 어떤가?

당신도 알다시피 유전자 가위gene scissor란 인간 또는 동식물 세 포의 유전자를 교정하기 위해 해당 부위의 DNA를 잘라내는 일 종의 인공효소를 가리키는 용어다. 유전자 교정은 미리 특정하 게 조작된 인공효소가 유전체에서 특정한 DNA 구간을 절단하

면 그다음에 원하는 유전자를 빼거나 더하는 방식으로 이루어
지는데, 유전공학자들은 이 과정을 유전자 편집genome editing이라
한다.

한마디로 유전자 가위는 우리가 일상적으로 생각하는 가위가
아니고, 유전자 편집도 우리가 보통 문서나 영화 필름을 재구성
한다는 뜻으로 사용하는 편집이 아니다. 단지 그것들이 하는 역
할이 유사하다는 점을 근거로 만들어낸 은유적 표현일 뿐이다.
그렇다면 이들 각각에 들어 있는 은유적 사고를 분석해 도식화
하는 일은 이제 당신도 쉽게 해낼 수 있다. 그러니 이번에는 당
신에게 맡기고자 한다. 지금 당장 해보라! 과학에서 은유적 사고
를 훈련하는 데 큰 도움이 될 것이다.

어떤가? 해보았는가? 만일 당신의 은유 분석이 〈도식 45〉와

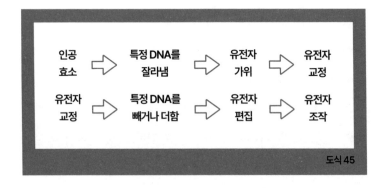

도식 45

III.

같거나 유사하다면, 성공한 것이다.

다루는 대상이 너무 작아서 은유적 표현과 사고의 힘을 빌리지 않고는 생각을 이어나갈 수도 없고, 다른 사람에게 설명할 수도 없는 또 하나의 과학 분야가 양자역학quantum mechanics이다.

은유와 양자역학

양자역학은 1900년 12월 14일에 개최된 독일물리학회에서 막스 플랑크Max Planck, 1858~1947가 빛에너지가 물처럼 연속적으로 흐르지 않고 마치 입자(알갱이)처럼 '띄엄띄엄' 방출된다는 가설을 발표하면서 시작되었다. 오늘날 플랑크의 복사 법칙($E=hv$, E: 에너지, h: 플랑크 상수, v: 진동수)이라 불리는 이 가설을 설명하면서 그는 '양자quanta'라는 개념을 처음으로 사용했는데, 이것이 이 분야의 연구들이 '양자역학'이라는 이름으로 불린 계기가 되었다.

빛에너지를 입자로 보는 플랑크의 가설은 1905년에 발표된 아인슈타인의 광전효과 실험으로 증명되어 광양자설로 이어졌다. 앞에서 이미 설명했듯이, 광전효과란 빛의 입자성 때문에 임의의 금속에 빛을 쏘았을 때 금속에서 전자가 마치 충돌한 당구

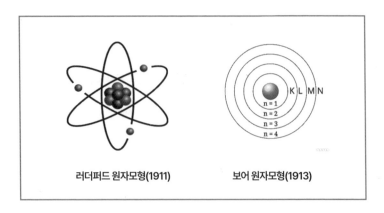

러더퍼드 원자모형(1911)　　　　　보어 원자모형(1913)

공같이 튕겨 나가는 현상을 가리킨다. 아인슈타인을 통해 증명
된 빛의 입자성은 이후 러더퍼드와 보어가 원자모형을 구상하
는 토대가 되었다.

　영국의 물리학자 어니스트 러더퍼드Ernest Rutherford, 1871~1937가
1911년에 제안한 원자모형은 마치 태양계처럼 한가운데 원자핵
이 있고 그 주위를 전자들이 궤도를 이루면서 회전하는 형태였
다. 그것을 1913년에 덴마크의 닐스 보어Niels Bohr, 1885~1962가 수정
해 새로운 원자모형을 제안했는데, 보어는 원자모형이 제대로
작동하기 위해서는 전자의 회전궤도가 어디에서나 허용되는 것
이 아니라 띄엄띄엄 떨어진 몇 개의 정해진 궤도(K, L, M, N: 전자
껍질이라고도 한다)에서만 가능하다고 주장했다.

이후 양자역학의 전성기가 열려 새로운 이론들이 마치 막혔던 둑이 터진 것처럼 쏟아져 나왔지만, 우리는 우선 여기까지만 끊어서 생각해보자. 지금까지 확인했듯이, 자연과학에서 은유적 표현과 사고는 '너무 크거나 너무 작아서' 우리가 지각할 수도 없고 상상할 수도 없는 대상을 선명하고 구체적인 이미지로 형상화해 보여줌으로써 새로운 이해와 연관된 새로운 이론 또는 의사소통을 이끌어내는 역할을 담당한다. 이런 관점에서 보면, 양자역학 역시 그 출발부터가 은유다.

플랑크가 빛에너지가 띄엄띄엄 불연속적으로 방출된다는 현상을 설명하기 위해 사용한 '양자'라는 용어가 사실 은유적 표현이다. 그리고 이것이 아인슈타인의 광전효과 실험으로 이어졌다. 이는 〈도식 46〉과 같이 나타낼 수 있다.

1920~1930년대는 양자역학의 황금기였다. 거의 해마다 노벨

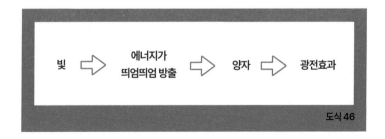

도식 46

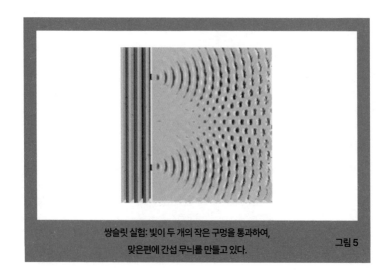

쌍슬릿 실험: 빛이 두 개의 작은 구멍을 통과하여, 맞은편에 간섭 무늬를 만들고 있다.

그림 5

물리학상 수상자들이 이 분야에서 나왔다. 그렇다고 해서 고민이 없었던 것은 아니다. 그중 가장 큰 골칫거리가 빛이 입자냐 파동이냐 하는 문제였다. 왜냐하면 아인슈타인이 빛이 입자라는 것을 증명하기 거의 100년 전인 1803년에 영국의 물리학자이자 고고학자이며 의사였던 토머스 영Thomas Young, 1773~1829이 쌍슬릿 실험을 통해 빛이 '파동'임을 이미 증명했기 때문이다.

이 실험은 〈그림 5〉에서 보듯이, 광원과 스크린 사이에 가림판을 두고 두 개의 바늘구멍만 한 구멍을 뚫어놓으면, 구멍을 통과한 빛이 맞은편 벽에 두 개의 조그만 밝은 원을 만드는 것이 아니라, 마치 파동처럼 서로 간섭을 일으켜 명암이 교차하는 띠를 만든다는 것을 보여준다.

뒤이어 1865년에는, 19세기에 전기·자기·광학 이론을 종합한 영국의 물리학자 제임스 맥스웰James Maxwell이 빛은 고주파수의 전자기파라고 주장했고, 이는 이듬해에 독일의 물리학자 하인리히 헤르츠Heinrich Hertz에 의해 실험으로 증명되었다. 이로써 빛의 파동설이 정설로 굳어졌는데, 이때 과학자들이 했던 은유적 사고를 도식화하면 다음과 같다.

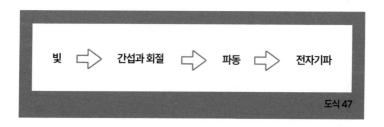

도식 47

아인슈타인도 이렇게 전개되어온 빛의 파동설에 대해 잘 알고 있었지만, 그것에 연연하지 않고—그 이유는 앞의 '은유와 유추'에서 이미 살펴보았다—광전효과 실험을 통해 빛의 입자성을 증명해 1921년에 노벨물리학상을 받았다. 그렇다고 해서 문제가 해결된 것은 아니었다. 오히려 더 커졌다. 왜냐하면, 당시 물리학 이론의 지평에서는 어떤 것이 입자이면서 동시에 파동일 수가 없었기 때문이다.

이때 프랑스 귀족 출신으로 중세사학자가 되려는 꿈을 가졌던 루이 드브로이가 나섰다. 그는 빛이 파동성과 입자성을 모두 갖고 있다면, 전자와 같은 물질도 이러한 이중성을 가질 수 있겠다는 생각으로 1924년에 '물질파'라는 은유적 개념을 토대로 한 논문 〈양자론의 연구〉를 발표했다. 그리고 2년 후인 1926년에 에르빈 슈뢰딩거가 물질파 개념에서 모든 종류의 전자운동에 적용할 수 있는 '파동방정식'을 이끌어냈고, 같은 해에 하이젠베르크가 행렬수학으로 같은 결과를 도출하고 '불확정성원리'를 발표해 양자물리학의 새 장을 열었다. 모두 은유적 사고의 소산이었고, 각각 노벨상을 받았다.

〈양자론의 연구〉를 발표할 당시 드브로이가 떠올린 은유적 사고를 〈도식 48〉과 같이 나타낼 수 있을 것이다

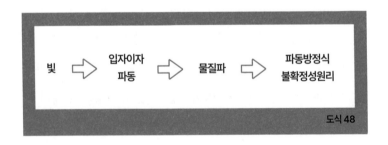

도식 48

이후 양자역학자들은 보어의 원자모형에 드브로이의 물질파 개념을 도입해 오늘날 우리가 사용하는 현대적 모형을 완성했다.

현대적 원자모형은 전자가 물질파이기 때문에 특정 전자의 위치와 운동을 정확하게 기술하는 것은 불가능하고 다만 어느 공간에서 전자가 발견될 확률을 알 수 있을 뿐이라는 점에서 보어의 원자모형과 다르다. 전자가 발견될 확률은 하이젠베르크의 행렬수학이나 슈뢰딩거의 파동방정식으로 계산할 수 있는데, 과학자들은 원자 내에서의 확률 분포를 '전자구름'이라는 은유적 표현으로 이름 붙여 소통하고 모형을 만들었기 때문에 그것을 '전자구름 모형'이라고 부른다.

원자의 구조에 관한 은유의 변천사

당신도 알다시피, 원자론은 세상 모든 물체가 더 이상 쪼개지지 않는 어떤 원소atom로 이루어졌다는 그리스 철학자 데모크리토스Democritus, 기원전 460~기원전 370의 주장으로부터 시작되었다. 그러나 현대물리학에서 말하는 '원자'는, 화학반응을 관찰하며 더 이상 분해되지 않는 가장 단순한 기체를 원자라고 부른 영국의 화학자 존 돌턴John Dalton, 1766~1844의 주장이 시발점이 되었다.

이후 영국의 물리학자 조지프 톰슨Joseph Thomson, 1856~1940이 전자를 발견하고는, 양전하로 이루어진 물질에 음전하로 이루어진 물질(전자)이 박혀 있는 원자모형, 이른바 '건포도 푸딩 모형'을 원자를 이루는 요소로서 제시하였다. 그리고 그것이 발전해 앞에서 소개한 러더퍼드와 보어의 '태양계 모형'을 거쳐 '전자구름 모형'이 완성된 것이다.

여기에서 우리는 당신이 원자 구조 자체가 은유적이라는 점, 게다가 모형이란 실재를 그대로 옮겨놓은 것이 아니라는 점, 그것은 추상적 개념을 구체적 이미지로 형상화한 은유적 표현물인 점을 다시 한번 떠올리기 바란다. 그렇다면 '원자모형의 변천사'라는 제목으로 《물리학 백과》에 실린 다음 이미지는 사실인 즉 '원자의 구조에 관한 은유의 변천사'를 그려놓은 것이라 할 수 있다.

은유는 이처럼 양자역학의 시작부터 그것이 발전해가는 모든 과정에서 '징검다리 역할'을 해왔다. 필요할 때마다 등장한 은유적 표현 때문에 양자역학이 한 걸음씩 앞으로 나아갈 수 있었다는 뜻이다. 이 밖에도 '하이젠베르크의 퍼텐셜', '슈뢰딩거의 고양이', '디랙의 바다', '왼손잡이 뉴트리노', '색깔과 향기의 쿼크', '현絃처럼 진동하는 초끈' 등 양자역학에서 사용되는 은유적 표

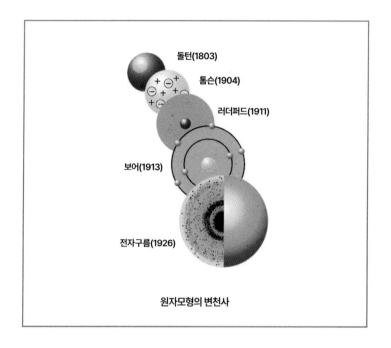

돌턴(1803)

톰슨(1904)

러더퍼드(1911)

보어(1913)

전자구름(1926)

원자모형의 변천사

현과 그것이 징검다리 역할을 한 예를 들자면 한이 없다.

한마디로 은유적 표현 없이는 양자역학도 없다 해도 결코 넘치는 말이 아니다. 거기 담긴 은유적 사고를 분석해 도식화하는 흥미로운 작업은 이제 당신에게 맡기고자 한다. 역시 당신의 은유적 사고를 훈련하는 데에 큰 도움이 될 것이다.

07. 은유로 자연과학-하기

은유로 자연과학 분석-하기를 마친 만큼 우리는 이제 은유 실습-하기, 곧 '우리가 자연과학에서 은유를 어떻게 사용할 것인가'를 살펴볼 차례다. 우리가 지금까지 다양한 사례로 확인해보았듯이, 그리고 앞에서 소개한 브라운 교수의 말대로 은유는 자연과학의 핵심이다. 새로운 실험을 위한 과학자의 번쩍이는 생각도, 관측 자료에 대한 멋진 발상의 해석도, 그런 생각과 결과물을 다른 사람과 소통하는 일도 은유의 사용 없이는 일어나지 않는다.

그렇다면 우리가 해야 할 일은 불 보듯 자명하다. 자연과학에서 은유를 되도록 자주 그리고 가능한 한 많이 사용하는 것이다. 먼저, 우리 자신이 이해하고 설명하기 어려운 자연과학적 대상과 현상을 은유를 통해 이해하고 설명하는 훈련을 하는 것이다. 그리고 우리의 아이들이 그렇게 하도록 교육하는 것이다. 그럼으로써 우리는 우리 자신과 아이들의 은유적 사고력을 함께 향상할 수 있다. 그리고 언젠가 우리 또는 우리의 아이들이 창의적인 발견과 발명을 하고 또 그것을 설득력 있게 설명하게끔 할 수 있다.

그런데 어떻게? 어떻게 우리와 우리의 아이들이 자연과학에서 은유를 되도록 자주 사용하게 할 수 있을까? 중요한 주제이지만, 이에 대한 세밀하고 구체적인 학습 과정을 탐구하는 일은 교육 전문가들의 몫이다. 그렇기 때문에 우리는 이 책을 쓰는 데에 참고했고 도움을 준 전문가들의 서적을 골라 각주에 소개하고,* 이 책에서는 다음 네 가지 방법을 권하는 것으로 만족하고자 한다.

형상화 훈련을 하라

첫째, '형상화 훈련을 하라'는 과학이 다루는 대상 또는 현상을

* 은유에 관한 일반적 이론에 대한 책으로는 레이코프와 존슨의 《삶으로서의 은유》, 《몸의 철학》을 꼽아야 하지만, 자연과학에서의 은유에 관한 저술로는 시오도어 브라운의 《과학의 은유—진리 만들기》, 캐럴 리브스의 《과학의 언어》, 김영민의 《과학교육에서 비유와 은유 그리고 창의성》을 추천한다.

'그리기'와 '모형 만들기' 같은 형상화 작업을 스스로 훈련하고 또 아이들에게도 교육하라는 것이다.

시리즈 1권에서 우리는 은유가 지닌 놀라운 창의력과 설득력이 보조관념으로 형상화된 이미지에서 나온다는 것을 알았다. 또한 우리는 앞에서 자연과학이 다루는 대상 또는 현상이 대부분 지각할 수 없고 상상하기도 어렵기 때문에 그것을 형상화한 모형의 힘을 빌린다는 것도 알았다. 이 말은 과학이 다루는 대상 또는 현상에 관한 그림과 모형은 그 자체가 은유적 표현이고, 따라서 그리기와 모형 만들기는 그 자체로 탁월한 은유적 사고 훈련임을 뜻한다. 과연 그런지, 우선 그리기에 대해 살펴보자.

루트번스타인 부부의 《생각의 탄생》에 의하면, 레오나르도 다 빈치나 찰스 다윈은 차치하고라도, 루이 파스퇴르, 조지프 리스터, 프레더릭 벤팅, 찰스 베스트, 앨버트 마이컬슨, 헨리 브래그, 메리 리키, 데즈먼드 모리스, 콘라트 로렌츠 등 위대한 과학자들이 모두 공식적인 미술교육을 받았다.[17]

왜냐고? 이에 대한 대답은 개미 연구로 명성을 얻은 하버드대학교의 생물학 교수 에드워드 윌슨E. Wilson이 했다.

그림을 그리면 사진을 찍을 때보다 훨씬 더 자신이 관찰하는 대상

III.

에 직접적으로 몰입하게 된다. 그림은 자신이 본 것을 재창조하는 것이지 단순히 기록하는 것이 아니다.[18]

분야를 막론하고 탁월한 과학자들의 이야기를 한마디로 요약하자면, '그려라, 그리지 못한 것은 보지 못한 것이다!'이다. 윌슨 교수의 말대로 그리기는 어떤 것을 보는 것이 아니라 어떤 것을 보이게 하는 작업이자 재창조하는 작업이다.

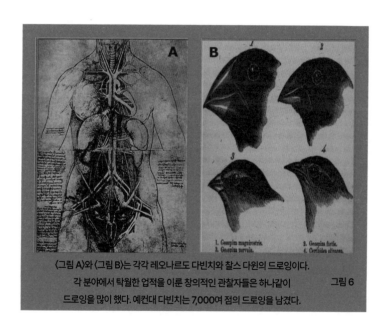

〈그림 A〉와 〈그림 B〉는 각각 레오나르도 다빈치와 찰스 다윈의 드로잉이다.
각 분야에서 탁월한 업적을 이룬 창의적인 관찰자들은 하나같이
드로잉을 많이 했다. 예컨대 다빈치는 7,000여 점의 드로잉을 남겼다.

그림 6

자연과학과 은유

물론 우리가 처음부터 빅뱅, 중력장, 다중우주, 또는 원자와 DNA 구조와 같이 자연과학에서 다루는 추상적 개념을 그림으로 형상화하는 작업이 쉬울 리 없다. 그래서 권하고 싶은 것이 '따라-그리기'다.

예컨대 과학교과서나 전문서적 또는 〈뉴턴Newton〉과 같은 양질의 과학잡지에 포함된 인포그래픽(삽화, 다이어그램)들을 '따라-그리기' 하는 것부터 시작하자. 1부에서 이미 언급했듯이 따라-그리기의 효과는 당신의 상상을 훌쩍 뛰어넘는다. 그것은 대상과 현상에 대한 이해를 새롭게 할 뿐 아니라 추상적 개념을 이미지로 형상화하는 방법—이것이 은유적 표현을 만드는 가장 중요한 작업이 아니던가!—을 훈련하게 한다.

만일 당신이나 당신의 아이가 여기에서 한발 더 나아가고 싶다면, 그래서 자연과학에 관한 창의력과 설득력을 더욱 향상시키고 싶다면, 글쓰기와 그리기를 함께 훈련하는 '자연관찰 일기nature journaling'를 쓰라고 권하고 싶다. 화가이자 교사이기도 한 클레이 워커 레슬리Clare Walker Leslie와 과학과 환경 교육자인 찰스 로스Charles Roth는 아름답고도 흥미로운 동식물 그림들로 가득 찬 자신들의 공저 《자연관찰 일기》에서 아동과 청소년에게 자연관찰 일기 쓰기를 강력하게 권했는데, 이 또한 같은 맥락이다.

두 저자가 말하는 '자연관찰 일기 쓰기'란 자신을 둘러싼 자연 세계를 관찰하고 이해하고 느낀 것을 정기적으로 그림과 글로 표현해 기록하는 일이다. 저자들은 자연관찰 일기를 쓰면 얻을 수 있는 이득을 아래와 같이 늘어놓았다.

과학적이고 심미적인 관찰력, 창조적이고 능숙한 글쓰기, 생각하고 관찰하는 것들의 얼개를 짜고 표현하기, 직관력과 분석력, 탐구심, 독창성, 통합력, 고찰, 침잠, 명상, 집중, 자가 치유, 자연과 사는

《자연관찰 일기》 표지와 본문 부분 　　　　　　　사진 3

곳에 대한 더욱 깊이 있는 이해, 함께 나누는 가족 체험, 새로 체험하는 것에 스스로를 열어놓는 길, 배우면서 발견하는 자기 자신의 목소리, 자신감과 자신을 표현하는 능력.[19]

물론 자연관찰 일기를 쓴다고 해서 위에 열거된 이득을 단번에 모두 취할 수는 없을 것이다. 그럼에도 불구하고 자연관찰 일기를 쓰는 것은 과학 탐구를 위해, 그리고 은유적 사고 훈련을 위해 다목적적이고 효율적인 교육임에는 의심할 여지가 없다. 같은 맥락에서 당신에게 또 하나 심중히 권하고 싶은 것이 '모형 만들기'다.

우리는 앞에서 메탄분자의 모형을 예로 들어 자연과학에서 모형이 어떤 기능을 하는가에 대해 알아보았다. 그리고 왓슨과 크릭의 DNA 모형이 그들의 성공에 어떤 역할을 담당했는지에 대해서도 살펴보았다. 모형은 우선 그것을 만드는 사람이 자신이 다루는 대상이나 현상을 완전히 이해하고 제어할 수 있게 한다. 또한 잘못된 부분, 부족하거나 넘치는 부분이 어디인지를 깨닫게 해준다. 자동차나 선박 또는 항공기 제작사에서 새로운 제품을 제작하려는 엔지니어, 제약회사에서 약품을 개발하려는 생화학자, 미니어처 건물을 만드는 설계사 등이 모형을 만드는

III.

것이 그래서다.

루트번스타인 부부의 《생각의 탄생》에는 다음과 같은 말이 나
온다.

만일 이 모형들이 제 기능을 한다면 그것은 새로운 예술적 아이디
어, 새로운 자동차, 새로운 약, 인간 행태에 대한 새로운 예측, 건축
스타일과 디자인에 대한 새로운 이해를 가능하게 할 것이며, 모형
제작자들은 그러한 것들을 완전히 익히게 될 것이다. 설사 모형이
제 기능을 하지 못한다 하더라도 제작과정을 통해 예상치 못했던
문제점을 발견하게 될 것이고, 이를 통해 모델링 작업의 원래 목적
을 보다 잘 이해할 수 있는 기회를 갖게 될 것이다.[20]

그렇다면, 망설일 이유가 조금도 없다. 그렇지 않은가? 그리
기와 모형 만들기는 과학의 발전, 과학교육의 향상 그리고 은유
적 사고에 더할 나위 없이 좋은 훈련이다.

분석하고 평가하라

둘째로 '분석하고 평가하라'는 미국 버틀러대학교의 영어학 교수 캐럴 리브스C. Reeves 교수가 《과학의 언어》에서 제시한 방법을 사용해보라는 것인데, 그는 신문·잡지·교과서에 실린 최신 과학 지문에서 은유적 표현을 찾아 그것이 적절한지 평가해보고 그렇지 않으면 적절한 표현을 직접 만들어보라 한다. 그리고 그런 은유를 사용한 목적이, 입증하기 위함인가, 모형을 제시하기 위함인가, 교육하기 위함인가, 또는 설명하기 위함인가를 찾아보라 한다.

다음은 리브스 교수가 예로 든 '실습 문제' 가운데 하나다. 그는 어느 면역학자가 쓴 텍스트에서 뽑은 글을 다음과 같이 제시하고, 글에 쓰인 은유들을 찾아 그 은유를 사용한 목적이 무엇인가를 밝혀보라 한다.

면역계가 여러분이 공격을 이겨내도록 어떻게 돕는지를 보여주는 사례 연구 하나를 제시하며 이 장을 마치기로 하자. (……) 우리 몸은 보이지 않는 적들에 대항해 내내 싸운다. 걷는 동안 당신의 발에는 상당수의 토양 박테리아가 묻는다. 그리고 못이 당신의 피부에 찰과상을 낸다면 수천 마리의 박테리아가 피부 속에 침투한다. (……) 그들[박테리아]의 대사산물은 여러분의 세포 기능에 개입하고 있다. 만일 그런 침공이 제지되지 않는다면 당신의 생명은 위협받을 것이다.[21]

우리는 당신이 아이와 함께 이 문제의 해답을 마련해보기 바란다. 당신에게는 자연과학에 들어 있는 은유를 익히는 또 하나의 유익한 훈련이, 아이에게는 좋은 교육이 될 것이다. 리브스 교수는 당신과 아이를 위해 친절한 도움말도 덧붙여놓았다. "전투 은유는 면역반응을 연구하는 면역학에서 표준적 은유다. (……) 면역세포가 몸에 침입한 바이러스, 박테리아들과 벌이는 상호작용은 여러 가지 의미에서 방어력과 공격력이 참여하는 전투와 같다"[22]가 그것이다. 요컨대 위의 인용문에는 '면역은 전투'라는 은유적 사고가 들어 있다는 것이다.

과연 그런지 보자. 인용문에서 '공격', '이겨내다', '적들', '싸우다', '침투', '침공' 등이 전투 은유에서 통상적으로 등장하는 표현이다. 그런 만큼 모두 적절하다 할 수 있다. 그리고 이 은유들은 모두 면역 기능을 설명하고 교육하는 것을 목적으로 한다. 자, 어떤가? 문제를 풀어보았는가? 어렵지 않았을 것이다. 당신의 아이도 마찬가지였을 것이다. 왜냐하면 사실상 리브스 교수가 제시한 문제를 푸는 일이 우리가 지금까지 훈련해온 은유적 사고를 추적해 분석하는 작업과 크게 다르지 않기 때문이다.

그래서 우리는 당신이 여기에서 그치지 않고 한발 더 나아가길 바란다. 우리가 항상 그랬던 것처럼 인용문에 들어 있는 은유적 사고를 패턴에 맞춰 도식화해보라. 그러면 인용문에 들어 있는 은유의 구조가 다음과 같이 또렷이 드러날 것이기 때문이다.

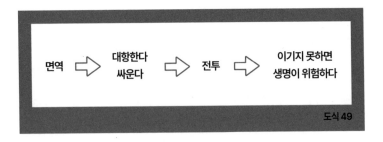

도식 49

만일 당신이 신문·잡지·교과서 등에 실린 자연과학 지문에서 은유적 표현과 사고를 찾아본다면 그것이 의외로 많다는 것을 곧바로 알 수 있을 것이다. 우리는 당신이 아이와 함께 그런 은유들을 골라서—리브스 교수의 말대로—그것이 적절한지 평가해보고 그렇지 않으면 적절한 표현을 직접 만들어본 다음, 그런

III.

은유를 사용한 목적을 찾는 훈련을 해보기를 권한다. 그리고 이어서 그것들을 은유 패턴에 맞춰 분석해보는 한편 도식화까지 해보기를 바란다.

'살아 있는 은유'를 개발하라

셋째로 '살아 있는 은유를 개발하라'라는 것이다. 폴 리쾨르의 《살아 있는 은유》로 널리 알려진 '죽은 은유'와 '살아 있는 은유'는 본디 니체의 용어다. '잠재 은유'라고도 하는 죽은 은유란 너무 오랫동안 사용해 화석화되고 고정관념화되어 진부하고 의미가 없어진 은유를 말한다. 예컨대 우리가 일상에서 사용하는 밥상머리, 책상다리, 의자의 팔, 달콤한 꿈, 눈물의 계곡 등이 그렇다. 반면에 살아 있는 은유는 세상에 나온 지 얼마 되지 않아 새로운 의미와 흥미를 지닌 은유, 리쾨르의 표현을 빌리자면 '부가가치added value'가 있는 은유를 말한다.

당신도 알다시피 훈련 또는 교육에서 중요한 것은 언제나 흥미다. 은유로 자연과학을 학습하는 일도 예외가 아니다. 현 교육 과정에서 사용하는 중고교 과학 교과서에도 은유를 통해 설명하는 내용이 드물지 않다. 파동의 형태는 '파도타기 응원', 에너지 보존은 '의좋은 형제', 에너지 전환은 '손오공의 변신', 에너지 전달은 '도미노', 눈은 '카메라' 등의 은유적 표현을 통해 설명하는 것이 그것이다.[23]

그중 자연과학에서 오래전부터 널리 사용되는 것 가운데 하나가 '전류는 물흐름'이라는 은유다. 맥스웰의 지지를 얻어 1890년대부터 서구와 미국 교과서에 등장한 이 은유는 전류를 물의 흐름으로, 전류의 세기를 흐르는 물의 세기, 도선은 파이프로, 건전지는 급수펌프로 표현해 설명한다.[24] 그러나 이런 은유는 오랫동안 자주 사용하다 보니 이미 진부해졌다. '죽은 은유'라는 뜻이다. 이런 은유로는 학생들의 흥미를 불러일으키기가 어려울 뿐 아니라 창의를 이끌어낼 수 없다. 그렇기 때문에 교육을 위해서라면 아이들의 흥미를 끌 만한 '살아 있는 은유'를 부단히 개발해야 한다. 다른 예를 하나 들어 설명하자면, 이렇다.

'세포는 공장'이라는 은유도 학교에서 선생님들이 과학 수업에서 자주 사용해온 것이다. 공장이라 하면, 아이들은 제품을 만드는 복잡한 건물을 떠올린다. 원자재가 들어가면 나중에 제품이 밖으로 나온다. 공장 내에서는 각자가 전문적 기능을 수행하여 공장 전체가 효율적으로 가동하도록 스스로 조절한다. 이 점

III.

에서 '세포는 공장'이라는 은유는 여전히 의미 있는 교육 효과를 기대할 수 있다. 하지만 이제는 너무 진부해져 아이들의 흥미와 상상력을 이끌어내는 데 한계가 있다.

그러나 예컨대 '세포는 아파트 단지'라고 바꾸면 상황이 다르다. 이 은유는 아이들에게 공장보다 더 친근한 이미지인 아파트 단지라는 보조관념을 통해 흥미를 이끌어낼 뿐 아니라, 세포의 기관과 기능에 대해 더 많은 이해와 상상력을 가져다주기 때문이다. 아래 그림을 보자.

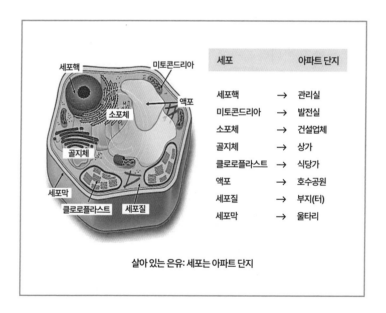

세포		아파트 단지
세포핵	→	관리실
미토콘드리아	→	발전실
소포체	→	건설업체
골지체	→	상가
클로로플라스트	→	식당가
액포	→	호수공원
세포질	→	부지(터)
세포막	→	울타리

살아 있는 은유: 세포는 아파트 단지

우리는 레이코프와 존슨을 따라 은유를 "하나의 정신영역을 다른 정신영역의 관점에서 개념화하는 방식"으로 규정해왔다. '세포는 아파트 단지'라는 은유는 세포라는 생물학적 개념을 아파트 단지라는 도시공학적 개념의 관점에서 개념화한 것이다.

즉, 세포를 아파트 단지로, 세포핵은 관리실로, 에너지를 생산하는 미토콘드리아는 발전실로, 단백질과 지방을 만들고 이동시키는 소포체는 건설업체로, 포도당을 만드는 클로로플라스트는 식당가로, 액포는 호수공원으로 표현하는 것 등이 그것이다. 교육에는 이처럼 새롭고 흥미로운 은유들을 새롭게 개발해 사용하는 것이 좋다. 살아 있는 은유는 아이들의 이해력과 기억력을 촉진할 뿐 아니라 과학에서의 창의적 사고력을 길러준다.

스토리텔링을 이용하라

마지막 넷째 방법은 역사에 남는 위대한 과학자들의 발명과 발견 사례에 얽힌 이야기들을 소개하며, 그 속에 담긴 은유적 사고를 아이들과 함께 찾아 분석해보는 것이다. 교육 효과가 특히 큰 방법이다. 아이들은 보통 위인들의 업적에 특별한 관심과 흥미를 보이기 때문이다. 당신도 알다시피, 과학의 발전을 이끈 위대한 학자들에게는 항상 특별한 이야깃거리가 따라다니며, 그중에는 우리가 이 책에서 말하는 은유적 사고와 연관된 것이 대부분이다.

앞에서 소개한 아인슈타인이 일반상대성원리를 발견할 때의 이야기나 더 시터르가 풍선으로 팽창하는 우주를 설명한 일화, 왓슨과 크릭이 DNA 구조를 발견할 때 있었던 이야기 등도 이에 속한다. 시중에는 천체물리학, 양자역학, 유전공학 등에서 탁월한 업적을 남긴 영웅들의 생애와 업적, 그리고 그에 딸린 일화들을 소개하는 서적들이 셀 수 없이 많다.

마이클 패러데이가 폭포수에서 피어나는 무지개를 바라보며 실재하지만 형태가 없는 전자기장electromagnetic field의 아이디어를 떠올렸다는 것, 독일의 화학자 케쿨레가 벤젠benzene의 구조식을 연구하던 중 꿈에 뱀 한 마리가 자신의 꼬리를 물어 고리를 만드는 것을 보고 탄소 6개와 수소 6개로 이루어진 벤젠의 고리형 구조를 밝혀냈다는 것, 러시아의 화학자 디미트리 멘델레예프가 낮잠을 자면서 꾼 꿈속에서 자신이 구상하던 주기율표periodic table를 봤다는 것 등이 널리 알려진 사례다.

따라서 이런 흥미로운 이야기들을 아이들과 함께 읽고, 과학자들이 발견과 발명을 했을 당시의 은유적 사고를 함께 분석해 은유 패턴에 맞춰 도식화해보라. 이런 훈련은 준비하기가 쉽고 내용이 흥미롭기도 하거니와 매우 유익하다. 여기서 우리는 한 가지 사례만 소개하고 넘어가고자 하는데, 1933년에 노벨물리학상을 받은 폴 디랙Paul Dirac, 1902~1984이 반입자론Anti-Particle Theory을 착상할 때의 이야기다.

뜨개질에서 나온 디랙의 '반입자론'

러시아 출신 물리학자 조지 가모프George Gamow, 1904~1968가 《물리학을 뒤흔든 30년》에서 전하는 바에 의하면, 디랙은 본래 전기기술자가 되려고 했다. 그런데 일자리가 없어 케임브리지 대학 물리학과 입학 시험을 보면서 양자물리학에 발을 들여놓게 되었다. 그런데 그는 타고난 이론물리학자여서 일상생활에서 일어나는 사소한 문제들까지 이론적으로 생각하길 좋아했다.

어느 날 디랙이 친구인 러시아의 물리학자 표트르 카피차Pyotr Kapitsa의 집을 방문했다. 물리학에 대한 이야기를 나누면서 디랙은 카피차의 부인 안나가 뜨개질하는 것을 힐끔힐끔 쳐다보곤했다. 그리고 자기 집으로 돌아갔다. 그런데 몇 시간 후 몹시 흥분해서 다시 돌아와 이야기했다.

"안나, 난 당신이 그 스웨터 짜는 것을 보다가 뜨개질에 관한 위상기하학을 생각해보았습니다. 나는 뜨개질에는 또 한 가지 방법이 있으며, 오직 두 가지 방법만이 있다는 것도 발견했지요. 하나는 당신이 사용한 방법이고, 다른 하나는 이렇게 뜨는 거지요."

디랙은 긴 손가락을 사용해서 그가 발명한 '새로운 방법'을 설명했다. 그러자 안나는 그가 발명했다는 새로운 방법은 여성이라면 누구나 다 아는 '거꾸로 뜨기'라는 것을 그에게 가르쳐주었다. 이때 디랙이 어떤 표정을 지었을지 궁금하지 않은가. 아마 멋쩍게 웃었을 것이다. 그는 천진하고 이론적이었다. 그래서 안나가 한 뜨개질에 대칭적인 뜨개질 방법을 수학적으로 구상해본 것이다.

디랙의 바로 그런 성격이 그에게 노벨상을 안겨준 반입자론을 만드는 데에 기여했다. 왜냐하면 어느 순간 디랙은 서로 대칭적인 두 가지 뜨개질법이 같은 스웨터 조직을 짜내듯 서로 대칭적인 입자의 운동이 같은 우주를 구성할 수 있다고 생각했을 것이기 때문이다.

당시 양자물리학은 상대성원리와 양자론을 통일하는 데 열중하고 있었다. 풀어야 할 문제 중 하나는 전자와 같은 입자를 수학적으로 다루는 슈뢰딩거의 파동방정식이나 디랙의 방정식에 필연적으로 개입하는 허수($i = \sqrt{-1}$)를 어떻게 해석하느냐 하는 것이었다. 디랙은 '거꾸로 뜨기'를 생각해냈던 것과 같은 천진한 마음으로 '반입자anti-particle'라는 대칭적 개념을 생각해냈다. 내용인즉 자연계의 한 입자가 실수의 값을 갖고, 그와 상반된 전하를 가진 반입자가 허수의 값을 갖는다는 것이다.

디랙의 논문이 발표되자, 이론적으로 모순이 없었음에도 대단한 비난과 반발이 있었다. "원자물리학의 교황"으로 불리며 코펜하겐학파를 이끌던 닐스 보어는 '코끼리를 생포하는 법'이라는 우화를 만들어 이 엉뚱한 이론을 냉소적으로 평가했다. 즉 코끼리들이 자주 물을 마시는 강기슭에 커다란 간판을 세우고 거기에 디랙의 반입자론을 써놓으면 코끼리들을 손쉽게 생포할 수 있을 것이라고 했다. 왜냐하면 코끼리가 물을 마시러 왔다가 간판에 쓰인 글을 보고 한동안 정신을 잃을 게 분명하기 때문이라는 것이다.

그러나 불과 1년여 뒤인 1932년에 디랙의 이론을 전혀 모르던 캘리포니아 공과대학의 칼 앤더슨C. Anderson이 반입자를 찾아냈다. 그는 강한 전자장 안을 지나가는 우주선의 전자를 연구하던 중 전자의 반은 음의 전하를 갖는 입자에서 예측되는 진로 방향으로 꺾였지만, 나머지 반은 정반대 방향으로 꺾이는 것을 발견했다. 디랙의 이론에 의해 예측된 '양전기를 띤 전자', 즉 양전자陽電子가 발견된 것이다. 그럼으로써 디랙의 반입자론은 가설이 아닌 정설로 인정되었고,* 이듬해 디랙은 노벨상을 받았다. 3년 후에는 앤더슨 역시 노벨상을 받았다.[25]

반입자론의 탄생에 관한 디랙의 이야기는 아이들에게 은유적 사고가 수학적 모형과 자연현상을 연결시켜 과학적 이론을 만든다는 사실을 흥미롭게 전해준다. 어디 그뿐인가. 이 이야기를 들으면서 우주의 구조에 대한 아이들의 상상력 또한 부쩍 자라날 것이다. 그렇지 않겠는가? 흥미와 상상력을 불러일으키는 것이 스토리텔링이 지닌 힘이다.

---

* 양전자의 발견으로 디랙의 이론이 완전히 증명된 것은 아니었다. 남은 문제들이 있었다. 그 가운데 중요한 것은 '음의 전하를 가진 양성자'의 존재를 증명하는 것이었다. 양자역학의 풀리지 않는 문제들을 설명하기 위해 꼭 필요했지만, 그것은 1955년에야 이루어졌다. 미국 캘리포니아 대학의 에밀리오 세그레Emilio Segrè, 1905~1989 교수와 동료들이 베바트론이라는 입자가속기에서 '음전기를 가진 양성자', 곧 음양자陰陽子를 발견했다. 세그레 교수는 1959년에 노벨물리학상을 받았다.

은유적 스토리텔링은 힘이 세다

〈그림 7〉을 보자. 중년의 여인이 마치 스웨터를 짜듯이 뜨개질을 하는 모습을 담은 이 그림은 캐나다 화가 파멜라 스웬슨Pamela Swainson의 〈풍경을 짜는 사람〉(2009)이다. 언뜻 보아도 여인이 짜고 있는 것은 스웨터가 아니다. 풍경이다. 그렇다면 머리가 희끗희끗한 이 여인은 평범한 노파가 아니다. 조물주다. 그러니 이 그림은 조물주와 그가 창조하는 자연에 대한 뛰어난 은유적 사고의 산물이다. 또한 그에 대한 흥미와 상상력을 불러일으키는 스토리텔링이다.

이 그림을 디랙이 반입자론을 구상할 당시 있었던 안나의 뜨개질 이야기와 연관해 다시 생각해보면 더욱 흥미롭다. 더 많은 상상력을 불러일으키기 때문이다. 풍경을 짜는 여인은 바로 뜨기로 자연을 창조하고 있을까, 아니면 거꾸로 뜨기로 풍경을 짓고 있을까, 그것도 아니면 한 번은 바로 뜨기로, 한 번은 거꾸로 뜨기로 우주를 만들고 있을까? 아마도 그림 속의 여인은 디랙의 방정식에 대해서는 아는 바가 전혀 없을 것이다. 하지만 안나처럼 거꾸로 뜨기를 해도 바로 뜨기를 했을 때와 똑같은 풍경이 만들어진다는 사실은 분명 알고 있을 것이다.

파멜라 스웬슨이 〈풍경을 짜는 사람〉을 그릴 때, 디랙의 반입
자론에 대해—특히 안나와 나누었던 뜨개질 방법에 관한 일화
에 대해—어느 정도라도 알고 있었는지에 대해서는 아는 바가
없다. 그러나 만일 디랙이 다시 살아와 이 그림을 본다면, 자신
이 반입자론을 구상할 때 했던 은유적 사고가 바로 이것이라며
좋아하리라 생각한다.

또한 우리가 아이들에게 반입자론을 설명할 때 그에 얽힌 스
토리와 함께 이 그림을 보여주면 아이들에게서 더 많은 흥미와

은유적 상상력을 불러일으킬 수 있으리라 믿는다. 과학 수업을 통해 아이들이 얻어야 할 정말 중요한 배움은 바로 이런 것이 아닌가? 이 시리즈 2권《은유가 만드는 삶》4부 '광고와 은유'에서 확인했듯이, 은유적 스토리텔링은 힘이 세다.

이제 우리는 이쯤에서 이 책의 3부, '자연과학과 은유'를 마감하고자 한다. 그런데 끝내기 전에 당신에게 꼭 당부하고 싶은 것이 하나 있다. 당신이 자연과학을 연구하거나 아이들에게 교육할 때 그것의 사회적 역할도 반드시 염두에 두어야 한다는 사실이다. 앞서 이 책의 1부와 2부에서도 은유적 표현과 사고로 구성된 인문학과 사회과학이 사회에 끼치는 심중하고도 장구한 영향에 대해 잠시 살펴보았는데, 그 이유는 은유가 우리의 정신을 지배하기 때문이다.

그런데 유전공학, 인공지능, 기후변화 문제 등에서 보듯이, 오늘날처럼 자연과학이 사회에 미치는 영향력이 막강할 때가 일찍이 없었다. 따라서 우리는 자연과학에서 은유를 사용할 때마다 다른 학문에서와 마찬가지로—아니 그보다 훨씬 더 엄격하게—그것이 우리의 삶과 사회에 미칠 영향을 함께 고려해야 한다. 은유가 자연과학의 핵심이라고 선언한 브라운 교수도 같은 맥락에서 "과학적 지식의 본성이라는 오래된 문제를 조망하려

는 어떤 시도든지 과학이 우선 사회적 과업이라는 사실을 고려
해야 한다"[26]라고 강조했다.

IV

정치와 은유

은유가 우리의 정신을 지배하고 있다는 말은 그것이 시와 노랫말 그리고 제반 학문뿐 아니라 일상생활까지 지배하고 있다는 의미다. 혹시 당신은 날마다 신문을 받아서 보는가? 그렇다면 당장 오늘 배달된 조간신문을 펼쳐보라. 면마다 실린 굵다란 제목부터 은유적 표현으로 가득할 것이다. 이 글을 쓰고 있는 지금 신문에는 "방역망 구멍", "코로나와의 끝나지 않는 전쟁", "경영권 다툼", "노조의 선전포고", "선거전, 중진들의 대결" 등의 문구가 대문짝만하게 실렸다. 모두 은유적 표현이다. 내일 신문에는 또 다른 은유들이 지면을 가득 메울 것이다.

　라디오와 TV 또는 인터넷과 SNS에서 들려오는 방송언어들도 마찬가지다. 심지어 신문기사 제목들이 "대문짝만하게 실렸다"라는 내 문장도 은유적이다. 알고 보면 우리의 일상은 은유로 시작해 은유로 끝난다. 은유가 "마음을 빼앗고, 서구를 지배하고, 독점하고 있으며, 우리는 거기에 거주하고 있다"라는 데리다의 말이 다시금 실감난다.

우리가 보기에는 우리의 일상 가운데 정치 분야가 특히 그렇다. 그래서 이제부터는 정치에서 은유가 어떻게 사용되며, 또 어떤 일을 하는가에 대해 살펴보고자 한다.

공감과 설득이 생명인 정치인들이 어찌 은유가 지닌 엄청난 설득력을 놓치겠는가! 고대 그리스에서 오늘날까지 정치가들의 말과 글, 특히 연설과 토론에는 은유적 표현이 어김없이 들어 있다. 우리는 보통 그것들을 별다른 생각 없이 흘려보내지만, 정치가 우리 삶과 사회에 미치는 막대한 영향력을 감안해보면 그래서는 안 된다.

우리는 정치인들이 은유적 표현을 사용할 때마다 귀를 기울여, 그것의 본질이 무엇이며 그것으로부터 어떤 새로운 생각들이 자연스레 이끌려 나오는지를 꼼꼼히 따져보아야 한다. 정치인이 아닌 우리가 왜 그런 성가신 일을 해야 하느냐고? 자칫하면 은유가 사람을 죽일 수도 있기 때문이다.

"지금 프랑스는 전쟁 중"

2001년 9월 11일 알카에다가 뉴욕 쌍둥이 빌딩을 공격하는 테러가 발생한 직후, 당시 미국 대통령 조지 W. 부시는 '테러와의 전쟁'이라는 표현을 처음으로 사용했다. 이어서 2002년 1월에는 북한·이라크·이란을 '악의 축'이라는 은유적 표현으로 규정하였다. 그 후 이라크의 대량살상무기WMD를 제거함으로써 자국민 보호와 세계평화에 이바지한다는 대의명분을 내세워 2003년 3월 20일 오전 5시 30분 바그다드 남동부 등에 미사일 폭격을 가함으로써 전쟁을 개시하였다. 작전명 역시 '이라크의 자유'라는 은유적 표현이었다.

이후 부시 행정부와 서구 언론들은 테러 단체로 지목된 집단이나 국가에 맞서는 군사적·정치적·법적 투쟁에 이런 은유적 표현들을 지속적으로 사용했다. 그럼으로써 '테러와의 전쟁'은 21세기 초에 만들어진 가장 유명한 정치적 은유이자 문화적 표현이 되었지만, 이 전쟁에서 미군 117명, 영국군 30명이 전사하고, 400여 명은 부상을 당하였다. 또 종군기자 10명 외에 민간인 1,253명 이상이 죽었고, 부상자도 5,100여 명에 달했다. 또한 최소한 2,320명의 이라크군이 전사했고, 1만 3,800여 명의 이라크군이 미군의 포로로 잡혔다.

2015년 11월 13일 프랑스 파리 곳곳에서 자살 폭탄 테러 및 대량 총격 사건이 일어났다. 이슬람 수니파 무장단체 이슬람국가IS가 자행한 이 테러로 사망자 130여 명과 부상자 300여 명이 발생했다. 사흘 후 16일, 파리 인근 베르사유궁에서 열린 상·하원 합동 연설에서 프랑수아 올랑드François Hollande 당시 프랑스 대통령은 "지금 프랑스는 전쟁 중"이며, 그 응징은 "무자비"할 것이라고 선포했다. 이어 "승리를 위해 미국과 러시아도 하나의 연합군으로 맞서 싸우자. 공화국 만세, 프랑스 만세"를 외치며 연설을 마쳤다.

그러자 900여 명의 여야 의원 모두가 기립해 박수를 쳤고, 누군가가 먼저 시작한 프랑스 국가 '라 마르세예즈'를 합창했다. 이튿날 권위 있는 일간지 〈르 피가로Le Figaro〉는 "무척 장엄한 장면이었다"라고 보도했고, 당선 후 바닥을 치던 올랑드 대통령의 지지율이 급상승했다.

정말이냐고? 그렇다! 그 이유는 테러 진압을 전쟁으로 형상화한 이미지가 사람들의—심지어는 그를 반대하던 야당 의원들에게서까지—비판적 사고를 철저히 차단했기 때문이다.

무고한 민간인들을 학살한 IS의 반인륜적 테러에 대한 대응이라는 점에서 무자비한 응징을 선포하는 올랑드 대통령의 연설은 열 번 이해하고 백번 공감할 수 있다. 그러나 '테러 진압'에 '전쟁'이라는 은유를 사용하는 것이 과연 옳은 일일까? 이전에 시리즈 1권에서 소개한 티보도-보로디스키 실험이 증명한 것처럼, 우리가 사용하는 은유가 우리의 추론 방식과 판단을 바꾼다면 그의 행위는 옳지도 바람직하지도 않다. 왜냐하면 테러 진압을 전쟁으로 규정할 경우, 승리를 위한 모든 종류의 폭력, 파괴, 학살 등이 정당화되고, 테러 진압에서 가장 중요하게 다뤄져야할 '사전예방 조치'와 '근본적 해결책'이 삽시에 시야에서 사라지기 때문이다.

부시 대통령이 만든 '테러와의 전쟁'과 올랑드 대통령이 사용한 '테러 진압은 전쟁'이라는 표현에 담긴 은유적 사고를 추적해 도식화해보면 다음과 같다.

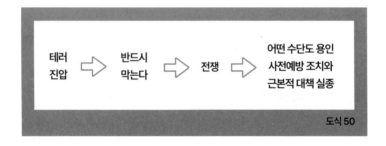

테러
진압 ⇒ 반드시
막는다 ⇒ 전쟁 ⇒ 어떤 수단도 용인
사전예방 조치와
근본적 대책 실종

도식 50

그러나 테러 진압은 전쟁과 그 성격이 전혀 다르다. 테러는 은폐되어 유동하는 위험이다. 언제 어디서 어떻게 일어날지 예측할 수 없다. 따라서 핵항공모함과 전폭기만으로 해결할 수 없다. 파리 테러에 앞서 이라크와 터키 당국이 테러에 관한 정보를 프랑스와 서방국가들에 여러 차례 제공했음에도 막는 데 실패했다. 이것이 테러에 대한 대응은 전쟁을 하듯이 경계, 살상, 파괴 위주로 실행하는 것보다는 오히려 바이러스 감염병에 대처하는 방역처럼 근본 원인의 제거와 사전예방 위주로 진행되어야 하는 이유다. 알아보기 쉽게 도식화하면 다음과 같다.

| 테러
진압 | ⇨ | 반드시
막는다 | ⇨ | 방역 | ⇨ | 사전예방 조치
근본적 대책 수립 |

도식 51

당시 상황을 되돌아보면, IS 섬멸 이후에도 서구에서 테러가 그치지 않았다. 시리아 내전과 아랍 이민자들에 대한 차별 대우와 같은 근본적 문제가 해결되지 않았던 탓이다.

올랑드 대통령의 이슬람국가와의 전쟁 선포 이후, 프랑스에서는 군·경 합동 대테러 경계 팀을 국가 주요 시설과 시민 밀집 지역에 배치해 안전 확보에 주력했다. 하지만 2016년에도 트럭으로 80여 명을 남녀노소 구별 없이 밀어버린 니스 테러, 노老성직자를 살해한 생테티엔 뒤 루브레 성당 테러와 같이 잔혹하고 끔찍한 테러가 연이어 일어났다.

그러므로 우리가 진정 테러 없는 세상을 원한다면 테러 진압을 '테러와의 전쟁'이라는 은유로 선포하는 것부터 바꿔야 한다. 그래야 비로소 테러에 근본적으로 대응할 수 있는 방안이 하나둘 머리에 떠오르기 시작할 것이기 때문이다.

바로 이것이 우리가 정치가들이 사용하는 은유에 촉각을 세우고 비판적으로 대응해야 하는 이유다. 또한 우리가 이제부터 8장에서 우선 이미 큰 성과를 거둔 정치적 은유들을 골라 분석하며 성찰한 뒤 이어 9장에서는 정치적 은유의 올바른 사용법을 고찰하고 훈련해야 하는 까닭이기도 하다.

08. 은유로 정치 분석-하기

제2차 세계대전의 영웅이자 1953년 노벨문학상 수상자인 윈스턴 처칠Winston Churchill, 1874~1965 경은 전쟁이 한창이던 1940년 5월 10일 총리에 취임했다. 같은 날 의회에서 그는 다음과 같이 연설했다.

"이 정부에 참여한 장관들에게 이야기했던 대로 의회에 말합니다. 내가 바칠 것은 피와 수고와 땀과 눈물밖에 없습니다. 우리는 가장 호된 시련을 앞에 두고 있습니다. 기나긴 투쟁과 고난의 세월이 우리를 기다리고 있습니다. 여러분은 우리의 정책이 무어냐 묻습니다. 나는 답할 수 있습니다. 그것은 땅에서 바다에서 하늘에서 전쟁을 수행하는 것입니다. 신께서 우리에게 허락한 모든 힘과 우리의 모든 능력을 다하여, 인류가 저지른 개탄스러운 죄악의 목록 가운데에서도 가장 극악한 폭정暴政과 맞서 싸우는 것입니다. 이것이 우리의 정책입니다. 여러분은 우리의 목적이 무엇이냐 묻습니다. 나는 한마디로 답할 수 있습니다. 그것은 승리입니다."

이 연설에서 처칠은 "피와 수고와 땀과 눈물"을 사전적 의미로 사용하지 않았다. 그것은 국가를 위한 '헌신과 희생'을 뜻하는 은유적 표현이다. 처칠은 "내가 바칠 것은"이라는 표현을 사용했지만, 사실상 그는 이 말을 통해 히틀러의 독일군과 싸우기 위한 영국민 모두의 자발적 헌신과 희생을 요구했다. 그런데 역설적이게도, 이 연설 이후 공포와 절망에 빠져 있던 영국민들은 용기와 희망을 품기 시작했고, 결국 승리했다.

제2차 세계대전을 승리로 이끈 다음, 처칠은 동유럽과 서방으로 확장하려는 스탈린의 공산주의와 힘겨운 싸움을 다시 시작해야 했다. 그는 1946년 봄에 협조를 얻어내기 위해 미국을 방문했다. 3월 5일 미주리주 풀턴의 웨스트민스터대학에서 행한 연설에서 처칠은 20세기에 가장 유명한 정치적 은유로 남은 "철의 장막Iron Curtain"이라는 표현을 처음으로 사용했다.

"지금 발트해의 스테틴으로부터 아드리아해의 트리에스테에 이르기까지 하나의 '철의 장막'이 유럽 대륙을 가로지르며 내려지고 있습니다. 바르샤바, 프라하, 비엔나, 부다페스트, 부크레슈티, 소피아 등 유명 도시들에 모스크바로부터의 경찰 지배가 확산되고 있습니다."

처칠은 소련과 동유럽 국가들의 폐쇄적이고 배타적인 대외정책과 경찰국가적 억압정책을 '철의 장막'이라는 은유적 표현으로 형상화했는데 그 효과가 대단했다. 이 연설은 트루먼 미국 대통령이 제2차 세계대전 이후 유지되어오던 미·소 협조 노선을 깨고, 반소련·반공산주의 노선으로 돌아서서 이른바 '트루먼 독트린'*을 실행하게 하는 데에 기여했다. 이후 '철의 장막'은 세계 정치무대에서 유행어가 되었다. 그리고 1949년부터는 중국의 폐쇄정책을 비난하는 "죽의 장막Bamboo Curtain"이라는 유사한 은유가 나와 역시 반중국·반공산주의 선전용어로 사용되는 효과도 낳았다.

* 트루먼 독트린Truman Doctrine은 제2차 세계대전 이후 냉전 시대에 공산주의 세력의 확대를 저지하기 위하여 자유주의를 원하는 국가들을 지원한 미국의 대외정책이다.

처칠의 정치적 은유

처칠이 사용한 '피와 수고와 땀과 눈물'과 '철의 장막'은 20세기 정치사를 바꿀 만큼 성공한 은유적 표현이라 할 수 있다. 각각에 담긴 은유적 사고를 분석해 도식화하면, 다음과 같다.

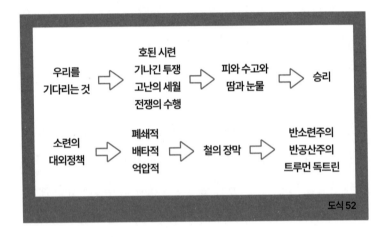

도식 52

이처럼 탁월한 은유적 표현을 사용해, 한 시대를 풍미하는 '정치적 유행어'를 만들어낸 것은 처칠의 타고난 문학적 재능이라고 할 수 있다. 그 외에도 처칠은 은유적 표현을 창출하는 다양한 기법을 연설에 이용했다. 간략히 정리하면 다음과 같다.

IV.

1) 처칠은 의인화를 가장 자주 사용했다. 정치에서 사용되는 비유 언어, 말뭉치 언어학, 인지 의미론 등을 연구해온 영국 UWE 브리스톨 언어학과의 조나단 챠테리스-블랙Jonathan Charteris-Black 교수의 《세상을 움직인 레토릭》에 따르면, 처칠이 사용한 은유적 표현의 39퍼센트가량이 의인화에 의한 것이다. 그는 주로 국가(영국, 프랑스, 독일, 일본), 정치집단(나치, 게슈타포, 노동당, 보수당), 사상(나치즘, 민족주의, 공산주의), 추상적 개념(역사, 자유, 운명, 정의)을 의인화해 표현했다.[1] 그 가운데 세 개만 예를 들자면 다음과 같다.

지금 그것(영국)의 파괴 앞에 홀로 맞서 있으며, 최악의 상황인 폭군(독일)의 힘과 증오를 마주하고 있습니다.(1940년 7월 14일)

프랑스가 기진맥진하였고 영국이 무력하여 어쩔 줄 모르고 있는 동안, 독일과 일본 그리고 이탈리아는 괴물같이 성장한 공격력으로 날뛰었기 때문입니다.(1943년 9월 3일)

깜박이는 등불을 들고 과거의 길을 따라 비틀거리며 걸어가던 역사는 그 같은 장면들을 새롭게 재건하려고 합니다.(1940년 11월 12일)

인용한 글만 보아도 처칠은 영국, 프랑스, 독일, 일본과 같은 나라를 의인화하여 사람에게나 붙이는 술어들—맞서 있다, (적과) 마주하다, 기진맥진하다, 무력하다, 어쩔 줄 모른다 등—을 사용했다. 특히 독일, 일본, 이탈리아 같은 나라는 '폭군', '괴물'로 표현했고, 역사에는 '등불을 들다', '비틀거리며 걸어가다', '새롭게 재건하다'와 같은 술어를 사용했다. 이와 같은 처칠의 연설 안에 들어 있는 은유적 사고를 도식화하면 다음과 같다.

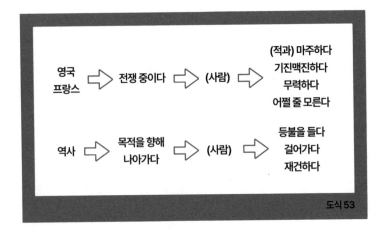

도식 53

'북클럽 은유' 시리즈 1권 《은유란 무엇인가》와 2권 《은유가 만드는 삶》에서도 설명했듯이, 의인화는 가장 시원적인 은유적 사고의 패턴 가운데 하나다. 그래서 고대인들의 언어와 예술품과 어린아이의 언어 또는 동시·동요에 자주 나타난다. 그런 만큼 대중의 머리와 가슴을 아주 쉽고 빠르게 파고드는 힘을 지녔다. 처칠이 그 점을 이용한 것이다.

2) 처칠은 '개념적 은유'를 사용해 은유적 표현을 창출했다. 시리즈 1권에서 소개했듯이 '개념적 은유'란 우리가 어린 시절부터 일상생활에서 자동적·무의식적으로 습득한 것들인데, 레이코프와 존슨 같은 현대 인지언어학자에 의하면 그것은 우리의 생각과 언어 그리고 행위 모두를 생성하고 이해시키고 또 재생산해내는 정신의 메커니즘이다. 뇌신경학적으로 보면 '빈번하게 함께 활성화되는 뇌신경들이 서로 연결되어' 뇌신경망을 형성함으로써 생겨난 은유적 사유의 패턴이다.

챠테리스-블랙 교수에 의하면, 처칠은 제2차 세계대전 (1939~1945) 내내 연설을 할 때마다 '여행 메타포'와 '빛과 어둠 메타포'라는 개념적 은유에서 창출된 은유적 표현을 가능한 한 자주 사용했다. 그가 집권한 1940년 한 해에 한 연설에서만 각각 세 개씩 골라 예를 들면 다음과 같다.[2]

그러나 우리는 그것들로부터 나아감에 대해, 즉 우리의 여행을 통해 앞으로 나아가고자 하는 열망을 가질 것이며, 해방이 달성될 때까지는 멈추거나 쉬지 않고 정의를 행할 것입니다.(1940년 1월 27일)

우리는 여전히 언덕을 올라가고 있습니다. 하지만 우리는 아직 그것의 꼭대기까지는 올라가지 못했습니다.(1940년 8월 10일)

승리로 향하는 길은 우리가 예상하는 것보다 길지 않을 수 있습니다. 그러나 우리는 그것에 대해 계산할 권리를 가지고 있지 않습니다. 그것이 멀든 가깝든, 힘들건 쉽건 간에 우리는 여행의 끝을 달성해야만 합니다.(1940년 8월 19일)

우리의 재능과 행위에 불을 지피고, 암울한 유럽에 구원의 진정한 횃불이 활활 타오를 때까지 우리는 자라나야 합니다.(1940년 1월 8일)

만약 얼어붙은 북녘땅에 자유의 빛이 아직도 환하게 타오르고 있다면, 그리고 그것이 끝내 사그라질 것이 분명하다면, 그것은 아마도 어둠의 시대가 다시 도래했음을 알리는 것이며……(1940년 1월 20일)

그러나 실패하지 않고 우리 모두가 믿음과 신념으로 생존하려고 노력합시다. 그러면 히틀러의 어둠의 저주는 우리 시대에 제거될 것입니다.(1940년 7월 14일 연설)

IV.

챠테리스-블랙 교수가 말하는 여행 메타포란 어떤 개인적 또는 사회적 목적에 이르는 과정을 우리가 익히 알고 있는 여행이라는 영역으로 개념화하는 은유적 사고를 뜻한다. 빛과 어둠의 메타포 역시 우리에게 익숙한 빛과 어둠이라는 이미지를 통해 선과 악, 희망과 절망, 생명과 죽음이라는 추상적 영역을 개념화하는 은유적 사고다. 도식화하면 다음과 같다.

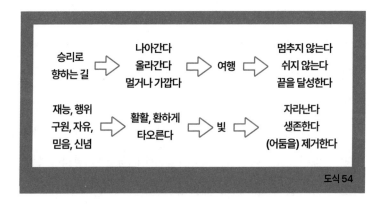

도식 54

처칠이 이처럼 개념적 은유에서 창출된 은유적 표현을 자주 사용했다는 것은 그가 누구나 어린 시절부터 일상생활에서 자동적·무의식적으로 습득해 익숙한 개념들로 대중들의 이해를 도왔다는 것을 의미한다.

1953년, 스웨덴 한림원은 처칠에게 노벨문학상을 수여하는 이유로 두 가지를 지목했다. 하나는 "역사적이고 전기적인 글에서 보인 탁월한 묘사"로, 처칠이 쓴 《제2차 세계대전》을 두고 한 말이다. 다른 하나는 "인간의 가치를 옹호하기 위한 눈부신 웅변술"이다. 그렇다. 처칠은 탁월한 설득력을 지닌 연설가였다. 그 힘으로 독일 나치의 침공과 소련의 공산주의 확장을 막아내는 데에 성공했다.

　그럼으로써 처칠은 자타가 공인하는 20세기 정치연설의 거장이 되었으며, 이후 숱한 정치인이 그의 정치연설을 전범으로 삼았다. 예컨대 백악관 집무실에 처칠의 흉상을 들여놓았다고 알려진 조지 W. 부시 전 미국 대통령은 연설 때마다 처칠의 수사적 스타일을 모방했으며 그를 "냉전 시대의 예언자"라고 추켜세우기도 했다.[3] 그러나 우리는 처칠을 당대 '최고'의 정치 연설가라고는 평가할 수 없다. 왜냐고? 오스트리아 출신 독일 총통 아돌프 히틀러Adolf Hitler, 1889~1945가 있기 때문이다.

히틀러의 정치적 은유

히틀러에 대한 전문가들의 의견은 적어도 두 가지 점에서 일치한다. 그가 묵시록에 나올 만한 끔찍한 괴물이었다는 것과 뛰어난 연설 능력과 탁월한 수사학 지식을 갖고 있었다는 것이다. 예컨대 독일의 역사가이자 언론인이었던 요아힘 클레멘스 페스트 Joachim Clemens Fest, 1926~2006는 《히틀러 전기》에서 히틀러를 다음과 같이 평가했다.

> 누구도 환호성과 히스테리, 그리고 치유에 대한 기대감을 그토록 많이 불러일으키지 못했으며, 그만큼 심하게 사람들의 마음을 흔들어놓지 못했다. 불과 몇 년 동안 독자적 노선을 간 다음에, 시대의 흐름을 그토록 믿을 수 없을 정도로 재촉하고 세계정세를 그처럼 변화시킨 사람은 없었다. 그 누구도 그처럼 엄청난 폐허를 자기 뒤에 남기지 않았다.[4]

히틀러는 1919년에 독일노동자당에 입당하며 정치인의 길로 들어서는데, 1920년에 당 선전부 책임자가 된다. 이때부터 그는 연설에 재능을 보였다. 그는 예컨대 "오늘날 부패한 체제는 이미 진흙탕입니다. 알맞은 온도의 이 진흙탕 안에서 일부 정치적 악어들이 편안하게 지내고 있습니다"라는 은유적 표현으로 바이마르공화국 당시 정치 상황과 정치인들을 간단히 싸잡아 비난했다. 한마디로 히틀러는 젊어서부터 은유가 지닌 놀라운 힘을 간파했던 연설의 대가였고, 그것이 이렇다 할 정치적 배경이 없는 그가 빠르게 성공할 수 있었던 비결이다.

조나단 챠테리스-블랙 교수가 처칠과 히틀러의 연설에 등장하는 은유적 표현들을 비교 분석해보았는데, 대강 5만 단어의 연설문을 비교해보니, 처칠의 연설에는 평균적으로 134개의 단어마다 은유적 표현이 하나씩 등장하는데, 히틀러의 연설에는 두 배 이상의 빈도로 튀어나왔다 한다.[5] 《히틀러의 수사학》의 저자 김종영 교수에 의하면, 히틀러는 은유적 표현을 만드는 데에 주로 종교, 스포츠, 생물학 등 세 영역에 걸쳐 있는 용어를 가져다 조합한 은유를 즐겨 사용했다. 잠시 살펴보자면, 다음과 같다.

1) 히틀러는 종교적 용어와 표현을 끌어다 은유적으로 사용했다. 이유는 그것이 자신과 자신이 지지하는 국가사회주의독일노동자당 이데올로기인 나치즘Nazism*을 '신성화하기'에 적합하다고 생각한 데다, 새로운 세계관은 새로운 신앙의 형태를 빌려서만

구축될 수 있다고 믿었기 때문이다. 그는 예컨대 다음과 같이 연설했다.

> 독일 민족의 이 투쟁을 내가 지휘하도록 오로지 신의 섭리가 여기까지 나를 인도하셨고 모든 위험을 내게서 멀리하심을 나는 확신하고 있습니다.[6]

이 글을 보면, 히틀러는 자기 자신을 마치 이스라엘 백성을 가나안 땅으로** 인도한 모세나 여호수아처럼 신성화하고 있다. 그밖에도 자신을 지칭하며 "독일의 기적"이라든지, "혈족의 구세주"라는 은유적 표현을 거리낌 없이 사용했다. 한마디로 자신이 신의 섭리로 독일 민족을 안전하게 이끌어 구원할 구세주이니 믿고 따르라는 메시지다. 분석하면 〈도식 55〉와 같이 나타낼 수 있다.

---

* 히틀러가 입당한 독일노동자당은 1920년에 '국가사회주의독일노동자당National-sozialistische Deutsche Arbeiterpartei'으로 개명했다. 나치Nazi, 나치스Nazis, 나치즘Nazism이라는 이름은 이 당의 이데올로기인 국가사회주의Nationalsozialismus에서 유래했다. 이 사상은 반민주주의, 반자유주의, 반자본주의, 반마르크스주의를 지향했고, 히틀러와 함께 1933~1945년에 독일을 독재적으로 지배했다.
** 가나안은 구약성서에서 신이 이스라엘 백성에게 주겠다고 한 지역으로 '약속의 땅'이라고 불린다.

히틀러 ⇨ 민족을 이끈다 ⇨ 혈족의 구세주 ⇨ 신의 섭리다 구원한다 믿고 따르라

도식 55

　그뿐 아니라 나치즘을 선전하는 데에도 그는 종교적 용어를 끌어다 만든 은유적 표현을 개발해 사용했다. 이를테면 국가사회주의를 "부활에 대한 확고한 믿음"으로 칭송하는 표현을 썼고, 이에 반하는 죄는 "세상의 원죄다"라고 비난했다. 이 밖에도 독일을 찬양할 때는 당시 교회에서 낙원Paradise을 묘사할 때 사용하던 "꽃이 피어나는 정원"이라는 표현을 가져다 사용했고, 전쟁의 중요성을 강조할 때에는 "전쟁은 무기의 신앙고백"이라는 표현을 동원했다.

　이에 발맞춰 히틀러의 선전 장관이었던 파울 괴벨스Paul Goebbels도 "여러분은 독일의 밤에 외치는 사람, 아돌프 히틀러를 보고자 하고 듣고자 합니다", "그분은 진리 자체입니다"와 같이 기독교에서 사용하는 용어를 빌려다 히틀러를 칭송했다. 나치즘을 "영생의 교의"로 신성화하기도 했다. 그런데 당신도 이미 눈치챘다

시피, "독일의 밤에 외치는 사람"은 "광야에서 외치는 사람"(마태복음 3:3)인 세례요한을 빗대서 한 말이고, "진리 자체(ipsa veritas)"는 기독교 신학에서 신 또는 예수를 가리킬 때 사용하는 용어를 그대로 가져온 것이다.

요컨대 히틀러와 그 추종자들은 국민 대부분이 기독교를 믿는 독일에서 성서적 용어와 기독교적 표현을 가져다 은유적으로 사용하는 것이 지닌 절대적 힘을 누구보다 정확히 간파하고 있었다.* 그래서 그들은 이 힘을 통해 당시 독일인들에게 자신들의 이데올로기를 주입시키고, 그들의 정신을 송두리째 지배하는 데에 성공했던 것이다.

그러나 종교적 용어나 어법을 빌려다 사용하는 정치적 은유가 지닌 놀라운 힘을 어찌 히틀러와 괴벨스 같은 묵시록적 괴물들만 욕심내겠는가. 어쩌면 그것은 정치인이라면 누구나 탐내는

---

* 히틀러는 종교적 은유뿐 아니라 종교적 어법까지 기독교에서 빌려다 사용했다. 다음 연설을 들여다보면, 당신은 이것이 교회에서 목사가 하는 설교나 기도가 아닌지 의심하게 될 것이다. "주님, 당신이 아시다시피 저희는 변했습니다. 독일 민족은 더 이상 불명예스럽고, 치욕스럽고, 스스로 괴로워하며, 소심하고 확신이 없는 민족이 아닙니다. 그렇습니다. 주님, 독일 민족은 다시금 의지가 강하고, 인내가 강하고, 어떠한 희생이라도 참을 수 있을 만큼 강합니다. 주님, 우리는 당신을 포기하지 않습니다. 이제 자유를 위한 우리의 투쟁을 축복하시고 아울러 우리 독일 민족과 조국에 축복을 내려주시옵소서."(조나단 챠테리스-블랙, 손장권 옮김, 《세상을 움직인 레토릭》, 해피스토리, 2009, 246~247쪽에서 재인용.)

'금단의 사과'인지도 모른다. 종교적이기도 하고 또한 정치적이기도 한 이 은유는 은유가 지닌 능력뿐 아니라 종교가 지닌 힘까지 함께 가지고 있기 때문이다. 다른 예를 하나 더 살펴보자.

버락 오바마의 경우

'약속의 땅A Promised Land'은 전 미국 대통령 버락 오바마가 2021년에 출간한 회고록의 제목이다. 누구나 알다시피, 그것은 구약 성서에서 신이 모세와 여호수아에게 이스라엘 백성을 위해 주겠다고 약속한 땅, 곧 "젖과 꿀이 흐르는 땅"(출애굽기 3:8; 레위기 20:24)이다. 또한 그 땅은 "심히 아름다운 땅"(민수기 14:7)이자, "공의로 가난한 자를 심판하며 정직으로 세상의 겸손한 자를 판단"(이사야 11:4)하는 공정과 정의의 땅이고, "이리가 어린 양과 함께 살며 표범이 어린 염소와 함께 누우며 송아지와 어린 사자와 살진 짐승이 함께 있어 어린아이에게 끌리는"(이사야 11:6) 평화의 땅이기도 하다.

　하버드 로스쿨 시절에 교지 편집장을 지냈던, 그만큼 수사학에도 밝았으리라 추측되는 오바마가 회고록을 쓰면서, 이 유구하고 은혜로운 내용의 종교적 은유가 지닌 힘을 빌리기 위해 책

제목을 '약속의 땅'으로 정한 것이다. 그럼으로써 독자들에게 그가 온갖 고난을 무릅쓰고 이루려 하는 목표가 젖과 꿀이 흐르는 풍요의 나라, 공정과 정의가 살아 있는 나라, 차별과 다툼이 없는 평화의 나라임을 분명히 했다. 그리고 전 세계에서 500만 부 이상 팔린 이 책에서 오바마는 자신의 야심 찬 속내를 감추지 않았다. 《약속의 땅》에는 다음과 같은 구절이 있다.

> 모스 목사는 이렇게 말했다. " (……) 우리는 모세 세대라오. 우리는 행진했고 농성했고 감옥에 갔고 때로는 연장자들에게 저항했지만, 실은 그들이 이룬 성과가 우리의 토대가 되었소. 우리는 출애굽을 해냈다고 말할 수 있을 거요. 하지만 거기까지가 우리의 한계였소. 버락, 당신은 여호수아 세대요. 당신과 당신 같은 사람들이 여정의 다음 구간을 책임져야 해요. (……) 하느님의 도움으로 우리 민족과 이 나라를 황야 밖으로 인도하는 일은 당신에게 달렸소."[7]

이 글에서 오바마는―모스 목사의 말을 빌려―자신과 그의 동료들이 민족과 나라를 '약속의 땅'으로 인도한 여호수아의 신성한 임무를 떠맡은 자임을 선포한 것이다. 이때 그가 한 은유적 사고는 다음과 같이 도식화할 수 있을 것이다.

오바마의 목표 ⇨ 차별과 다툼의 황야 밖으로 인도 ⇨ 약속의 땅 ⇨ 풍요와 평화, 공정과 정의의 나라

도식 56

종교적 용어를 사용한 정치적 은유가 지닌 힘은 막강하다. 그 것이 대상의 신성화와 정치화를 동시에 이뤄내기 때문이다. 그 만큼 정치가들이 자주 사용하지만, 또 그만큼 조심스레 사용해야 한다.

물은 소가 마시면 우유가 되고 뱀이 마시면 독이 된다고 하지 않는가. 오바마가 전자였다면, 히틀러는 후자였다. 그리고 5·18 민주화운동에서 흘린 젊은이들의 눈물과 피가 채 마르지도 않은 1980년 8월 6일에 롯데호텔 에메랄드룸에서 '전두환 국가보위비상대책위원회 상임위원장을 위한 조찬기도회'가 열렸는데, 한국기독교를 대표하는 인물들이 모인 이 자리에서 모 목사가 광주학살의 최종 책임자인 전두환 씨를 "여호수아 장군같이 돼라"라고 축복한 사건도 후자에 속한다고 할 수 있다.

2) 히틀러는 스포츠 용어와 표현을 끌어다 은유적으로 사용했다.

1936년 베를린 올림픽을 개최한 히틀러는 스포츠를 독일 민족의 우수성을 전 세계에 알리려는 정치적 선전물로 삼았다. 베를린 올림픽에서 근대 올림픽 사상 처음으로 성화봉송을 시작한 것도 그래서다. 괴벨스가 낸 것으로 알려진 이 아이디어는 그리스의 전통을 계승하기 위해서라기보다 성화가 봉송되는 길을 나치 이데올로기인 국가사회주의를 선전하는 동상과 깃발로 장식하여 전 세계 사람들에게 알리는 것이 목적이었다. 같은 목적에서 히틀러는 또한 스포츠에서 빌려 온 용어를 자주 정치적 은유로 사용했다. 예를 들면 다음과 같다.

처칠은 내가 징징 울면서 연설한다고 말합니다. 내가 처칠의 좌우 훅을 치고 들어가는데, 그가 '당신은 완전히 진 사람이오'라고 한다면, 그하고는 더 말해볼 수가 없습니다. (……) 이 전쟁의 관건은 누가 결정적인 훅을 날리느냐입니다.[8]

이 연설에서 히틀러는 권투에서 적을 쓰러트릴 수 있는 결정타인 '훅Hook'이라는 용어를 전쟁에서의 최종적 공격을 뜻하는 은유적 표현으로 사용했다. 괴벨스도 이에 발맞추어 "우리는 눈에서 피를 닦아냅니다. 그리고 다음 라운드에 나가면 다시 두 다리로 굳건히 버티고 서게 될 것입니다"라고 전쟁에 임하는 나치의 자세를 권투 용어를 써서 표현했다. 또한 "우리는 전적으로 상대편의 페널티 지역에서 싸운다"라고 축구 용어를 사용해 유리한 전쟁 상황을 은유적으로 묘사하기도 했다.[9] 그럼으로써 국민들에게 승리할 수 있다는 자신감을 심어주었다. 괴벨스가 한 은유적 사고는 다음과 같이 도식화할 수 있다.

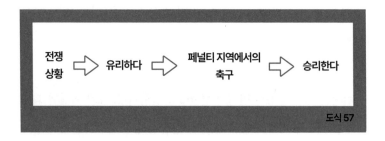

도식 57

히틀러와 그의 추종자들은 대중에게 친숙한 스포츠 용어를 사용함으로써 대중의 이해를 도울 뿐 아니라, 전쟁의 잔혹함과 비참함을 희석하여 전쟁을 정당화하는 효과를 얻어냈다. 이런 긍정적 효과 때문에 스포츠 용어를 가져다 정치적 은유로 사용하는 것은 지금도 정치가들이 즐겨 사용하는 수법이다.

3) 히틀러는 생물학과 의학에서 끌어온 용어들을 은유적으로 사용했다. 히틀러가 '가장 자주 또 열정적으로' 사용한 정치적 은유는 생물학과 의학에서 끌어온 용어로 만든 것이다. 우리말로는 국가사회주의로 번역되는 나치즘이 한 발은 전체주의의 특성인 유기체적 세계관에, 다른 한 발은 당시 서구에서 유행하던 사회진화론과 우생학에 딛고 있었기 때문이다.

히틀러는 '자연과 마찬가지로 국가도 하나의 유기체라서 약육강식이 일어나기 때문에, 국가의 발전을 위해서는 강한 자를 생산하고 약한 자를 제거해야 한다'라는 생각을 가지고 있었다. 그래서 그는 30대 중반에 쓴 자서전 《나의 투쟁》에서 이미 "인간을 의식적으로 품종 개량해서 민족이 정말로 다시 태어나게" 해야 한다고 선포했다. 그뿐 아니라 "국가는 인간의 이상형을 예절이나 지키는 고루한 속물이나 품행이 방정하다는 노처녀에게서 찾을 것이 아니라, 남성적인 완강한 체형과 다시 사내아이를 세상에 공급할 수 있는 젊은 여성에게서 찾아야 한다"라고 주장하기도 했다.

《히틀러의 수사학》에 의하면, 히틀러가 생물학에서 가져온 용어를 쓴 은유적 표현은 그가 주로 인종에 대해 언급할 때 나타난다. 그는 특히 유대인들을 지칭할 때 "인류의 영원한 박테리아",

"악성 세균", "기생충"과 같이 인간을 비인간화하는 은유적 표현을 썼다. 다음과 같이 연설하기도 했다.

유대인은 전형적인 기생충으로 존재한다. 이 기생충은 유리한 번식 기반이 주어지기만 하면 악성 세균처럼 점점 더 많이 확산되는 그런 기생충이다. 유대인이 (사회에) 미치는 영향은 기생충이 (신체에) 끼치는 영향과 동일하다. 유대인이 나타나는 곳에서는 숙주가 되는 민족이 조만간 사멸하고 만다.[10]

이에 질세라 괴벨스도 "유대인은 가장 기생충 같은 집단으로 마치 부패성 곰팡이처럼 건강하지만, 미약한 민족의 문화에 들러붙는다"라는 은유적 표현으로 유대인을 묘사했다. 이는 〈도식 58〉과 같이 나타낼 수 있다.

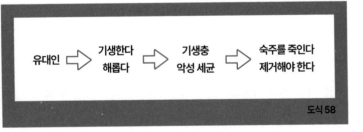

유대인 ⇨ 기생한다 해롭다 ⇨ 기생충 악성 세균 ⇨ 숙주를 죽인다 제거해야 한다

도식 58

IV.

히틀러와 나치스는 기회 있을 때마다 연설을 통해 대중에게 이처럼 유대인을 박멸의 대상으로 인식시키고, 결국에는 유례를 찾아보기 힘든 대학살Holocaust을 자행했다. "은유는 사람을 죽일 수도 있다"[11]는 레이코프가 《코끼리는 생각하지 마》에서 2차 걸프 전쟁과 이라크 전쟁의 동기가 대부분 은유에서 비롯되었다며 한 말이다. 그것이 헛말이 아님을 히틀러와 나치가 이미 오래전에 증명한 셈이다.

인간을 비인간화하는 은유들

여기서 잠깐 생각해보자. 히틀러와 괴벨스 같은 나치만이 인간을 비인간화하는 은유를 사용했고 그들만 집단학살을 감행했을까?

미국 뉴잉글랜드대 철학 교수로 비인간화·인종·거짓선동을 연구해온 데이비드 리빙스턴 스미스David Livingstone Smith는 '타인을 인간 이하로 보는 비인간화에 대한 거의 모든 역사'라는 부제가 붙은 《인간 이하》에서 "아니다"라고 단언한다. 비인간화는 세계 곳곳의 문화에서 인류 역사 전반에 걸쳐 나타난다는 것이다. 어쩌면 비인간화의 역사적 흔적은 선사시대까지 거슬러 올라가며, 동양에서도 서양에서도, 선진국의 문명인에게서도 아마존 외지의 원시 부족에게서도 찾아볼 수 있다고 그는 말한다.

비인간화의 자취는 고대의 쐐기문자판에도 현대의 뉴스 헤드라인에도 묻어 있다. 비인간화는 나치, 공산주의자, 테러리스트, 유대인, 무슬림 등 각 시대나 지역의 잔혹한 괴물들만의 전유물이 아니다. 우리 모두가 비인간화의 표적이 될 수 있는 것은 물론 비인간화의 주체가 될 수도 있다. 비인간화는 모두가 마주한 문제이다.[12]

스미스 교수가 제시한 방대한 자료 가운데 몇을 골라 소개하자면 이렇다. 제2차 세계대전 중 상대를 인간으로 치지 않은 건 독일 나치뿐 아니라 소련의 '붉은군대'도 마찬가지였다. 당시 소련군 선전물에는 "독일인을 학살하라. 그것이 당신의 노모가 두 손 모아 소망하는 일이다. 당신의 자녀가 간절히 바라는 일이다", "머뭇거리지 마라. 마음 약해지지 말라. 죽여라"[13]와 같은 문구와 함께 독일인을 '전쟁기술을 연마한 두 발 달린 짐승'이거나 모조리 척살해야 할 혐오스러운 '짝퉁 인간'으로 간주하는 은유적 표현이 실렸다.

이 같은 프로파간다를 반복한 결과 소련군이 가장 먼저 진격한 독일 땅 동프로이센에서부터 잔혹극이 시작되었다. 보고서에 의하면 "하룻밤 사이에 여성 72명과 남성 한 명이 죽었다. 여성 대다수는 강간당했으며, 가장 나이 많은 여성은 84세였다. 일부 피해자는 십자가에 매달려 죽었다". 당연히 이 같은 제노사이드genocide(국민, 인종, 민족, 종교 따위의 차이로 집단을 박해하고 살해하는 행위)는 전쟁 내내 계속되었다.

일본은 태평양전쟁 중 미국인과 영국인을 기치쿠鬼畜(귀신과 짐승)로 부르며 뿔 달린 괴물로 묘사했다. 일본군은 중국인을 벌레나 짐승보다도 못한 존재라는 뜻이 담긴 '찬코로淸國奴'(청나라 노예)로 불렀다. 그리고 남성을 학살하고 여성을 강간했다. 기치쿠, 찬코로와 같은 은유적 표현을 사용해 인간을 비인간화하도록 교육받은 결과다. 1937년 중일전쟁 때 당시 중국의 수도 난징을 점령한 일본 군인들이 수십만의 비무장 민간인을 살해하고, 수만 명의 여성을 강간한 것 역시 이와 무관치 않다는 것이다.*

어디 그뿐이겠는가. 연합군도 일본군을 '잽스Japs'라는 속어로 부르며, 나아가 매양 원숭이, 침팬지, 쥐 같은 동물로 묘사했다. 때로는 "무장한 거대 개미"로도 표현했다. 이런 은유적 표현에 의한 차별과 혐오는 태평양전쟁 후에도 이어졌다. 그 외에도 세

계 각처에서 제노사이드가 일어날 때마다 이같이 인간을 혐오
스러운 짐승으로 표현하는 비인간화가 선행되었다고 스미스 교
수는 지적한다.

잘 알려졌듯이 르완다 정부는 1994년 대학살이 발생하기 전후로
라디오 방송을 이용해 투치족을 바퀴벌레와 같은 집단으로 몰아세
웠고, 나치 정부는 선전기구를 활용해 유대인과 그 밖의 민중의 적
을 끔찍한 존재로 묘사하려고 애썼다. 1930년대와 1940년대의 러
시아 정치 예술가들 역시 독일과 이탈리아의 파시스트를 비롯한 추
축국 일원들을 쥐, 뱀, 돼지, 개, 원숭이 같은 짐승으로 그려냈다.[14]

그런데 인간이 왜 이런 일을 할까? 유럽 전역에 파시즘의 물
결이 거세게 일던 1936년, 당시 영국의 지성인이었던 올더스 헉

---

* 1937년 12월 13일 일본군이 국민정부國民政府의 수도 난징을 점령한 뒤 이듬해 2월까
지 대량학살과 강간, 방화 등을 저지른 사건을 가리키며, 중국에서는 '난징대도살南京大
屠殺', 일본에서는 '난징사건南京事件'이라고 한다. 정확한 피해자 숫자는 확인할 수 없지
만, 약 6주 동안 일본군에게 20만~30만 명의 중국인이 잔인하게 학살되었으며, 강간 피
해를 입은 여성의 수도 2만~8만 명에 이르는 것으로 알려져 있다. (……) 이 밖에 일본
군은 상하이·항저우·쑤저우·우시·우후·양저우 등 중국 장쑤성과 저장성 일대의 주요
도시들에서도 학살과 약탈을 자행해 적어도 3만 명 이상이 살해되었고, 수많은 강간 피
해자가 발생했다(두산백과 두피디아에서 인용).

IV.

슬리Aldous Huxley, 1894~1963는 런던의 앨버트홀 연단에 서서 그 이유를 이렇게 밝혔다. "사람들은 자신과 같은 인간을 선뜻 고문하거나 죽이지 못합니다. 하지만 만약 그 인간이 마치 인간이 아닌 존재, 사악한 본질의 구현체로 여겨진다면 사람들은 더 이상 망설이지 않습니다."[15]

그렇다. 비인간화가 폭력과 살상에 심리적 면죄부를 준다. 그래서 사람들은 동서양을 구분하지 않고, 예부터 지금까지 인간을 혐오스러운 또는 끔찍한 짐승으로 형상화한 은유적 표현을 사용해 비인간화하는 작업을 부단히 해온 것이다. 그때마다 사람들의 뇌에서 자연스레 작동하는 은유적 사고는 다음과 같다.

쥐는 해로운 동물이므로 박멸해야 한다. 유대인은 쥐이다. 쥐를 박멸하는 것은, 쥐에게 도덕적 지위가 없으므로 잔인하지 않다. 따라서 유대인을 말살하는 것도 잔인한 일이 아니다. 사실상 쥐를 박멸하는 것은 도덕적으로 올바른 일이다. 쥐는 더러움과 질병을 퍼뜨려 인간에게 해를 끼치기 때문이다. 따라서 유대인을 말살하는 것도 도덕적으로 올바른 일이다.[16]

비인간화는 언제나 나쁜가

그런데 여기서 한가지 짚고 넘어가야 할 사안이 이 말의 바로 앞부분에 등장하는 스미스 교수의 다음과 같은 주장이다.

> 비인간화된 사람들이 나비나 새끼고양이 같은 매력적인 동물로 여겨지는 경우는 절대로 없다. 비인간화를 자행하는 사람들이 언제나 희생자들을 폭력을 조장하는 동물로 식별하기 때문이다.[17]

과연 그런가? 은유적 사고와 표현이라는 시각에서 보면, 이 주장은 잘못되었다. 손주 아이를 떠안으며 "아이구, 우리 강아지"라고 외치는 할머니의 모습을 떠올려보라. 여성들 사이에서는 생김새를 따라 서로를 고양이형形, 강아지형으로 구분하기도 한다. 사람들은 이처럼 인간에게도 귀엽거나 매력적인 동물을 사용한 은유적 표현도 자주 사용한다. 그렇지 않은가?

따져보면, 우리와 스미스 교수 사이의 불일치는 그가 '비인간화'라는 개념을 매우 좁은 의미로 규정하기 때문에 생긴 것이다. 그는 《인간 이하》의 서두에서 '비인간화'라는 개념을 "인간성을 없애는 것"으로 규정하고, 자신은 이 용어를 "전쟁과 학살 등 집단적인 폭력사태와 연관된 비인간화"로 한정해서 다룬다고 선언했다.* 그럴 경우에는 그의 주장이 전적으로 옳다.

그러나 의인화와 함께 은유적 표현의 한 유형으로서—우리가 1권에서 '의비인화擬非人化'라고 이름 붙였던—인간의 '비인간화'에는 혐오스럽지 않은 동물들도 얼마든지 등장한다. 그리고 그것을 통해 인간성을 없애는 것이 아니라, 오히려 그 인간성을 동물 이미지로 형상화해 더 선명하게 드러내고, 심지어 그것이 우상화나 신성화에 사용되기도 한다.[18]

예컨대 기원전 2000년경 우르Ur에 살았던 수메르인들이 남긴 점토판에는 당시 탁월했던 왕 술기Shulgi가 자신을 "용에게서 태어난 사나운 눈의 사자", "길 떠난 기품 있는 당나귀", "꼬리를 휘젓고 있는 말"과 같은 은유적 표현으로 비인간화한 구절이 기록되어 있다.[19] 그러나 그것은 자신의 인간성 또는 도덕적 지위를 박탈하고자 함이 아니라 오히려 뛰어남을 알려 우상화하기 위해서였다. 호메로스의 《일리아스》에 실린 "아킬레우스는 사자"

---

* 이 같은 이유에서 스미스 교수는 예컨대 "여성을 인간이 아니라 사물로서, 인간성을 지닌 주체가 아니라 욕구를 해소할 살덩이로 인식하는" 여성의 비인간화에 대해서는 "내가 해줄 말이 전혀 없다"라면서 다루지 않는다.(데이비드 리빙스턴 스미스, 김재경·장영재 옮김, 《인간 이하》, 웨일북, 2022, 19쪽 참조.)

나 "아가멤논은 황소" 같은 은유적 표현도 마찬가지다.

어디 서사시에서만 그랬겠는가. 역시 1권에서 소개했듯이, 고대 근동 지방에서 발견되는 머리는 사람이고 몸통은 사자인 스핑크스Sphinx, 사람의 머리에 황소의 몸을 갖고 있는 라마수Lamassu, 상체는 인간이고 하체는 말인 켄타우로스Kentauros, 사람 머리를 가진 새인 바Ba, 상반신은 사람이고 하반신은 물고기인 트리톤Triton, 사자 머리에 인간의 몸을 하고 있는 우갈루Ugallu 등 반인반수의 조형물도 모두 의비인화의 산물이다. 그리고 그것은 당시 사람들이 섬기는 수호신이나 왕의 능력과 권력을 상징하기 위해 만들어졌다.[20]

이후 오늘날에 이르기까지 의비인화는 지난 수천 년 동안 은유적 사고와 표현의 가장 원초적 유형 가운데 하나로 전해 내려왔다. 즉 의비인화된 은유적 표현이 스미스 교수가 말하는 '인간성의 박탈'이라는 의미로 사용되지 않은 예를 들자면 한도 끝도 없다.

'북클럽 은유' 1권과 2권에서 우리가 함께 다룬 시와 노랫말에서 몇만 골라도, 자신을 '빈집'으로(기형도, 〈빈집〉)으로, '사슴'으로(노천명, 〈사슴〉), 인간을 '깃발'로(강은교, 〈自傳(자전)Ⅰ〉), '배'와 '항구'로(심수봉, 〈남자는 배, 여자는 항구〉), 애인을 다이어트 중에

마주친 치킨, 겨울밤의 뜨끈한 오뎅국물, 사막의 오아시스, 메마른 내 마음을 축여줄 단비로(악동뮤지션, 〈매력 있어〉), '독이 든 성배'로(BTS, 〈피, 땀, 눈물〉), '깨진 유리조각'으로(BTS, 〈Stigma〉), 우리를 여럿이 손잡고 벽을 오르는 '담쟁이'로(도종환, 〈담쟁이〉), 또 '설국열차'(BTS, 〈봄날〉) 등으로 의비인화했다.

이처럼 은유적 사고와 표현에서 사용되는 인간의 비인간화는 지난 수천 년 동안 가치중립적으로—다시 말해 화자의 의도에 따라 때로는 좋은 의미로, 때로는 나쁜 의미로—사용되어왔다. 그렇다고 이 말을 가볍게 생각하지는 말자. 우리가 앞에서 줄곧 보아왔듯 은유는 양날을 가진 칼이다. 사람을 죽일 수도 살릴 수도 있으며, 세상을 지옥으로 만들 수도 천국으로 만들 수도 있는 것이다.

스미스 교수가 설파했듯이, 정치적 은유에서는 인간을 비인간화하는 의비인화가 주로 인간성을 없앰으로써 양심의 가책 없이 그들을 학대하거나 살해하려는 의도로 사용되었다. 심지어 전쟁과 테러 등 집단적 폭력사태를 촉발하는 뇌관으로 이용되었다. 스미스 교수는 다음과 같은 심중한 말로 책을 마쳤다.

비인간화의 연구가 우선시되어야 한다. 비인간화가 어떻게 작용하는지, 그리고 비인간화를 방지하기 위해 무엇을 할 수 있는지를 알아내기 위해 대학, 정부, 그리고 비정부기구가 돈과 시간, 노력을 투입해야 한다. 그러면 우리가 알아낸 지식을 활용해 과거보다 덜 끔찍한 미래, 르완다도 히로시마도, '최종 해결책'도 없는 미래를 건설할 수 있을지도 모른다. 이런 일을 할 수 있을까? 아무도 모른다. 시도해본 사람이 없기 때문이다.[21]

우리는 이 책이 이 같은 시도 가운데 하나로 읽히기를 바란다.

정리하자! 은유는, 특히 정치적 은유는 단순한 수사법이 아니다. 대중의 비판적 사고를 차단하고 여론을 조종할 수 있는 중요한 정치적 수단이다. 레이코프의 말을 빌린다면 "은유는 개인의 정치적 의사결정은 물론 국가 전체의 정치적 의사결정을 완전히 통제한다."[22] 이 말은 정치적 은유는 일상적인 것이지만, 사용하기에 따라 아주 유용하기도 하고 매우 위험한 것이기도 하다는 뜻이다.

우리는 우리 스스로 정치적 은유를 사용할 때만이 아니라, 다른 사람이 사용할 때에도 그 은유의 원관념과 그것의 본질이 무엇이고, 그것에서 나올 수 있는 새로운 생각이 무엇인지를 꼼꼼히 분석해 따져보아야 한다. 은유가 지닌 힘과 그 사회적·정치

적 영향력을 감안한다면, 정치적 은유의 사용과 분석은 그 자체
가 중요한 정치적 행위라는 뜻이다. 그런 만큼 이제부터는 우리
가 그런 중요한 행위를 어떻게 해야 할지 살펴보기로 하자.

09. 은유로 정치-하기

당신도 아마 '새는 좌우의 날개로 난다', '심장은 왼쪽에, 지갑은 오른쪽에'와 같이 널리 알려진 정치적 은유들을 자주 들어보았을 것이다. 그 밖에도 특히 선거철이 다가오면 '안개 정국', '여야 모두 총력전', '절대사수', '총력탈환'과 같은 정치적 은유들이 거의 날마다 각종 매체를 도배하다시피 하기 때문에 정치적 은유를 접하기는 그리 어렵지 않다. 단지 우리가 그런 은유에 이미 익숙해져 그것이 은유인 줄 의식하지 못할 뿐이다. 다음은 2022년 3월 9일에 실시된 20대 대선을 즈음해 모 정당 국회의원과 당대표 사이에 오갔던 공방이다.

2022년 대선을 앞두고 한 정당의 의원이 SNS에 오바마 전 미국 대통령의 책《약속의 땅》표지 사진을 올리며 "남을 내리누르는 게 아니라 떠받쳐 올림으로써 힘을 기를 수 있다는 것, 이것이 진정한 현실 민주주의다"라는 오바마의 말을 게재했다. 소속 정당의 대표를 비판하기 위한 글이다. 그러자 당 대표가 곧바로 맞받아쳤다. 그는 페이스북에 "후보들 곁에서 권력욕을 부추기는 하이에나가 아니라 밝고 긍정적인 멧돼지와 미어캣이 있었으면 좋겠다. 하쿠나 마타타 노래라도 같이 부르면서 좋은 사람들의 조력을 받으면 사자왕이 된다"라는 글을 올렸다.

디즈니 애니메이션과 정치적 은유

이 공방에서 당 대표가 한 말은 당시 자기 당의 정황을, 널리 알려진 애니메이션 〈라이온 킹〉에서 가져온 캐릭터와 스토리를 끌어다 한 정치적 은유다. 그는 대선후보 주위의 참모들에게는 권력욕이 가득 찬 '하이에나'라는 은유적 표현을, 자기를 포함한 다른 당원들에게는 헌신적인 '멧돼지 품바와 미어캣 티몬'이라는 은유를, 욕심 없이 즐거운 마음으로 후보를 돕는 일에는 '하쿠나 마타타'라는 은유를, 그 당에서 나오길 바라는 대통령에는 '사자왕'이라는 은유를 사용했다. 애니메이션의 OST '하쿠나 마타타Hakuna Matata'의 우리말 더빙이 "욕심 버리면 즐거워져"라는 것을 알면, 그가 전하고자 하는 메시지가 더욱 분명해진다.

30대 당 대표의 참신한 발상에서 나온 전형적인 은유적 스토리텔링이라고 평가할 수 있다. 하지만 그것은 정치인들이 은유를 얼마나 일상적으로 사용하는가를 보여주는 숱한 사례 가운데 하나일 뿐이다. 설령 그것이 디즈니 애니메이션을 보고 자란 20~30대 젊은이들에게 강한 인상을 남길 수는 있을지라도, 당내에서의 힘겨루기에 관한 것인 만큼 사회적·정치적 영향력이 큰 은유적 표현이라고 볼 수는 없다. 그러나 이렇지 않은 경우가 우리 정치무대에도 많다. 앞에서 살핀 처칠, 히틀러의 사례만큼은 아니더라도, 그 영향이 우리 사회의 흐름을 바꾸어놓을 만큼 컸던 경우도 숱하다.

인지적 은유 이론의 대가인 레이코프의 저술을 꾸준히 번역해온 나익주 교수의 《은유로 보는 한국 사회》에는 우리 사회의 각 분야에서 반드시 숙고해야 할 중요한 은유와 그것들이 우리의 삶과 사회에 미치는 심중한 영향에 대한 성찰이 나열되어 있다. 저자는 책에서 은유가 단순히 삶에 영향을 미치는 정도를 넘어 죽고 사는 문제를 결정할 수도 있다면서 교육, 경제, 국제관계, 성과 사랑, 사회적 재난, 개신교 세계관을 은유적으로 묘사한 정치적 은유를 폭넓게 분석했다.

IV.

예컨대 교육에서는 '교육 상품', '사교육 시장', '교육 품질', '교육수요자', '입시 전쟁', 경제에서는 '세금폭탄', 국제관계에서는 '외과 수술적 선제공격'이나 '예방적 타격', '우방 국가', '선린', '(국제관계의) 영원한 적과 동지' 등, 성과 사랑에서는 여성에 대해 사용하는 '자연산'이라는 표현이나 사랑에 관해 사용되는 '굶주린다', '따먹는다'와 같은 은유적 표현이 지닌 폐단을 지적한다. 그리고 소수의 승자만이 아니라 모두가 행복한 삶을 누리는 사회를 만들기를 진정으로 바란다면, 이런 은유들이 "우리의 사고를 지배하고 나아가 우리의 삶을 지배하도록 그대로 두어서는 안 된다. 이 은유는 하루속히 폐기하고 다른 관점의 은유가 우리의 사고 속에, 우리의 삶 속에 뿌리내리도록 우리 모두가 전력을 다해야 한다"[23]라고 강조한다.

옳은 말이다. 정치적 은유가 지닌 막대한 사회적 영향력을 고려하면, 바람직하지 못한 은유들을 폐기하고 우리의 삶과 사회에 은유가 추구하는 가치에 부합하는 은유적 표현이 뿌리내리도록 해야 한다. 그러나 언제나 그렇듯이 문제는 어떻게 그리할 것인가 하는 방법에 있다. 그래서 우리는 이제부터 ① 정치적 은유가 어떻게 만들어지는가, ② 어떻게 해야 그것을 바람직하게 만들어 효과적으로 사용할 수 있는가를 살펴보고자 한다. 그럼으로써 '은유로 정치하는 방법'을 훈련하려 한다.

정치적 은유는 어떻게 만들어지나

레이코프와 제자 엘리자베스 웨흘링Elisabeth Wehling이 함께 쓴《이기는 프레임》과《나는 진보인데 왜 보수의 말에 끌리는가?》에서 우리가 익히고 훈련하고자 하는 두 가지—곧 정치에서 은유적 사고와 표현이 어떻게 만들어지는가, 또 어떻게 하면 그것을 바람직하게 만들 수 있을까—를 심도 있게 다루었다. 두 사람은 다음 내용을 전제로 논의를 시작한다.

사람들은 누구나 도덕성, 곧 가치를 중요하게 생각한다. 그렇기 때문에 진보든 보수든 자유·평등·정의·공정이 중요하다는 데에는 동의한다. 하지만 구체적으로 무엇이 자유인가, 무엇이 평등인가, 무엇이 정의인가, 무엇이 공정인가에 대해서는 놀랍게도 정반대 입장을 취한다. 그래서 서로 상대편에 대해 자유, 평등, 정의, 공정을 이해하지 못한다고 폄하하고 비난한다. 하지만 레이코프는 그런 생각이 잘못되었다고 주장한다. 그는 다음과 같이 말했다.

IV.

사람들은 보통 객관적인 도덕성이 하나도 없다는 사실을 인정하지 않으려 해요. 그들은 단지 '옳음'과 '그름'의 한 유형만 있다고 가정합니다. 미국 정치의 핵심에 두 개의 도덕적인 세계관이 있다는 사실을 인식하지 못하죠. 또한 이 둘 중 어느 한 신념 체계를 지지하는 사람들에게는 각각 자신들이 지지하는 체계가 똑같이 '사실'이라는 것도 알지 못합니다. 설령 이 두 신념 체계가 서로 충돌하고 정반대의 정책 제안을 내놓는다 할지라도 말이에요.[24]

예를 들어 이야기하자면, 자유를 '시장경제에서의 경쟁 체제 안에서 규제받지 않는 것'으로 생각하는 보수적 해석이 있고, '서로가 함께 자신의 정체성과 차이를 드러내며 인정받을 수 있는 것'으로 여기는 진보적 해석이 있으며, 그 밖에 다른 해석도 있을 수 있다는 것이다. 그런데 자유라는 단어가 무엇을 의미하는지, 그에 대한 상대의 생각이 어떤지를 고려하지 않기 때문에, 보수와 진보는 각자 자신이 생각하는 것만 주장할 뿐 서로 소통은 되지 않는 상황을 매번 마주할 수밖에 없다는 말이다. 당연히 평등·정의·공정 같은 다른 개념들에서도 마찬가지다.

레이코프는 이 같은 상황을 설명하기 위해 일찍이 《코끼리는 생각하지 마》에서 '프레임frame'이라는 개념을 인지언어학에 끌어들였다. 프레임이란 일반적으로 '어떤 문제를 바라보는 관점'을 뜻한다. 다시 말해 그것은 우리가 세상을 바라보는 방식을 형성하는 정신적 구조물이다. 따라서 프레임은 우리가 추구하는 목적, 우리가 짜는 계획, 우리가 행동하는 방식, 그리고 우리 행동의 좋고 나쁜 결과를 결정한다. 정치에서 프레임은 사회정책과 그 정책을 수행하고자 수립하는 제도를 형성한다.

레이코프는 웨홀링과 함께 진행한 작업들에서 우리가 왜 그리고 어떻게 보수와 진보라는 서로 대립하는 정치적 프레임을 갖게 되는가를 분석했다. 이것이 이들이 함께 쓴 두 저서의 특성이자 장점이라 할 수 있는데, 은유적 사고능력이 대강 5세 즈음부터 생긴다고 믿는 두 저자는 그것이 각각 두 가지 서로 다른 가정의 형태에 의해 형성된다고 주장한다. 그중 하나는 '엄격한 아버지 가정 모형'이고, 다른 하나는 '자애로운 부모 가정 모형'이다.

정치적 은유의 두 가지 모형

'엄격한 아버지 가정 모형'에서 본다면 세상은 위험으로 가득 차 있다. 그래서 아버지는 자녀들을 보호해야 하고, 자녀들은 아버지가 정한 일련의 규칙에 절대적으로 복종해야 한다. 어머니 역시 아버지의 규칙에 협조하는 역할을 담당해야 한다. 그런 체제에서 자녀들은 스스로 절제하는 힘을 기르면서 도덕적으로 성장한다. 사회에서 성공하고 실패하는 것도 개인의 책임이기 때문에, 능력을 길러 경쟁에서 승리해야 한다. 또한 부모의 권위에 순종하면 상을 받지만 불순종하면 벌을 받는다. 이런 양육을 통해 경쟁, 상과 벌, 자기 책임, 사적 이익이 공적 이익보다 앞선다는 보수 정치 프레임이 아이들의 뇌에 자연스레 형성된다.[25]

반면에 '자애로운 부모 가정 모형'에서는 아버지와 어머니가 동등한 지위를 갖는다. 부모는 아이가 다른 이를 배려하고 책임감 있게 행동하며, 자신은 물론 타인에 대한 존중과 책임을 습득하도록 양육한다. 자애로운 부모 가정에서 가장 중요시하는 도덕적 가치는 다른 사람이 느끼는 것에 공감하는 '감정이입'이다. 그리고 자신을 보살피는 개인적 책임뿐 아니라 타인들을 보살피는 '사회적 책임'이다. 이러한 양육을 통해 경쟁보다 협동이, 개별성보다 유대성이, 개인적 성공보다 사회적 성취가, 사적 이익보다 공적 이익이 우선한다는 진보 정치 프레임이 아이들의 뇌에 새겨진다.[26]

한마디로 두 가지 자녀 양육 모형이 두 가지 정치적 프레임을 형성한다는 것이다. 레이코프는 자신이 이렇게 주장하는 이유를 '국가는 가정'이라는 개념적 은유에 근거해 설명한다. 그의 설명에 의하면, 미국뿐 아니라 다른 나라들에서도 '국가는 가정'이고 '국민은 자녀'라는 은유가 지배적이다.

부모가 자녀들을 보호하듯 정부는 국민을 보호하고, 부모가 자녀들의 필요를 충족해주듯 정부는 국민의 생계를 지원하기 때문이다. 또한 부모가 가정에서 자녀를 훈육하듯 정부가 공교육을 실행하기 때문이기도 하다. 따라서 '엄격한 아버지 가정 모형'과 '자애로운 부모 가정 모형' 등 이 두 모형이 각각 보수와 진보라는 정치적 프레임을 형성해 우리가 은유적으로 세계를 이해하고 판단하며 표현하게 한다는 것이다.

얼핏 복잡해 보이지만 사실인즉 단순하다. 만일 당신이 엄격한 아버지 밑에서 자라나 보수적인 정치 프레임을 가지고 있다면, 보수적인 은유적 사고와 표현을 할 것이다. 마찬가지로 가령 당신이 자애로운 부모에게서 양육되어 진보적 프레임을 가졌다면 진보적인 은유적 사고와 표현을 하게 된다는 것이다. 거꾸로 말하자면, 어떤 사람이 어떤 정치적 은유를 쓰느냐는 그가 어떤 가정에서 자라 어떤 정치적 프레임을 갖고 있느냐에 달려 있다.

Ⅳ.

그런데 정치적 은유가 지닌 사회적 영향력을 감안하면, 우리가 어떤 정치적 은유를 사용해야 하는가 하는 문제는 그리 단순하게 생각할 것이 아니다. 게다가 민주주의 정치체제의 핵심이 선거이고, 진보든 보수든 선거에서 이겨야만 한다는 현실적 조건까지 고려하면 문제는 더 복잡해진다. 단어 선택에 따라 유권자들의 사고 프레임이 결정되고 정책과 정당에 대한 선호가 달라지기 때문이다. 사정이 그런 만큼 이제 우리의 관심은 정치적 은유를 어떻게 효과적으로 만들 수 있을까 하는 데 모아진다. 그런데 여기서 반전이 일어난다.

정치적 은유는 어떻게 만들어야 하나

레이코프는 우리가 하나의 프레임 속에서만 성장하지는 않는다고 한다. 설령 자신이 엄격한 아버지 가정 모형을 익히면서 자랐다 해도, 사회 속에서 다양한 방식으로—예컨대 친구의 가정을 보거나 영화를 통해서 또는 정치적 담화를 통해서—자애로운 부모 모형을 습득할 수 있다는 것이다. 그 반대 역시 마찬가지다.[27] 이렇듯 보수와 진보의 프레임을 함께 습득하고 자라면,

스스로를 진보라 생각하는 사람들도 어떤 프레임이 활성화되느냐에 따라 보수적 선택을 하는 일이 드물지 않게 되고, 스스로는 보수라고 생각하는 사람도 진보적 선택을 하는 일이 종종 있다는 것이다.

이중개념 소유자들

레이코프는 이처럼 두 가지 모형을 함께 갖고 있는 사람을 '이중개념 소유자'라고 규정하고, 다음과 같은 예로 설명했다.

예컨대 경영자 지위의 여성은 흔히 자신의 자녀 양육에서 자애로운 모형을 실행할 테지만, 자신의 직업적 삶에서는 엄격한 모형에 의지할 수도 있습니다. 대체로 도덕적으로 보수적인 공화당원이지만, 삶의 어떤 영역에서는 자애로운 부모 도덕성을 적용하기도 합니다. 그들은 정치에서는 전반적으로 엄격하지만, 자연을 사랑해서 환경정책에 관해서는 자애로운 가치를 지지할 수도 있죠. 사람들이 서로를 보살피고 서로를 자상하게 배려하고 이웃에게 높은 정도의 감정이입을 보여주는 진보적 공동체에 사는 보수주의자들도 있고요.[28]

사람들은 보통 이중개념 소유자를 보수에도 진보에도 속하지 않는다는 뜻에서 '중도파' 또는 '무당파'라고 부른다. 그러나 이는 잘못된 말이다. 레이코프는 앞의 인용문에서도 분명히 했듯이, 이들은 보수에 속하면서도 사안에 따라 진보적 선택을 하고, 진보에 속하면서도 경우에 따라 보수적 선택을 하는 사람들이다. 이런 의미에서 보면, 이중개념 소유자는 중도파나 무당파와 다르다. 레이코프는 우리 모두가 극우에서 극좌로 이어지는 일직선상 어느 곳에 자리하고 있을 뿐 정치적 중도는 존재하지 않는다고 단언한다.[29]

이중개념 소유자들은 세상에는 두 가지 정치적 프레임이 있고 자신이 가진 프레임이 언제나 옳은 판단으로 이끄는 것은 아님을 알고 있는 사람이다. 그렇기에 이들에게는 일관된 정치적 신념이 존재하지 않으며, 어떤 때 어느 프레임을 활성화하느냐에 따라 정치적 선택이 달라진다. 그런데 레이코프가 보기에 미국의 보수는 레이건 대통령 이래 이중개념 소유자들이 선거에서 자기들을 지지하게끔 하는 전략을 잘 구사하지만, 진보는 그렇지 못하다.

여기서 밝혀두어야 할 것이 있다. 레이코프는 진보 측에 서 있는 학자다. 그러므로 그의 연구는 언제나 진보 측의 승리에 초점이 맞춰져 있다. 그는 그래서 《코끼리는 생각하지 마》,《프레임 전쟁》,《이기는 프레임》,《나는 진보인데 왜 보수의 말에 끌리는가?》와 같은 일련의 저작을 통해, 진보가 보수의 전략에 휘말리지 않고 진보의 가치를 유권자들에게 잘 전해 선거에서 승리하는 방법을 꾸준히 모색해 제시해왔다.

그러나 만일 보수도 레이코프가 제시한 방법을 익혀 그대로 사용한다면, 그것은 분명 보수에게도 똑같이 유효한 전략이 될 것이다. 그래서 레이코프가 진보를 위해 제시한 전략을 '프레임 전쟁에 승리하는 방법' 내지 '은유로 정치를 하는 방법'으로 일반화해 당신에게 소개하고자 한다. 따라서 당신은 이 전략을 당신의 정치적 성향과 상관없이 유효하게 사용할 수 있다.

레이코프는 《이기는 프레임》에서 보수의 틀에 갇히지 않으면서 미래 가치를 생산하고 유권자들과 소통하기 위해서는 민주적 가치를 지닌 언어를 되살려야 한다고 강조한다. 그 방법으로는 '진보의 가치를 반복하여 말하라', '일관성을 유지하라', '사실과 정책을 가치에 명확하게 연결하라'와 같은 구체적 목록을 제시한다. 이 말은 보수든 진보든 상대의 전략에 휘말리지 않고 선거에서 이기려면 '자신이 지닌 프레임의 가치를 반복해서, 일관성 있게, 그리고 사실과 정책에 연결해서 주장하라'라는 말로 일반화할 수 있다. 그런데 이 말이 의미하는 바가 매우 심중하다. 그래서 조금 더 자세히 설명하자면, 다음과 같다.

1) 상대방의 언어적 공격을 그들이 사용한 용어를 그대로 반복하면서 대응하지 말라는 것이다. 왜냐하면 언어, 그중에서도 특히 은유적 표현은 신경회로에 있는 프레임을 자극하기 때문이다. 보수주의자의 언어는 보수적인 프레임을 자극하고, 진보주의자의 언어는 진보적 프레임을 강화한다. 이전에 설명했듯이, 신경회로는 활성화될 때마다 더 빨라지고 강해진다. 이 말은 만일 당신이 상대방의 언어—예컨대 '테러와의 전쟁', '세금폭탄' 같은 은유적 표현—를 그대로 사용하여 상대의 주장을 반박하거나 부인하면, 오히려 상대방의 프레임과 도덕 체계가 활성화되고 당신 자신의 프레임과 도덕 체계는 오히려 약해진다는 것을 뜻한다.[30] 레이코프는 이 말을 다음과 같이 했다.

가장 최악의 대응은 그 공격을 반복하면서 방어하는 것입니다. 그 공격을 반복하는 게 문제죠. 이것은 그들의 언어를 사용하면서 상대방을 돕는 셈이에요. 프레임을 부인하려고 할수록 오히려 프레임을 활성화시키는 거죠. '코끼리를 생각하지 마'라는 말을 들으면 코끼리를 먼저 떠올리게 되듯이 '이것은 사실이 아닙니다'라고 말하면 이게 사실인지 아닌지를 생각하게 됩니다. 그럼 어떻게 해야 할까요? 상대의 공격을 반복하는 대신 자신의 견해를 말해야 합니다. 자신의 도덕적 입장과 신념, 그리고 실제로 무슨 일이 있었는지 이야기해야 하죠. 나아가 이에 반대되는 이야기는 사실이 아니라고 말해야 해요. 그냥 방어하는 거죠. 자신의 신념을 말함으로써 자신의 도덕 시스템을 활성화할 수 있어요.[31]

레이코프는 우리의 뇌에서 일어나는 이 같은 인지과학적 현상을 1978년 맥도날드 햄버거를 둘러싸고 일어난 흥미로운 논란을 예로 들어 설명했다. 당시 미국에서는 맥도날드 햄버거 고기의 원료가 지렁이 고기라는 괴소문이 돌았다. 맥도날드 측은 '우리 햄버거에는 지렁이 고기가 들어 있지 않습니다'라고 매장에 써놓기까지 하며, 근거 없는 소문이라고 반박했다. 그러나 매출은 점점 더 떨어졌다. 맥도날드의 해명이 소비자들에게 오히려 지렁이 고기에 대한 연상 작용을 강화했기 때문이다.

막대한 손실을 입은 맥도날드는 두 가지 해결책을 찾았다. 하나는 고급 레스토랑 스테이크에서도 지렁이 고기를 봤다는 헛소문을 내는 것이었다. 다른 하나는 더 이상의 해명을 하지 않고

밀크셰이크와 감자튀김을 집중적으로 홍보하면서 소비자들의 관심을 햄버거에서 차츰 돌려놓은 것이다. 그러면서 맥도날드는 괴소문 때문에 받은 타격에서 서서히 벗어날 수 있었다.[32]

2) 진보주의의 이상이 유권자들의 마음을 사로잡게 하려면, 어떤 쟁점에 대해서든 진보의 도덕적 가치를 담은 은유적 표현들을 '언론을 통해' 계속 반복해서 쏟아내 그들의 마음속에서 '진보적 폭포수'를 활성화해야 한다는 것이다. 이때 그가 말하는 폭포수는 유권자들의 마음에 폭포처럼 쏟아져 내리는 진보적 언어를 가리킨다. 그러나 이러한 전략이 어디 진보에게만 필요하겠는가. 보수에게도 마찬가지이다. 어느 쪽이든 선거에서 승리하려면 자신들의 도덕적 가치와 정체성에 충실한 프레임과 은유적 표현들을 널리 퍼뜨려 유권자의 마음을 사로잡아야 한다.

당신도 알다시피, 세계 어느 곳에서나 보수는 자유경제를 옹호하며, 세금 감면에 찬성하고, 낙태를 반대하고, 총기 사용에 찬성하며, 인종차별적이고, 성 소수자를 비정상으로 보며, 복지에 대부분 반대하고, 범죄에 대해 징벌적이다. 반면 진보는 규제된 경제를 옹호하며, 부자에 대한 증세에 찬성하고, 낙태에 찬성하고, 총기 사용에 반대하며, 인종차별에 반대하고, 성 소수자를 옹호하며, 복지에 찬성하고, 범죄에 대해 교화적이다.

이 말은 보수든 진보든 선거에서 승리하려면, 지금 나열한 자신들의 정책을 도덕적 가치와 연결한 은유적 표현으로 만들어 폭포수처럼 쏟아내야 한다는 의미다. 여기에서는 '언론의 역할'이 매우 중요하다. 시민들의 뇌에 이러한 개념과 은유적 표현의 폭포수가 언론을 통해 일단 활성화되면, 그들이 실제로 경제를 살렸는가, 실제로 친서민적인가, 실제로 인권을 옹호하는가, 실제로 복지가 확장되었는가, 실제로 범죄를 줄였는가, 실제로 사회를 공정하게 했는가는 중요한 문제가 아니다. 레이코프의 말대로, 프레임이 사실을 압도하기 때문이다.

3) 정치적 은유에 경각심을 갖고 민감하게 반응하자는 것이다. 레이코프는《나는 진보인데 왜 보수의 말에 끌리는가?》에서 마지막 장을 할애해 언론인들에게 특별한 주문을 한다. 그는 언론이 사용하는 정치적 은유 안에 어떤 프레임이 담겨 있는지 점검할 필요가 있다고 강조한다. 그는 다음과 같이 주장한다.

예컨대 9·11테러 이후에 언론인들은 부시 행정부가 고안한 프레임을 채택해 계속 사용하면서 이렇게 말했습니다. "9·11 공격 이후 수

년이 지났지만 미국은 여전히 테러와의 전쟁이 진행 중임을 보고 있다." 글쎄요. 언론인들은 이렇게 보도하는 게 더 나았을 것입니다. "9·11 공격 이후 수년이 지났지만 보수적인 미국 정부는 여전히 자신의 외교정책과 국내정책을 정당화하기 위해 '테러와의 전쟁'이라는 은유를 사용한다."*

내용인즉 '깨어 있는 저널리즘'은 객관적 사실을 전달하는 데 그치지 않고, 사용하는 낱말 안에 미묘한 이념적 편향이 담겨 있다는 점까지 고려해야 한다는 것이다. 같은 맥락에서 그는 일반인들에게도 다음과 같이 경고했다.

사람들은 미디어에서 접하는 언어가 자신의 마음속에서 특별한 실재를 창조한다는 사실을 인식하지 못합니다. 놀랍게도 신경과학이나 인지과학, 심리학 같은 인간의 인지를 연구하는 분야에서 나오

---

* 레이코프는 이어서 다음과 같이 주장한다. "그런 다음에 그들은 이 은유의 추론을 설명하고, 또한 이 은유가 어떻게 엄격한 아버지 도덕의 세계관과 잘 어울리는지를 설명할 수도 있었습니다. 더 나아가 그들은 이 상황의 은폐된 실상을 논의하고, 이 은유의 사용이 어떻게 극단적으로 보수적인 정책을 도덕적으로 올바른 유일한 정책이라고 장려하는지를 논의할 수도 있었습니다."(조지 레이코프·엘리자베스 웨흘링, 나익주 옮김, 《나는 진보인데 왜 보수의 말에 끌리는가?》, 생각정원, 2018, 269쪽.)

는 가장 기본적인 발견조차도 대중에게 잘 알려져 있지 않습니다. 우리 중 많은 사람들이 자신의 고유한 사유의 힘을 정치가와 정치 전략가, 홍보 전문가들에게 너무 쉽게 넘겨줍니다.[33]

정리하자. 당신이 누구이든—다시 말해 정치가이든 아니든, 언론인이든 아니든—미디어에서 전하는 은유적 표현이 지닌 막대한 사회적 영향력을 인식하고, 그것을 비판적으로 받아들이며 비판적으로 사용하는 것만으로도 사회를 바꿀 수 있다. 이것이 이 책에서 말하는 '은유로 정치하기'이자 우리가 경각심을 가지고 그것을 익히고 훈련하고 또 거기 참여해야 하는 이유다.

자, 그럼 이제부터는 우리가 지금까지 익혀온 '은유로 정치하기'에 직접 참여해보자. 다시 말해 우리가 은유로 한국 사회의 무엇을 어떻게 바꿀 수 있을까를 잠시 생각해보자는 것이다. 그러려면 우리는 먼저—우리 자신의 "고유한 사유의 힘을 정치가와 정치 전략가, 홍보 전문가들에게 너무 쉽게 넘겨"주지 말고—우리가 사는 한국 사회가 지금 어떤지부터 비판적으로 살펴보아야 할 것이다. 그래야만 무엇을 어떻게 바꿀지가 비로소 드러날 것이기 때문이다.

IV.

10. 은유로 정치 바꾸기

독일의 철학자 마르틴 하이데거Martin Heidegger, 1889~1976는 근대 적 이성의 산물이라 할 수 있는 과학기술의 특성을 '몰아세움das Stellen'과 '닦달das Gestell'로 규정한 적이 있다. 자본주의의 탐욕적 성 격과 폭력성을 나타내는 데에 이보다 더 적합한 용어가 있을까. 하이데거는 《기술과 전향》에서 다음과 같이 설파했다.

농부들이 예전에 경작하던 밭은 그렇지 않았다. 그때의 경작은 키 우고 돌보는 것이었다. 농부의 일이란 농토에 무엇을 내놓으라고 강요하는 것이 아니라 씨앗을 뿌려 싹이 돋아나는 것을 그 생장력 에 내맡기고 그것이 잘 자라도록 보호하는 것이었다. 그러나 오늘 날의 농토 경작은 자연을 닦아세우는, 이전과는 다른 종류의 경작 방법 속으로 흡수되어버렸다. 이제는 그것도 자연을 도발적으로 닦아세운다. 경작은 이제 기계화된 식품공업일 뿐이다. 공기는 이제 질소 공급을 강요당하고, 대지는 광석을, 광석은 우라늄을, 우라늄은—파괴를 위해서든, 평화적 이용을 위해서든—원자력 공급을 강요당하고 있다.

하이데거의 말대로, 우리는 과학기술을 통해 자연을 몰아세우고 닦달함으로써 "자연에 숨겨져 있는 에너지를 채굴하고, 캐낸 것을 변형시키고, 변형된 것을 저장하고, 저장한 것을 다시 분배하고, 분배된 것을 다시 한번 전환해" 사용한다. 그렇지 않은가? 그런데 우리는 이 모든 몰아세움과 닦달이 예나 지금이나 자본주의에 의해 고무되고 또 추동되어왔다고 생각한다.

 특히 오늘날 자본주의는—과학기술과 마찬가지로, 또는 그와 함께—자연뿐 아니라 사회와 개인을 몰아세우고 닦달함으로써 각각이 지닌 가능성의 범위를 넘어서 더 이상 가능하지 않은 것을 강압하여 요구하고 있다. 그 폐해를 우리는 파괴된 자연에서 기인한 감염성 질병과 기후변화, 무한경쟁으로 무너진 공동체, 탐욕으로 피폐해진 개인으로 경험하고 있다. 그리고 그 배후에는 언제나 '시장'이라는 괴물이 도사리고 있다. 이 점에서는 한국사회 역시 예외가 아니다.

IV.

몰아세움과 닦달

자본주의가 유일한 경제체제인 오늘날, 시장은 이제 그 무엇으로도 통제할 수 없는 폭군이 되었다. 더 큰 문제는 우리가 이제는 정부를 믿을 수 없다는 데에 있다. 오늘날 정치는 자본주의를 통제할 능력을 상실했다. 소비물질주의라는 실천 이데올로기로 무장한 자본주의는 경제라는 목덜미를 거머쥐고 우리가 기댈 수 있는 마지노선Maginot Line인 정치를 훌쩍 넘어섰다. 우리나라만 보더라도 보수, 진보 어느 쪽이 정권을 잡든 자본주의의 동력이자 진열장인 시장을 통제할 수 없다는 점에서는 다를 바가 전혀 없는 것이 그 증거다. 어느 쪽(보수)은 환호하며 끌려가고 어느 쪽(진보)은 투덜대며 잡혀가는 차이가 있을 뿐이다.

어디 우리나라만 그렇겠는가. 리투아니아의 정치철학자 레오니다스 돈스키스L. Donskis와 나눈 대화인 《도덕적 불감증》에서 지그문트 바우만이 통렬하게 지적한 대로, 이제 세계 어디에서든 국가는 잠자코 자본에 봉사한다. 겉으로는 공동체의 존속, 공정과 윤리, 국민의 건강과 개인의 사생활에 관심 있는 척하지만, 실제로는 오직 "자본의 경비회사 역할"을 하고 있다. 바우만은 그 이유를 다음과 같이 설명했다.

정부는 그들이 하고자 하는 것을, 시민들이 간절히 원하고 그들에게 하라고 요구하는 것을 해도 되는지 아니면 하면 안 되는지에 대한 판단을 '시장'에서 구한다. 오늘날 시장은 무기력하고 불운한 정부의 묵인 또는 심지어 명시적이거나 암묵적인 동의와 후원 아래 현실적인 것과 비현실적인 것을 가르는 경계선의 협상 과정에서 최초 발언권과 최종 발언권을 빼앗아갔다. '시장'은 주소도 없는 익명의 얼굴 없는 힘들을 가리키는 약식 이름이다. 이것은 아무도 선출한 적이 없고 아무도 제약, 통제, 인도할 수 없는 힘들이다.[34]

시장을 감시, 감독할 헌법상의 의무가 있는 의회와 정부는 이제 그 일을 할 능력을 잃었다. 마찬가지로 제도권 정당들도 더 이상 그 일을 수행할 능력이 없다. 오늘날 정치 지도자들은 너나 할 것 없이 증권거래소와 시장의 몰아세움과 닦달에 압도되어 그들이 선거 때 내세웠던 순진무구한 공약들을 즉각 거둬들이고 시장에 봉사하기 일쑤다.

그런데 하이데거에 의하면, 몰아세움과 닦달이 성한 곳에서는 자연도, 사회도 심지어는 사람까지도 더 이상 그것들이 전에 갖고 있던 고유한 '자립적 본질', '갖춘 본질', 요컨대 '신에 의해 창조된 본질'을 유지할 수 없다. 그는 "닦달의 본질은 위험이다"

라고 경고했다. 시장의 몰아세움과 닦달이 그 어느 나라 못지않
게 성한 한국 사회도 위험하기는 마찬가지인 것으로 보인다. 그
가운데 가장 심중한 하나가 오늘날 우리가 시장 중심주의에 경
도되고 오염된 사고와 언어가 불러온 위험과 폐단 속에 살고 있
다는 사실이다.

일일이 나열하자면 한이 없지만, 그들 가운데 이미 오래전부
터 만연하고 일상화되어 이제는 누구나 아무런 반성 또는 경각
심 없이 사용하게 된 은유적 표현을 몇 가지 골라 그 폐해의 광
범위함과 심각성을 살펴보고자 한다. 그리고 어떻게 하면 우리
가 그것들을 해소할 수 있는지, 그럼으로써 우리의 삶과 사회를
조금씩 안전하고 바람직하게—달리 말해 우리가 추구하는 가치
에 부합하게—바꾸어나갈 수 있는지를 탐색해보고자 한다. 자
칫 미력해 보이는 이 방법이 자본주의 앞에 이미 무력해진 정치
가 하지 못하는 일을 해낼 수 있을지도 모르기 때문이다.

은유가 세상을 바꿀 수 있을까? 지금까지 우리가 살펴본 은유
의 놀라운 능력을 고려하면 못할 리가 없다. 특히 4부에서 살펴
본 처칠, 히틀러, 오바마 등이 사용한 정치적 은유가 세상을 어
떻게 바꾸었는가를 감안하면, 또 "은유는 개인의 정치적 의사결
정은 물론 국가 전체의 정치적 의사결정을 완전히 통제한다"[35]

라는 레이코프의 말을 상기하면, 더욱 그렇다. 은유는 새로운 돌파구, 새로운 혁명의 도구가 될 수 있다. 방법은 앞에서 보았듯 레이코프가 이미 구체적으로 설명해놓았다. 요컨대 우리가 사용하는 은유적 표현을 우리가 추구하는 가치에 부합하게 바꾸는 것이다.

오늘날 시장은 정부가 자본의 경비회사 역할을 하는 가운데 우리의 사고와 언어를 우리도 모르는 사이 시장 중심적으로 바꾸어놓았다. 그 결과 우리의 일상에는 인간과 그가 하는 사회적 활동 그리고 그가 지닌 정신적 표상까지도—여기에는 사람의 몸과 성과 노동과 시간과 학문과 예술과 기술 등 문명 전반이 포함된다—상품화하는 은유적 표현이 난무하고, 그것들이 다시 우리의 사고와 언어를 시장 중심적으로 바꾸어놓는 악순환을 일으키고 있다.

경악할 만한 일이다. 하지만 이 말을 비관적으로만 받아들이지는 말자. 왜냐하면 이 말은, 우리가 인간을 상품화하는 시장 중심적 표현에 경각심을 갖고 민감하게 반응하며, 그것을 인간 중심적이고 민주적인 가치를 지닌 표현으로 바꾸기만 해도 악순환의 고리를 끊고 의미 있는 변화를 일으킬 수 있다는 것을 뜻하기 때문이다. 과연 그런지 이제부터 하나씩 살펴보자.

IV.

인간 상품화의 길고 짧은 역사

인간 상품화의 역사는 길다. 기원전 4000년경 유프라테스와 티그리스강 주변에서 일어난 도시국가들에도 노예가 있었다. 직접민주주의가 꽃피었던 페리클레스 시대Perikles age, 기원전 461~기원전 429 아테네에도 전체 주거민의 50퍼센트가량이 노예였다. 여성 상품화의 역사도 길다. 당시에도 매춘이 있었고, 기원전 5세기경 바빌로니아에서는 신붓감을 경매에 올리는 결혼 시장도 성행했다. 영국 화가 에드윈 롱Edwin Long, 1829~1891이 그린 〈바빌론의 결혼 시장〉(1875)이 당시 풍경을 보여준다.

그러나 당시 사람들은 지금 우리들처럼 '모든 인간을', '모든 상황에서', '모든 수단에 의해' 상품화하지는 않았다. 그래서 이제부터 우리가 주목하고자 하는 것은 오늘날 자본주의 시장에서 행해지고 있는 인간의 전방위적 상품화의 역사다.

초기자본주의에서의 인간 상품화

세상 모든 것을 상품화하는 자본주의 사회에서 '인간의 상품화'는 당연한 일인지도 모른다. 산업혁명이 일어난 초기 자본주의 시대부터 시장은 사람들을 '노동자'라는 이름 아래 그들이 지닌 능력과 노동을 상품화했다. 그리고 '최소의 비용, 최대의 효과'라는 경제성 원칙을 내세워 그들을 극단에 이르기까지 몰아세우고 닦달해 잉여가치를 생산해내는 데에 진력했다. 그럼으로써 그들이 전에 갖고 있던 고유한 '자립적 본질', '갖춘 본질', 요컨대 '신에 의해 창조된 본질'을 유지할 수 없게 했다. 당신도 알다시피, 여기까지가 카를 마르크스Karl Marx, 1818~1883가 1848년에 출간한 《공산당 선언》에서 적나라하게 고발한 역사적 사실이다. 그 안에는 다음과 같은 구절이 있다.

부르주아는 역사상 극히 혁명적인 일을 수행했다. 부르주아는 (……) 적나라한 이해利害, 냉정한 현금계산 외에는 그 어느 것도 남겨두지 않았다. 인격의 가치를 교환의 가치로 해소시켜버리고, 스스로의 힘으로 쟁취했던 무수한 자유를 그 어떤 것으로부터도 방해받지 않는 단 하나의 상업적 자유로 바꾸어버렸다. (……) 부르주아는 지금까지 존경스럽고 외경스러운 마음으로 보아오던 모든 직업도 빼앗아버렸다. 의사도 법률가도 성직자도 시인도 학자도 그들이 고용하는 임금노동자로 바꿔버렸다. 부르주아지는 가족관계로부터도 그 감동적인 감상의 포장을 벗겨버리고, 그것을 순전히 금전

관계로 되돌려버렸다.

맞는 이야기다. 딱 그랬다. 그리고 이것만으로도 충분히 나빴음에도 20세기로 들어서면서 사정은 더 나빠졌다. 도로, 철도, 항만, 통신 시설 등 기간시설이 완비되고 과학기술이 발달하여 생산이 폭발적으로 증가하기 시작하자 '소비'가 뒷받침되지 않으면 생산 체계가 붕괴될 처지에 놓였다. 그래서 20세기 후반에 등장한 것이 이른바 후기자본주의다.

후기자본주의에서의 인간 상품화

후기자본주의는 독일에서 출생해 벨기에서 활동한 경제학자 에르네스트 만델Ernest Mandel, 1923~1995이 처음으로 고안해 사용한 용어인데, 그것은 정부의 묵인 또는 명시적이거나 암묵적인 동의와 후원 아래 시장이 사람들을 '노동자'뿐 아니라 '소비자'로서 사용하는 경제체제를 가리킨다.

이때부터 정부는 소비를 권장하기 위해 '삶의 질을 높인다'라는 미명 아래 노동시간을 줄이고 여가시간을 늘리는 정책을 시행했다. 그리고 신용카드를 발급하여 충동적이고 무책임한 소비가 가능한 새로운 지출 방식을 열어놓았다. 시대적 편차는 있지만, 어느 나라에서든 후기자본주의와 신용카드 제도는 거의 같은 시기에 시작되었다. 또 언론과 기업은 자극적인 광고와 변덕스러운 유행을 통해 정상적 수준에서는 불필요한 소비를 숨이 막히도록 부추겼다. 요컨대 후기자본주의 시대가 시작되며 시장은 정부의 개입, 언론에 의해 확산된 대중문화, 발달한 미디어와 마케팅 전략 등을 통해 사람들에게 노동뿐 아니라 소비까지 강요했다.

그 결과 사람들은 낮과 주중에는 금욕주의적 노동자로 '죽도록' 일하고, 밤과 주말에는 쾌락주의적 소비자로 '지치도록' 봉사하도록 몰아세움과 닦달을 당한다. '이중 노역'과 '이중 착취'가 이뤄지는 사회에서 살게 된 것이다. 그리고 그들이 전에 갖고 있던 고유한 '자립적 본질', '갖춘 본질', 요컨대 '신에 의해 창조된 본질'이 무엇인지조차 까맣게 잊어버렸다. 마찬가지로 자연도 한편으로는 우리의 제한 없는 생산자원 채굴로 약탈당하고, 다른 한편으로는 한도 없는 우리의 소비 행위에서 나온 부산물 및 폐기물로 '이중 피해'를 당해 마침내 회복 불능 상태에 이른 것이다. 여기까지가 프랑스의 사회학자 장 보드리야르Jean Baudrillard, 1929~2007가 《소비의 사회》에서 고발한 내용이다.

금융자본주의에서의 인간 상품화

어디 그뿐인가? 자본주의가 우리에게 가하는 몰아세움과 닦달은 여기서 그치지 않는다. 소비가 이처럼 '공공연하게' 그리고 또 '은밀하게' 강요되는 사회에서는 그 누구도 자신의 소비를 감당할 수 없다. 그 결과 너나없이 모두가 빚을 진 인간, 곧 '부채인간 L'homme Endetté'이 된다. 부채인간은 자본주의라는 히드라가 이른바 '카지노자본주의'라고도 불리는 '금융자본주의'로 다시 한번 얼굴을 바꿔 진화하면서 만들어낸 새로운 인간 유형이다.

이 말은 금융자본주의가 특히 기승을 부리기 시작한 20세기 말부터 시장이 사람들에게 '노동자', '소비자' 외에 '부채자'라는 또 하나의 역할을 부여했다는 것을 뜻한다. 이때부터 대출에 의지해 사는 것이 삶의 새로운 패턴이 되었다. 현대인들은 주택담보대출로 집을 사고, 학자금대출로 대학에 가며, 신용카드를 쓰며 일상생활을 영위한다. 부채가 이익 창출의 필수 요건인 금융자본주의가 누구든 아무런 부채의식 없이 빚을 지며 살 수 있게 —달리 말해 무책임과 부도덕이 지각되지 않거나 정당화되게— 유도했기 때문이다. 그 결과 사람들은 '삼중 노역'과 '삼중 착취'가 이뤄지는 사회에서 살게 되었다.

부채란 예나 지금이나 어떤 방식으로든 채무자의 삶을 유린하기 마련이다. 오늘날 금융자본주의는 부채를 통해 개인의 일상을 알게 모르게 관리하고 통제한다. 모든 개인은—노동자이든 실업가이든 소비자이든 생산자이든 은퇴자이든 상관없이—채무자이기 때문에 자의에 의해서든 타의에 의해서든 오직 소비와 부채 상환을 위한 노동, 곧 금융자본주의 존속을 위한 노동과 정부의 부당한 정책을 당연한 것으로 받아들이게 된다.

그 결과 우리는 누구랄 것 없이 자기 자신을 더욱 도발적으로 상품화해야 하는 현대판 노예가 되고 말았다. 여기까지는 이탈리아 출신 사회학자이자 철학자인 마우리치오 라자라토M. Lazzarato가 《부채인간》에서 날카롭게 지적한 사안이다.

세계화-디지털화된 시장에서의 인간 상품화

21세기에 들어서자 다시 한번 변혁이 일어났다. 시장이 무역과 항공산업의 발달로 세계화되고 첨단 정보기술의 발달로 디지털화된 것이다. 세계화되고 디지털화된 시장에서 사람들은 자신이 지닌 능력뿐 아니라 지각하는 모든 것, 생각하는 모든 것, 심지어 상상하는 모든 것을 상품화할 수 있게 되었고, 시간과 공간을 초월해 전 세계 소비자에게 팔 수 있게 되었다. 이 말은 얼핏 들으면 시장이 우리에게 무한한 자기실현의 자유를 선물한 것처럼 들리지만, 사실인즉 그것은 무한경쟁의 전쟁터에서 언제든 누구하고든 싸워야 하는, 또 싸울 수 있는 자유에 불과했다.

그러자 2000년대 초부터 범세계적으로 '자기계발 열풍'이 거세게 일어났다. 자기계발이란 본디 자신의 잠재된 능력을 스스로 이끌어내는 것을 말한다. 따라서 마치 농부가 과일나무를 가꾸고 돌보듯이 자기 자신을 성장·숙성시키는 것이어야 한다. 그런데 오늘날 유행하는 자기계발은 자기 가능성의 범위를 넘어서 더 이상 가능하지 않은 것을 자신에게 스스로 강요한다는 점에서 '자기-몰아세움'이자 '자기-닦달'의 성격을 지녔다. 그럼으로써 자연 개발이 자연을 해치듯 자기계발이 자기를 해치는 결과를 가져왔다.

그 대표적 증상이 자기계발에 자신의 신체 계발—예컨대 남성들의 몸짱 열풍이나 화장 열풍, 여성들의 다이어트 열풍과 성형 열풍 등—이 포함되어 있다는 것이다. 이 말은 세상 모든 것을 상품화하는 시장의 힘 때문에 이제 사람들은 자기 자신의 육체마저 계발해 시장에 진열하기 위해 스스로를 몰아세우고 닦달하게 되었다는 것을 뜻한다. 그럼에도 그 혹독한 몰아세움과 닦달의 주체는 자기 자신의 욕망이며, 그렇기에 그 탓과 책임도 당사자에게 있다는 의미다.

후기자본주의, 금융자본주의와 함께, 그리고 세계화-디지털화된 문명의 도움을 받아 21세기 시장은 인간의 상품화라는 오명과 책임을 당사자에게 떠넘겼다. 마치 예수의 사형판결을 유대인들에게 떠넘긴 빌라도처럼 제 손에 묻은 피를 씻는 데에 마침내 성공한 것이다. 그럼으로써 오늘날에는 마르크스가 통렬하게 고발하고, 보드리야르가 신랄하게 까발리고, 라자라토가 날카롭게 지적한 시장의 은밀한 인간 상품화와 노예화 전략을 눈치채기 어렵게 되었다. 누군가는 정말이냐고, 공연한 심술로 딴지를 거는 것이 아니냐고 물을 수 있다. 만일 당신이 지금 내 말이 그렇게 들린다면, 사고실험을 하나 해보자.

가령 오늘 저녁 당신이 (남성이라면) 헬스로 다져진 몸에 아르마니 슈트를 걸치고 고급 승용차를 몰고, (여성이라면) 다이어트로 가꾼 몸에 샤넬 원피스를 입고 루이뷔통 백을 들고 압구정동이나 청담동에 있는 백화점과 클럽에 가서 쇼핑과 유흥을 즐긴다고 가정하자. 당신은 물론 신용카드를 사용할 것이고 그것은 당신이 자신의 욕망과 쾌락을 위해 기꺼이 지불하는 대가다. 하지만 그것이 전부일까? 당신의 소비에 소비를 통해 생존하려는 자본주의의 욕망이 섞여 있는 것은 아닐까? 달리 말해 시장이 만들어낸 허위의식이 당신을 그렇게 소비하도록 떠민 것이 아닐까?

당신은 아마도 아니라고 할 것이다. 그러나 다시 생각해보시라. 럭셔리한 당신의 차림새는 다른 사람들의 시선을 끌기 때문에 그것이 불러오는 쾌감이 과도한 욕망의 증식을 낳는다. 사치스러운 당신의 나들이는 경제 능력을 과시하는 기호이기 때문에, 그것이 가져오는 쾌감이 과잉소비를 정당화한다. "가끔은 주목받는 생이고 싶다!"라는 프랑스 제화회사 슈발리에의 광고 문안이 겨냥하는 것이 바로 그 같은 욕망의 증식과 과잉소비이고, 그것을 부추기는 후기 자본주의의 전략이 "당신을 진열해드립니다"이다. 한마디로 당신에게 '가끔은 주목받는 생이고 싶다'라는 욕망을 불러일으킨 것도, '당신을 진열해드립니다'라고 꼬드긴 것도 자본주의라는 뜻이다.

당신을 진열해드립니다

함성호 시인은 자본주의가 그린 이 같은 풍경을 연작시 〈건축사회학〉에서 다음과 같이 읊었다.

당신의 휴식 공간 롯데는 / 우리를 모두 젊은 베르테르의 사랑에 빠지게 한다 / 욕구의 끓는 기름과 조갈의 불화살을 쏴 / 끊임없이 당신을 상품화하고 / 끊임없이 당신을 당신이 소비하도록 / 구애한다 / "여러분은 지금 롯데월드로 가시는 전철을 (……)" / 욕/망/을/드/립/니/다/ /쾌/락/을/드/립/니/다/ "내리시면 바로 당신을 진열해 드립니다"

— 함성호, 〈잠실 롯데 월드-건축사회학〉 부분

전하고자 하는 요점은 이것이다. 우리가 쾌락과 욕망이라는 무거운 짐을 지고 그 노예로 살아가는 것에도, 공연히 저잣거리를 헤매는 것에도, 스스로를 절제하지 못하고 과도한 소비를 하는 것에도, 소비가 받쳐주지 않으면 생존할 수 없는 자본주의의 욕망과 전략이 작용하고 있다는 것이다. 그 결과 오늘날 우리는 스스로 자신을 하나의 자본이자 소비 대상으로 취급하게 되었다. 이른바 자기-상품화다. 보드리야르는 《소비의 사회》에서 자본주의가 부추기는 자기-상품화 현상을 다음과 같이 갈파한 바 있다.

자본주의 사회에서는 육체 그 자체와 육체를 이용한 사회적 활동 및 정신적 표상이 사유재산 일반과 똑같은 지위를 부여받고 있다.

(……) 우리가 보여주고 싶은 것은 현재의 생산/소비 구조가 사람들의 마음속에서 자신의 육체로부터 분리된 (그렇지만 깊은 곳에서는 연결되어 있는) 표상과 결합한 이중의 취급을 이끌어내는 것, 즉 자본으로, 물신(또는 소비 대상)으로 육체를 취급하는 것이다.

한마디로 자본주의가 우리에게 자신의 육체와 그것을 이용한 사회적 활동 및 정신적 표상을 상품화하도록 몰아세우고 닦달하고 있다는 것이다. 그래서 우리는 마치 메피스토펠레스와 계약한 파우스트처럼 '영끌을 해서라도' 몸매를 가꾸고 성형을 하고 고급 승용차와 명품을 사들이며, 도시공간에 자신의 육체와 사회활동 그리고 정신적 표상까지 진열한다는 것이다.

당신은 아직도 아니라고 부정하고 싶을 것이다. 그리고 '나는 순전히 나 자신의 쾌락과 만족을 위해 다이어트하고 헬스장에 다니고 성형을 하고 명품을 걸치고 스포츠카를 몬다'라고 주장하고 싶을지도 모른다. 하지만 만일 당신이 무인도 밀림 속에서 혼자 산다고 가정해보자. 그래도 당신은 몸매를 가꾸고 성형을 하고 아르마니 슈트나 샤넬 원피스를 걸치고 스포츠카를 몰거나 마놀로 블라닉을 신고 외출을 하고 싶을까? 아마 아닐 것이다. 이 말은 도시공간에 자신을 진열하고 싶은 당신의 욕망은 자본주의가 만들어낸 허위의식에 불과하다는 의미다.

하지만 이것만 해도 20세기 후반 이야기다. 스마트폰과 소셜 미디어 서비스sns가 일반화된 21세기를 사는 우리는 트위터나 인스타그램과 같은 사이버공간에서도 '가끔은 주목받는 생이고 싶다'라는 욕망을 표출하고 또 실현할 수 있게 되었다. 그래서, 또 그러기 위해서 부단히 사진과 동영상을 올려 스스로를 진열한다. 그럼으로써 사이버공간은 자본주의가—공공연하게 그러나 은밀한 의도와 함께—열어놓은 또 하나의 진열장이 되었다. 자신을 전시할 수 있는 소비물질주의의 낙원으로서의 공간이 도시공간뿐 아니라 사이버공간으로도 무한히 확장된 셈이다. 그럼으로써 우리의 욕망의 증식과 자기-상품화에는 끝이 없어졌다.

인간을 상품화하는 은유들

외형만 잠시 수박 겉핥기 식으로 살펴보았지만, 오늘날 우리는 이렇듯 시장의 몰아세움과 닦달에 스스로 적응하기 위해 자기 자신을 상품화하는 데에 밤낮으로 몰두한다. 그런데 우리의 사고와 언어는 언제나 현실을 반영한다. 그러다 보니 우리는 자신도 모르는 사이 어느덧 인간의 육체와 그것을 이용한 사회적 활동 및 정신적 표상까지 상품화하는 사고와 언어에 무감각해졌고 그 사용이 일상화되었다.

《은유로 보는 한국 사회》에서 나익주 교수는 2017년 이낙연 국무총리 지명자의 인사청문회에서 당시 야당 모 국회의원이 한 발언을 소개한다.[36]

어떻게 보면 개업식에 와 있는 심정입니다. 웬만하면 물건을 팔아주고 싶은데 물건이 도저히 하자가 심해서 팔아줄 수 없는 딜레마에 봉착해 있다는 말씀을 드립니다. 이런 경우에는 물건을 파시는 분이 뭔가 해명을 좀 하셔야 할 것 같습니다.

여기서 화자는 총리 지명자를 '물건', 그것도 "하자가 심해서 팔아줄 수 없는" 불량상품으로, 국회의원 자신을 상품 구매자로, 총리를 지명한 대통령을 상품 판매자로 표현하는 은유를 사용했다. 이 발언 안의 은유적 사고를 도식화하면 〈도식 59〉와 같다.

나익주 교수는 이 같은 발언이 "우리의 마음속에 사람을 상품으로 인식하는 기제가 자동적으로 작동하고 있기 때문"에 나온

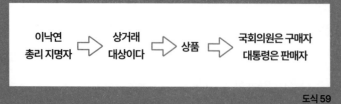

도식 59

것이라고 했다. 그렇다면 이 같은 언어 사용이 어디 이 국회의원에 한정되겠는가. 당연히 그럴 리가 없다.

예컨대 우리가 일상에서 자주 사용하는 '명품 의사', '명품 변호사', '명품 교사', '명품 가수', '명품 배우' 등도 역시 사람을 하나의 상품으로 인식하고 취급하는 은유적 표현이 아닌가. 또 고향을 '원산지'로, 주요 활동지역을 '유통지역'으로, 나이를 '연식年式'으로 신체적 질병을 '고장'이라고 표현하는 것도 마찬가지다. 인간을 상품화하는 은유적 표현의 사용은 우리 사회에 이미 만연해 있다.

여성의 몸은 음식물

그 가운데 특이한 것은 이 같은 은유적 표현들이 여성에게는 주로 몸을 '음식물'로 묘사하는 데에 쓰인다는 사실이다. 음식물이 식욕을 만족시켜주듯이, 여성의 몸이 성욕을 만족시켜준다는 유사성을 근거로 개념화한 은유적 표현인데, 나익주 교수가 든 사례를 몇 인용하자면 다음과 같다.

"요즈음 룸(살롱)에 가면 오히려 자연산을 찾는다고 하더라."
"내가 영계를 좋아하니, 가까이 와서 사진을 찍자."*
"지나가는 여학생들 건드리지 말고 그냥 입맛만 다셔, 알았어?"
"춘향전이 뭡니까? 변 사또가 춘향이 따먹으려는 것이 아닙니까?"

모두가 우리나라의 내로라하는 정치인들이 사용해 사회적 물의를 일으켰던 여성 비하 표현이다. 앞의 세 가지 예 가운데 마지막은 어느 도지사가 공개강연에서 했다는 망언인데, 당시 그가 한 은유적 사고를 도식화해보면 다음과 같다.

* "내가 영계를 좋아하니, 가까이 와서 사진을 찍자"는 2012년 대통령 선거에서 한 후보의 공동선거대책위원장을 맡았던 여성 기업인이 젊은 남성을 향해서 했다는 발언이다. '영계'가 보통 젊은 여성을 일컫는 말인 것을 감안하면 성역할 문제는 권력의 문제와 연관되어 있다는 것을 알 수 있다. (나익주, 《은유로 보는 한국 사회》, 한뼘책방, 2020, 141~145쪽 참조.)

여성의 몸 ⇨ 욕구를 만족시킨다 ⇨ 음식물 ⇨ 따먹는다

도식 60

생각해보자! 우리들 역시 주변에서 이런 천박한 말을 심심치 않게 듣고 있지 않은가? 심지어 우리 자신도 가끔은 이런 언어를 사용하지 않는가? 이처럼 우리의 사고와 언어는 자신조차 모르는 사이에 여성 비하적 또는 시장 중심적으로 바뀌었다.

물론 '여성의 몸은 음식'이라는 은유적 사고와 표현은 비단 우리나라에만 있는 것이 아니다. 영어에도 'He is sex-starved'(그는 성에 굶주렸다), 'I hunger for your touch'(나는 너의 애무에 굶주렸다)와 같은 표현이 일상적으로 쓰인다.[37] 1970년대부터 반폭력 운동을 벌여온 미국의 에코페미니스트이자 신학자인 캐럴 애덤스Carol Adams는 《인간도 짐승도 아닌》에서 "우리는 여성을 동물에 가까운 존재로, 인류를 위해 동물적인 기능(예컨대 생식과 양육 기능)을 지속하는 존재로 상정한 서구의 철학 전통을 물려받았다"[38]라고 지적한다.

IV.

애덤스는 이같이 여성을 인간과 짐승 사이에 두는 위치 설정에 맞서기 위해 메리 울스턴크래프트Marry Wollstonecraft가 이끈 18세기 여성해방운동의 구호가 "우리는 동물이 아니다, 우리는 인간이다"였던 것이라고 항변한다. 그럼에도 200년이 더 지난 지금까지도 여성의 몸을 동물처럼 취급하는 '자연산', '영계', '따먹는다', '굶주렸다' 같은 은유적 표현이 사용되고 있다는 것은 그것이 단지 언어적 문제가 아니고 사회적·정치적 문제인 것을 여실히 증명한다.

모든 종류의 폭력이 그러하듯 언어폭력도 매일 접하면 더 이상 경악이나 혐오를 불러일으키지 않는다. 그런 가운데 그것이 부지불식간에 우리 안에서 자라난다. 그리고 알게 모르게 사회적 관습과 제도를 만들어간다. 바로 이것이 우리가 인간을 상품화하는 은유적 표현을 개인적이고 윤리적인 언어 사용의 문제가 아니라 사회적·정치적 문제로 인식하고 대처해야 하는 이유다.

결혼과 교육은 상거래

나익주 교수는 같은 책에서 이 같은 시장 중심적 인식과 풍조가 결혼과 교육 같은 사회적 관습이나 제도를 묘사하는 언어에 어떻게 반영되는가도 추적했다. 그는 결혼에 관해서는 근래 우리가 자주 사용하는 언어인 '품절남', 품절녀' 그리고 '결혼 시장', '중매 시장'을 예로 들었다. 그리고 다음과 같은 몇몇 언론 보도를 함께 소개했다.[39]

가요계의 테리우스 신성우 품절남이 되던 날
이제 막 결혼한 성유리 씨를 비롯해서 많은 품절녀 스타들이 예쁘고 행복하게 잘 살길
봄바람 불자 스타들 품절남, 품절녀 행진

이처럼 결혼이 상거래이고 결혼한 남녀가 상품이다 보니, 당연히 이혼은 '반품'이고 이혼하거나 결별한 남녀는 '반품남', '반품녀'가 된다. 그가 언론에서 뽑은 예는 다음과 같다.[40]

최근 주아민과 결별한 MC몽이 반품남 클럽의 막내로 합류해 눈길을 끌었다
노홍철이 '소지섭의 결별설'을 언급하며 '반품남 팀 합류'를 적극적으로 요구하고
5년째 연인 관계를 이어오던 하하-안혜경 커플, 반품남, 반품녀 대

IV.

열에 합류

이 같은 은유적 표현 안에 담긴 은유적 사고를 도식화하면 다음과 같다.

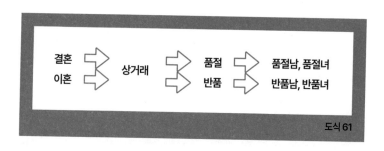

도식 61

시장 중심주의에 물든 은유적 사고와 표현을 우리는 심지어 교육 분야에서도 찾아볼 수 있다. 나익주 교수는 요즘은 언론뿐 아니라 교육 당국 문서에서도 서슴없이 '교육 시장'이라는 용어를 사용하고, 학생과 학부모를 '교육 수요자', '교육 소비자'라고 부르며, 교사와 학교를 '교육 공급자'라고 호칭한다고 지적하고, 다음과 같은 예를 소개했다.[41]

고교 다양화란? 다양하고 좋은 학교를 만들어 학생 학부모 등 <u>교육</u>

<u>수요자</u>의 선택권을 확대하고 획일화된 교육에서 벗어나 <u>교육 소비자</u>인 학생과 학부모의 요구를 교육 당국이 체계적으로 반영함으로써 <u>시장기능(경쟁)</u>을 통한 교육의 질 향상, <u>교육 공급자</u>의 사회적 책무성 재고

　밑줄 그은 부분은 모두 교육 분야에서 일어나는 일을 시장에서 일어나는 일을 통해 개념화한 은유적 표현이다. 도식화하면 다음과 같다.

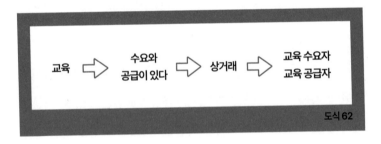

도식 62

　마찬가지로 이처럼 교육을 상품으로 개념화하는 사고에서 '교육 상품', '교육 품질', '명품 교육' 같은 은유적 표현이 나온 것이다.

IV.

다종의 소량 생산 모델의 다양한 교육 상품이

본교 학부 교육의 품질을 지속적으로 관리하기 위해

특성화를 통해 대한민국 명품 대학으로 육성할 것

역시 알아보기 쉽게 도식화하면 다음과 같다.

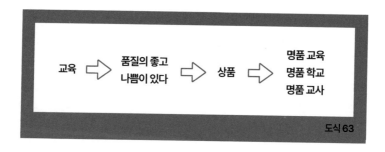

도식 63

어디 이뿐이겠는가. 인간을 상품화하는 은유적 표현은 일상 대화에서, 언론에서, 광고에서, 문학작품에서, TV 드라마와 영화 대사에서, 한마디로 우리 사회 어느 분야에서나 이미 차고 넘친다. 그러니 여기에서 일단 멈추자. 그리고 잠시 생각해보자.

은유 혁명이 정치 혁명이다

언어란 본디 시대에 따라 변하기 때문에 유행이 있기 마련이다. 따라서 지금 우리 사회에 만연한, 인간을 상품화하는 은유적 표현이 한때를 풍미하는 유행이라면 차라리 다행이라 할 수 있다. 그런데 앞에서 살펴보았듯, 그게 아니다. 앞서 우리가 8장 '인간을 비인간화하는 은유들'에서 자세히 살펴보았듯 인간을 쥐, 뱀, 돼지, 개, 원숭이 같은 짐승으로 비인간화하는 은유적 표현 뒤에는 언제나 그들을 도덕적 거리낌 없이 학대하거나 살해하려는 의도와 전략이 숨어 있었다.

인간을 상품화하는 은유적 표현도 마찬가지다. 그 뒤에는 언제나 시장의 탐욕과 전략이 숨어 있다. 그 때문에 시장 중심적 은유 표현이 시장 중심적 관습과 제도를 만들어가고, 그런 관습과 제도가 다시 그 같은 은유적 표현을 만들어가는 악순환이 계속된다. 더 큰 문제는 그런 가운데 그것이 인간의 존엄성을 무너뜨린다는 데에 있다. 나익주 교수는 그 우려를 다음과 같이 표현했다.

(앞에서 언급한) 그 국회의원은 이 은유를 기민하게 활용하여 자신

의 의도를 십분 달성했을지 모른다. 하지만 나는 그의 성공적인(?) 언어 사용이 언짢다. 품절남, 품절녀, 반품남, 반품녀라는 유행어가 불편하다. (……) 명품 교장도 별로 존경하고 싶지 않다. 명품 학자가 되는 일은 정말 싫다. 입도선매되는 우수 학생도 귀엽지 않다. 매물시장에 나온 신부는 더욱 사랑스럽지 않다. 이러다가 세상 모든 사람이 다 상품이 될 판이니까.**42**

그렇다! 우리는 이런 은유 표현을 마냥 언짢게 여기고 아주 불편하게 여겨야 한다. 한 걸음 더 나아가 두렵게 여겨야 한다. 그럼으로써 누구보다도 먼저 언론인, 방송인, 교육자, 정치인 등 사회적 영향력을 행사하는 지위에 있는 사람들부터 과감히 바꾸어나가야 한다.

지금까지 우리는 이 책의 1부에서는 인문학적 은유가 미치는 영향이 얼마나 장대하고 또 장구한지를 직접 살펴보았다. 2부와 3부에서는 사회과학과 자연과학에 종사하는 각 분야 전문가들이 은유가 지닌 놀라운 힘에 한편으로는 찬사를 보내지만 다른 한편으로는 경계심을 토로하는 것을 반복해 들었다.

잠시 돌아보자면, 세인트메리대학교 명예교수인 대니얼 리그니 교수는 《은유로 사회 읽기》의 말미에서 "각각의 은유는 우리를 서로 다른 인식의 길로 인도하여 서로 다른 목적지에 도달하게 한다. 그러므로 우리는 은유를 신중하게 선택하는 것이 좋을 것이다"라고 당부했다.

그런가 하면 "은유가 자연과학의 핵심"이라고 선언한 일리노이대학교의 저명한 과학자 시어도어 브라운 교수도 같은 맥락에서 "과학적 지식의 본성이라는 오래된 문제를 조망하려는 어떤 시도든지 과학이 우선 사회적 과업이라는 사실을 고려해야 한다"라고 당부했다.

어디 그뿐인가. "인간 사고의 대부분은 은유적metaphorical"이라는 전제 아래 개념적 은유 이론을 창시한 레이코프도 "은유는 개인의 정치적 의사결정은 물론 국가 전체의 정치적 의사결정을 완전히 통제한다"[43]라며 "은유는 사람을 죽일 수도 있다"라고 경고했지 않은가.

행여 질세라 나익주 교수도 앞에서 소개했듯이 인간을 상품화하는 은유적 표현이 "우리의 사고를 지배하고 나아가 우리의 삶을 지배하도록 그대로 두어서는 안 된다. 이 은유는 하루속히 폐기하고 다른 관점의 은유가 우리의 사고 속에, 우리의 삶 속에 뿌리내리도록 우리 모두가 전력을 다해야 한다"라고 당부하지 않았던가.

그래서 여기서 멈추고 이제 바꾸자는 것이다. 방법은 앞에서 보았듯 레이코프가 이미 제시했다. 그의 주장을 요약해보면, 이렇다.

1) 우리가 지향하는 가치에 반하는 은유적 표현은 일체 사용하지 말자.
2) 우리가 지향하는 가치에 부합하는 은유적 표현을 개발해 '폭포수처럼' 쏟아내자.
3) 언론에서 사용하는 정치적 은유에 경각심을 갖고 민감하게 반응하자.

한마디로 나쁜 것을 빼고, 좋은 것을 더하며, 꾸준히 감시하자는 뜻이다. 세상을 바꾸자는 거창한 목표에 비하면 언뜻 초라해 보이는 방법이다. 하지만 그렇게 생각하지 말자.

우리가 보기에는 알랭 바디우Alain Badiou, 슬라보예 지젝Slavoj Žižek, 데이비드 그레이버David Graeber, 1961~2020와 같이 21세기에도 여전히 정치 혁명을 꿈꾸는 정치철학자, 그리고 같은 꿈을 품고 행동과 실천에 나선 세르비아 출신의 비폭력운동가 스르자 포포비치Srdja Popovic와 같은 시민운동가들이 모색하는 방법도—방법론적 측면에서 보면—이와 크게 다르지 않다.

빼고, 더하고, 감시하자

"정당 없는 정치une politique sans parti"를 추구하는 바디우와 "혁명 없는 혁명"은 안 된다고 주장하는 지젝은 정치에서 민주적 가치에 반하는 모든 요소를 제거하는 '빼기soustraction'를 새로운 전략으로 삼는다. 이게 무슨 말인지 궁금하다면, 두 사람 각각이 다음과 같이 말한 것을 들어보면 된다.

> 이 세기가 그려온 또 다른 방식, 즉 테러의 발작적 매력에 굴하지 않고 현실을 향한 열정을 유지하고자 하는 방식을 나는 빼기의 방식the soustraction way이라고 부르고자 한다. 빼기의 방식은 진짜 지점을 현실의 파괴가 아니라 최소한의 차이로 드러내는 것을 의미한다.
>
> —알랭 바디우, 〈하나는 스스로를 둘로 나눈다〉에서

그럼 빼기는 실제로 언제 새로운 공간을 창조하는가? 유일하게 타당한 대답은 이렇다. **그것이 스스로를 빼내는 좌표 자체를 무너뜨릴 때**, 그 시스템의 '증상적 비틀림'의 지점을 가격할 때이다. 카드

로 만든 집이나 나무토막 쌓기를 상상해보자. 그것은 하나의 카드나 나무토막을 빼내면―**배제하면**―전체 체제가 붕괴되는 복잡한 방식으로 지어졌다. 이것이 진정한 빼기의 기술이다.

— 슬라보예 지젝, 《잃어버린 대의를 옹호하며》에서

바디우의 국가, 정부, 교회와 같은 지배적 담론으로부터의 '거리두기'식의 빼기든,* 지젝의 카드로 만든 집에서 카드 한 장을 빼내 전체를 붕괴시키는 '전복적 빼기'든,** 새로운 민주주의를 위한 그들의 공학은 빼기다.

그러나 바디우의 '거리두기'는 체념적이고 수동적인 정치 행

---

* 바디우가 말하는 '정당 없는 정치'는 두 가지의 '거리두기'를 통해 작동한다. 하나는 선거 출마나 투표 참여 등을 거부하는 '국가와의 거리두기'이고, 다른 하나는 개인을 예속된 주체로 호명하는 정당, 노조, 가족, 학교, 교회 등이 유포하는 지배적 담론으로부터의 거리두기, 곧 바디우가 말하는 '의견장치L'appareillage des opinions로부터의 거리두기'이다(보다 자세한 내용은 김용규, 《철학카페에서 작가를 만나다》 1권, 웅진지식하우스, 2016, 32~37쪽, '민주주의를 위한 빼기'를 참조하기 바란다).

** 지젝이 구상하는 빼기는 궁극적으로 체제의 붕괴를 불러오는 전복적 빼기, 현실을 정화하는 것이 아니라 그것을 절멸시키는 것이 목적인 빼기이다. 그러나 그가 말하는 절멸이 반드시 전통적 혁명의 방식―그가 자주 "위대한 실패들"이라고 불렀던 혁명(독일 농민전쟁, 프랑스대혁명, 파리코뮌, 10월 혁명, 중국의 문화혁명)들이 행했던 방식―이었던 테러리즘적 부정을 뜻하는 것은 아니다. 지젝은 과거의 실패한 혁명에서 우리가 얻을 수 있는 교훈은 그 같은 전체주의와 폭력을 그저 반복하는 것이 아니라 그 혁명들이 '더 밀고 나가지 못한' 것들을 더욱 철저하게 이행하는 것이라고 주장한다(보다 자세한 내용은 같은 책 37~42쪽, '누가 스타벅스의 다윗을 두려워하랴'를 참조하기 바란다).

위라고 비판하는 그레이버는 급진적 정치의 목표인 유토피아는 혁명 이후가 아니라 혁명적 실천 과정에서부터 예시prefigure되어야 한다고 주장하며 새로운 유토피아의 모습을 보여주자는 '더하기addition'를 전략으로 택했다.

2011년에 있었던 월가 점령 시위처럼 그가 참여한 숱한 저항운동 캠프가 그렇듯이, 그레이버가 말하는 이른바 예시적 정치prefigurative politics는 '자발적 결사', '수평적 의사소통', '상호부조', '네트워크 모델' 등을 핵심 원리로 하는 새로운 유토피아의 형상을 미리 보여준다는 점에서 더하기로서의 시민 불복종과 직접행동이라 할 수 있다.*

그런가 하면 포포비치는 '유머'와 '웃음' 그리고 '음악'을 끌어들여 마치 록 콘서트처럼 역동적이며, 재미있는 시위를 구성해 세르비아의 독재자 슬로보단 밀로셰비치를 권좌에서 끌어내린 인물이다. 그는 자신이 전개하는 직접행동을 '오트포르OTPOR(종

---

* 그레이버는 일상생활 속에서 지속적으로, 점진적으로 그리고 포괄적으로 혁신해감으로써, 마르크스가 생산양식을 단번에 바꾸는 혁명을 통해 하려고 했던 일을 대체할 수 있다고 믿는다. 그가 '민주주의 혁명'이라는 말 대신 '민주주의 프로젝트'라는 용어를 사용한 것도 그래서다. 그에게 유토피아는 마르크스주의자들의 생각처럼 생산수단의 소유와 관련이 있는 게 아니라 오히려 애정, 공감, 우정, 결속감 등 가족 간 결속 또는 인정에 의한 결속을 이루게 하는 사랑과 연관되어 있다(보다 자세한 내용은 같은 책 182~188쪽, '소문자 a 아나키즘, 예시적 정치'를 참조하기 바란다).

IV.

주먹)'라고 불렀는데, 예를 하나 들면 이렇다.

포포비치는 밀로셰비치의 아내가 매일 머리에 조화造花를 꽂는 것을 풍자하기 위해 수십 마리 칠면조의 머리에 하얀 꽃을 꽂아 거리에 풀어놓았다. 그러자 밀로셰비치의 경찰들이 사방으로 흩어져 꽥꽥거리는 칠면조들을 잡으려고 허둥대며 뛰어다니다 넘어졌다. "우스꽝스러운 광경에 시민들은 즐거워했고, 칠면조 뒤를 쫓는 경찰들은 전보다 덜 겁나는 존재가 됐다. 이 같은 유머와 웃음을 동반한 시위를 통해 오트포르는 2000년 마침내 독재자를 몰아내고 세르비아의 민주화를 일구어냈다."*

그럼에도 그는 성공적인 운동이 빠지기 쉬운 함정을 웃음기를 뺀 목소리로 경계했다. "새로운 권력자가 자신의 권력에 도취되는 것만큼 위험한 일은 없다", "이집트에서 보았듯 너무 일찍 샴페인을 터뜨리면 더 고약한 배우가 당신이 힘들게 이룬 일을 차지해버린다", 카메라가 꺼진 후에도 누군가는 남아서 종주먹을 불끈 쥐고 "우리는 당신을 지켜보고 있다!"라고 경고하며 처

---

* 포포비치는 자신이 개발한 이른바 '웃음행동주의'에 바탕을 둔 다양한 아이디어와 비폭력 저항 전술을 전 세계의 많은 활동가에게 전수했다. 이를 통해 그는 '재스민 혁명'이라 불린 이집트, 시리아, 튀니지, 몰디브 등의 민주화 운동을 비롯하여 월가 점령 운동에 이르기까지 전 세계의 시위 문화를 비폭력적으로 바꾸는 데 큰 역할을 했다(보다 자세한 내용은 같은 책 81~89쪽, '포스트 안티고네, 포스트모던 빼기'를 참조하기 바란다).

음 계획한 목표를 향해 제대로 가고 있는지, 민주주의가 제대로 작동되는지 계속해서 감시해야 한다는 것이다.

지속적인 '빼기'와 '더하기', 그리고 '감시하기', 이 세 가지가 21세기 정치 공학이 민주주의를 발전시키기 위해 발명해낸 기술적 방법이라고 생각한다. 그리고 이와 똑같은 방법으로 우리는 은유를 통해 세상을 바꿀 수 있다고 믿는다.

만일 우리가 오늘날 우리 사회에 만연한 시장 중심적인 은유적 사고와 표현을 지속적으로 제거하고, 인간 중심적이고 민주적인 은유적 사고와 표현을 전파하는 일—이 일을 '은유 혁명'이라 부르고자 한다—에 바디우, 지젝, 그레이버처럼 매진한다면 말이다. 또, 포포비치처럼 종주먹을 불끈 쥐고 언론과 여론을 향해 "우리는 당신을 지켜보고 있다!"라고 경고하며 민주주의가 제대로 작동하는지 계속해서 감시한다면 말이다. 바로 이것이 다수의 저서에서 시종 주장해온 레이코프의 신념이기도 하다.

혁명을 이야기할 때마다 슬로건처럼 입에 달고 다니는 말이 하나 있다. 그것을 되뇌며 본문을 마치고자 한다.

혁명이란 무엇이던가? 새로워지고 싶다는 것, 허물에서 벗어나고 싶다는 것, 어젯밤 자고 온 자리에는 다시 눕지 않겠다는 것, 새로운 세상에서 살고 싶다는 것, 죽어서 다시 살겠다는 것, 불가능한 것의 가능성을 찾겠다는 것, 무덤같이 춥고 어두운 겨울이 잉태한 불타는 꿈이 아니라면! 그러나 그것은 동시에 무엇이던가? 밤이 다 할 때마다 찾아오는 여명이 아니라면, 겨울이 끝날 때마다 펼쳐지는 봄이 아니라면, 숱한 꿈들이 만들어낸 현실이 아니라면, 모든 부정이 이끌어낸 긍정이 아니라면!**44**

나오는 말

은유 혁명을 꿈꾸며

1096년 가을 추수가 끝나자, 농민과 민중을 중심으로 구성된 제
1차 십자군은 동로마제국의 수도 콘스탄티노플에 집결했다.
3년여 만인 1099년 6월 7일에 십자군은 마침내 최후의 목적지
인 예루살렘성에 도달했다. 그들은 무릎을 꿇고 하늘을 향해 그
리스도의 이름을 빌려 간구했다. "우리는 신의 자녀입니다. 신
의 뜻을 이루고자 왔사오니 예루살렘 성벽을 무너뜨리게 도와
주소서."

  그리스도가 그들의 기도를 들어주어서였을까? 7월 15일에 예
루살렘성이 함락됐다. 그리고 그때부터 역사에 남을 만큼 잔혹
한 살육이 자행됐다. 십자군은 그리스도의 이름으로 남자를 학
살하고, 여인을 강간하고, 가옥을 방화한 다음, 약탈한 재물을
들고 "원수를 사랑하라"라고 가르친 예수의 무덤으로 달려가 헌

물로 바치고 기쁨과 감격에 차 통곡하며 예배를 드렸다. 그러나 그 누구도 양심의 가책을 느끼거나, 자신들의 행위가 그리스도에게 죄를 짓는 일이라고 생각하지 않았고, 오히려 자랑스럽게 여겼다. 원정에 동참했던 대수도원장 기베르 드 노장G. d. Nogent, 1053~1124은 다음과 같은 기록을 남겼다.

예루살렘의 큰 거리나 광장 등에는 사람의 머리나 팔, 다리가 산더미처럼 쌓여 있었다. 십자군 병사나 기사들은 시체를 아랑곳하지 않고 전진했다. 성전이나 회랑은 물론이요, 말 탄 기사가 잡은 고삐까지 피로 물들었다. 이제까지 오랫동안 모독하기를 즐기는 사람들에 의해 더럽혀졌던 이 장소가 그들의 피로 씻겨져야 한다는 신의 심판은 정당한 것일 뿐만 아니라 찬양할 만하다.

어떻게 이런 일이 일어났을까? 십자군The Crusades이라는 이름은 본디 '예루살렘 성지를 향해 나아간 무장 순례자들'을 뜻했다. 당시 십자군을 일으킨 황제와 교황 같은 지도자들은 원정에 참여한 병사들을 '순례자들peregrini' 또는 '십자가로 서명한 사람들curcisignati, signatores'이라는 은유적 표현을 사용해 불렀고, 그들의 원정을 '순례' 또는 '성스러운 전쟁expeditio sacra'이라는 은유로 포장했다. 모두가 종교적 용어를 빌려다 만든 은유적 표현이다. 그런 만큼 십자군은 자신들의 행위가 곧 그리스도를 위한 성스러운 일이라는 데 털끝만큼의 의심도 없었다.

그렇다면 생각해보자. '십자군', '순례자들', '십자가로 서명한 사람들', '성전'과 같은 은유적 표현이 도대체 무슨 일을 했는가를. 이 은유들이 한낱 평범한 농민과 민중에 불과하던 사람들이 "신의 뜻이시다"를 외치며 아무런 양심의 가책도 없이 남자를 학살하고, 여인을 강간하고, 가옥을 방화하게 만들지 않았는가. 한낱 말에 불과한 이 은유들이 거리와 광장에 사람의 머리, 팔, 다리가 산더미처럼 쌓이고, 성전과 회랑은 물론이요, 말 탄 기사가 잡은 고삐까지 피로 물들게 하지 않았는가.

"은유는 사람을 죽일 수도 있다"는 레이코프가 한 말이다. 얼핏 보면 "은유는 사람을 살릴 수도 있다"라는 이 글의 주제와 상반되는 것 같지만 전하고자 하는 내용은 사실상 같다. 둘 다 은유가 지닌 가공할 만한 사회적 영향력을 강조하는 말이다. 그렇다. 은유는 사람을 죽일 수도 있고, 살릴 수도 있다. 우리가 사는 세상을 지옥으로 만들 수도, 천국으로 만들 수도 있다.

본문에서 소개한 리그니 교수도 바로 그 때문에 은유가 단지 사회현실을 묘사하는 데 불과한 것이 아니라, 사회를 창조하거나 구성하는 데서 일정한 역할을 수행하고, 그래서 위험하면서도 불가피하다고 하지 않았던가. 이어서 지금 북미에는 '사회는 시장', '사회는 게임'이라는 은유 모델이 자본주의, 소비물질주의 사회를 구성해, 그 구성원들로 하여금 사회를 이기심을 가진 개인의 총체, 달리 말해 비용과 보상에 대한 이기적 계산이 이뤄지는 장소로 볼 것을 촉구하고 있다고 우려하지 않았는가.

그렇다면 오늘날 우리는 어떠한가? 그들과 다른가? 우리는 어떤 은유를 만들어 사용하고 있는가?《은유로 보는 한국 사회》에서 나익주 교수가 지적한 대로, 우리도 다를 바가 전혀 없지 않은가? 우리 역시 자신의 이익을 위해 전략적으로 사고하고 행동해야 하며, 그러기 위해서는 다른 사람을 희생시키는 이기적이고 비도덕적인 행위도 해야 한다는 것을 강요하는 자본주의, 소비물질주의 사회에서 살고 있지 않은가? 그래서 입시를 '전쟁'으로, 교육을 '상품'으로, 결혼을 '상거래'로, 여성을 '음식'으로, 사랑을 '굶주림'으로, 세금을 '폭탄'으로, 정치와 국제관계를 '적대관계'로 파악하는 은유적 표현을 사용하고 있지 않은가?

이제 달라져야 한다! 자본주의, 소비물질주의와 그것을 창안하고 구축하고 견인하는 은유적 사고와 표현에 종말을 고할 때가 왔다. 설령 우리가 원치 않더라도 코로나바이러스-19 팬데믹과 기후변화 그리고 4차 산업혁명이 새로운 은유적 사고와 그것에 의해 창안되고 구축되고 견인되는 시대를 요구하고 있다. 우리는 이제 새로운 은유적 사고와 표현을 만들어내야 한다. 그럼으로써 자유롭고 평등하며 차별 없고 공정하며 상호부조적이고 친환경적인 세상을 만들어가야 한다.

우리는 지금까지 인류가 이룬 위대한 학문적 성취, 발명과 발견, 삶을 풍요롭고 아름답게 만든 예술적 표현, 때로는 수백 수천 년에 이르는 지속성을 갖는 사회적 변화, 각 부문의 혁신가들이 절망과 고독을 이기고 도달한 통찰, 세상을 인간이 인간답게 살 수 있는 세계로 한 걸음씩 나아가게 만든 창의적 상상력, 혁신적 해결책, 혁명적 발명품, 자유와 개혁과 변화로 가는 돌파구가 모두 은유로부터 나왔음을 함께 살펴보았다.

그렇다면 희망이 있다. 은유는 발이 빠르고 힘이 세다. 우리는 은유를 통해 우리가 살 지옥을 상상하고 만들고 이끌고 갈 수도 있지만, 우리가 살아야 하는 천국을 창안하고 구축하고 견인할 수도 있다. 우리가 사용하는 은유가 사람을 살리고 세상을 바꿀 수 있다. 우리는 이 일을 하는 데 당신이 함께하기를 바란다.

주

I. 인문학과 은유

1 Lakoff, G., 〈What is metaphor?〉, (in J. A. Barnden & K. J. Holyoak(Eds.), *Advances in connectionist and neural computation theory*(Vol. 3, 203-258), Norwood, NJ: Ablex, 1994), 206쪽. [린 잉글리시 엮음, 권석일 외 옮김, 《수학적 추론과 유추, 은유, 이미지》, 경문사, 2009, 8쪽.)

2 Friedrich Nietzsche, *Sämtliche Werke Kritische Studienausgabe* in 15 Bänden, (hrsg.) G. Colli und M. Montinari, München/Berlin/New York: de Gruyter, 1988, Bd. 1, S. 879.

3 같은 책, 880~881쪽.

4 조지 레이코프·마크 존슨, 임지룡 외 옮김, 《몸의 철학》, 박이정, 2011, 197쪽.

5 아리스토텔레스, 《형이상학》, 1091b, 14; 988b 11 참조.

6 플라톤, 《국가》, 509b 참조.

7 플라톤, 《향연》, 211c.

8 아리스토텔레스, 《영혼론》, 415a 13.

9 빅토르 위고, 《정관시집》, 2, liv. 4.

10 Galileo Galilei, *The Assayer*(분석가, 1623), in *Discoveries and Opinions of Galileo*, Stillman Drake(trans.), Doubleday & Co., Garden City, New York, pp. 237~238; 프랭클린 보머, 조호연 옮김, 《유럽 근현대 지성사》, 현대지성사, 1999, 77쪽에서 재인용.

11 리처드 만키에비츠, 이상원 옮김, 《문명과 수학》, 경문사, 2002, 118쪽 참조.

12 프랭클린 보머, 《유럽 근현대 지성사》, 140~141쪽 참조.

13 캐럴린 머천트, 전규찬 외 옮김, 《자연의 죽음》, 미토, 2005, 262쪽에서 재인용.

14 프리드리히 니체, 안성찬·홍사현 옮김, 《니체전집》 12권, 〈즐거운 학문〉, 책세상, 2005, 199~200쪽.

15 같은 책, 200~201쪽.

16 자크 데리다, 〈최근 철학에서 제기된 묵시론적 목소리에 관하여〉(1985), 이진우 편, 《포스트모더니즘의 철학적 이해》, 서광사, 1993, 186쪽.

17 이어령, 《이어령의 보자기 인문학》, 마로니에북스, 2015, 27~29쪽.

18 프리드리히 니체, 백승영 옮김, 《차라투스트라는 이렇게 말했다》, 사색의숲, 2022, 38쪽.

19 같은 책, 39쪽.

20 같은 책, 38~39쪽 참조.

21 같은 책, 39쪽.

22 같은 책, 40쪽.

23 같은 책, 40~41쪽.

II. 사회과학과 은유

1 애덤 스미스, 《국부론》, 1권 2a.

2 대니얼 리그니, 박형신 옮김, 《은유로 사회 읽기》, 한울, 2018, 10쪽.

3 같은 책, 같은 곳.

4 같은 책, 9쪽 참조.

5 같은 책, 115쪽 참조.

6 같은 책, 25쪽.

7 같은 책, 142~143쪽 참조.

8 같은 책, 145~179쪽 참조.

9 같은 책, 180~212쪽 참조.

10 같은 책, 26~27쪽 참조.

11 같은 책, 213~250쪽 참조.

12 같은 책, 251~283쪽 참조.

13 이에 대한 보다 자세한 내용은 김용규, 《소크라테스 스타일》(김영사, 2021)에서 볼 수 있다.

14 대니얼 리그니, 《은유로 사회 읽기》, 284~346쪽 참조.

15 〈조선일보〉, "위험천만한 바이러스 50만 종… 밝혀낸 건 0.2%뿐", 2021. 3. 6, [창간 101주년 특별 인터뷰] '바이러스 사냥꾼' 美 조나 마제트 교수, 정시행 특파원.

16 데이비드 월러스 웰즈, 김재경 옮김, 《2050 거주불능 지구》, 추수밭, 2020, 39쪽.

17 지그문트 바우만, 함규진 옮김, 《유동하는 공포》, 산책자, 2009, 15쪽.

18 지그문트 바우만, 한상석 옮김, 《모두스 비벤디》, 후마니타스, 2010, 157~161쪽 참조.

19 호프 자런, 김은령 옮김, 《나는 풍요로웠고, 지구는 달라졌다》, 김영사, 2020, 253~255쪽.

20 본문에 실은 두 가지 예는 영국의 〈가디언〉과 〈데일리 메일〉 온라인판에서 발표된 사설과 논평에서 발췌한 것이다(엘레나 세미노·조피어 데넨 엮음, 임지룡·김동환 옮김, 《은유 백과사전》, 한국문화사, 2020, 436~437쪽에서 재인용).

21 조너선 사프란 포어, 송은주 옮김, 《우리가 날씨다》, 민음사, 2020, 230쪽.

III. 자연과학과 은유

1 시오도어 브라운, 강달영·나익주 옮김. 《과학의 은유―진리 만들기》, 연세대학교 대학출판문화원, 2020, 290쪽. 이어서 브라운은 "은유는 새로운 연구영역을 정의하는 데 기여하는 핵심 개념을 이룬다. 사실 은유는 쿤이 말한 유명한 패러다임의 핵심적 요소다"라고 부연 설명했다.

2 조지 레이코프·마크 존슨, 임지룡 외 옮김, 《몸의 철학》, 박이정, 2011, 337쪽.

3 같은 책, 196쪽.

4 같은 책, 338쪽.

5 브라이언 그린, 박병철 옮김, 《우주의 구조》, 승산, 2005. 693쪽 참조.

6 더글러스 호프스태터·에마뉘엘 상데, 김태훈 옮김, 《사고의 본질》, 아르테, 2017, 32쪽.

7 린 잉글리시 엮음, 《수학적 추론과 유추, 은유, 이미지》, 8쪽.

8 존 힉, 김희수 옮김, 《종교철학》, 동문선, 2000, 48~50쪽 참조.

9 더글러스 호프스태터·에마뉘엘 상데, 《사고의 본질》, 597~680쪽 참조.

10 같은 책, 623~624쪽.

11 같은 책, 680쪽.

12 빌 브라이슨, 이덕환 옮김, 《거의 모든 것의 역사》, 까치, 2003, 28쪽 참조.

13 시오도어 브라운, 《과학의 은유―진리 만들기》, 37~38쪽 참조.

14 김영민, 《과학교육에서 비유와 은유 그리고 창의성》, 북스힐, 2012, 274쪽 참조.

15 시오도어 브라운, 《과학의 은유―진리 만들기》, 179쪽.

16 캐럴 리브스, 오철우 옮김, 《과학의 언어》, 궁리, 2010, 66쪽에서 재인용.

17 로버트 & 미셸 루트번스타인, 박종성 옮김, 《생각의 탄생》, 에코의서재, 2007, 77쪽 참조.

18 클레이 워커 레슬리·찰스 로스, 박현주 옮김, 《자연관찰 일기》, 검둥소, 2008, 13쪽.

19 같은 책, 36쪽.

20 로버트 & 미셸 루트번스타인, 《생각의 탄생》, 302쪽.

21 캐럴 리브스, 《과학의 언어》, 68쪽.

22 같은 책, 69쪽.

23 김영민, 《과학교육에서 비유와 은유 그리고 창의성》, 150~156쪽 참조.

24 같은 책, 157~162쪽 참조.

25 조지 가모프, 김정흠 옮김, 《물리학을 뒤흔든 30년》, 전파과학사, 1978, 158~165쪽 참조.

26 시오도어 브라운, 《과학의 은유—진리 만들기》, 37~38쪽 참조.

IV. 정치와 은유

1 조나단 챠테리스-블랙, 손장권 옮김, 《세상을 움직인 레토릭》, 해피스토리, 2009, 69~75쪽 참조.

2 같은 책, 75~92쪽 참조.

3 같은 책, 57쪽 참조.

4 김종영, 《히틀러의 수사학》, 커뮤니케이션북스, 2010, 2쪽에서 재인용(같은 면에 실린 독일어 본문을 참조해 약간 수정했다).

5 조나단 챠테리스-블랙, 《세상을 움직인 레토릭》, 65~66쪽 참조.

6 같은 책, 245쪽에서 재인용.

7 버락 오바마, 노승영 옮김, 《약속의 땅》, 웅진지식하우스, 2021, 172쪽.

8 김종영, 《히틀러의 수사학》, 251쪽에서 재인용.

9 같은 책, 250~251쪽 참조.

10 같은 책, 256쪽에서 재인용(이해하기 쉽게 약간 수정했다).

11 조지 레이코프, 유나영 옮김, 《코끼리는 생각하지 마》, 와이즈베리, 2015, 84~90쪽 참조.

12 데이비드 리빙스턴 스미스, 김재경·장영재 옮김, 《인간 이하》, 웨일북, 2022, 47쪽.

13 같은 책, 35쪽.

14 같은 책, 41쪽.

15 같은 책, 42쪽.

16 같은 책, 319쪽.

17 같은 책, 319쪽.

18 의비인화에 대한 자세한 설명은 '북클럽 은유' 1권 《은유란 무엇인가》, 12장 가운데 '원관념을 의인화하거나 의비인화하라'에서 볼 수 있다.

19 새뮤얼 노아 크레이머, 박성식 옮김, 《역사는 수메르에서 시작되었다》, 가람기획, 2007, 347쪽.

20 이에 대한 자세한 설명은 1권 《은유란 무엇인가》, 4장 가운데 '스핑크스와 라마수의 비밀'에서 볼 수 있다.

21 데이비드 리빙스턴 스미스, 《인간 이하》, 385쪽.

22 조지 레이코프·엘리자베스 웨흘링, 나익주 옮김, 《나는 진보인데 왜 보수의 말에 끌리는가?》, 생각정원, 2018, 25쪽.

23 나익주, 《은유로 보는 한국 사회》, 한뼘책방, 2020, 40~41쪽.

24 조지 레이코프·엘리자베스 웨흘링, 《나는 진보인데 왜 보수의 말에 끌리는가?》, 138쪽.

25 같은 책, 97~112쪽, 279~280쪽 참조.

26 같은 책, 113~134쪽, 279~280쪽 참조.

27 같은 책, 149~150쪽 참조.

28 같은 책, 151~152쪽.

29 같은 책, 164~165쪽 참조.

30 EBS 킹메이커 제작팀, 《킹메이커》, 김영사on, 2012, 148~154쪽 참조.

31 조지 레이코프·엘리자베스 웨흘링, 《나는 진보인데 왜 보수의 말에 끌리는가?》, 37~38쪽에서 재인용.

32 같은 책, 37쪽 참조.

33 같은 책, 271쪽.

34 지그문트 바우만·레오니다스 돈스키스, 최호영 옮김, 《도덕적 불감증》, 책읽는수요일, 2015, 318쪽.

35 조지 레이코프·엘리자베스 웨흘링, 《나는 진보인데 왜 보수의 말에 끌리는가?》, 25쪽.

36 나익주, 《은유로 보는 한국 사회》, 56~57쪽 참조.

37 같은 책, 146~147쪽 참조.

38 캐럴 애덤스, 김현지 옮김, 《인간도 짐승도 아닌》, 현실문화, 2022, 52쪽.

39 나익주, 《은유로 보는 한국 사회》, 58~59쪽 참조.

40 같은 책, 59~61쪽 참조.

41 같은 책, 24~53쪽 참조.

42 같은 책, 65~66쪽.

43 조지 레이코프·엘리자베스 웨흘링, 《나는 진보인데 왜 보수의 말에 끌리는가?》, 25쪽.

44 김용규, 《철학카페에서 작가를 만나다》 1권, 웅진지식하우스, 2016, 17~18쪽.

• 본문에 사용된 작품 중 일부는 저작권자를 확인하지 못했습니다. 저작권자와 연락이
 닿는 대로 정식으로 게재 허가 절차를 밟고 사용료를 지불하겠습니다.

북클럽 은유 3
은유가 바꾸는 세상

지은이   김용규·김유림

2023년 6월 23일 초판 1쇄 발행

책임편집   김창한 남미은
기획편집   선완규 김창한
마케팅   신해원
디자인   형태와내용사이

펴낸곳   천년의상상
등록   2012년 2월 14일 제2020-000078호
전화   031-8004-0272
이메일   imagine1000@naver.com
블로그   blog.naver.com/imagine1000

ⓒ 김용규·김유림 2023

ISBN   979-11-90413-52-7 04100
        979-11-90413-49-7 (세트)